21世紀の言語学

言語研究の新たな飛躍へ

今井隆・斎藤伸治編

ノーム・チョムスキー

斎藤伸治

今井隆

斎藤珠代

岸浩介

奥脇奈津美

澤崎宏一

安原和也

ひつじ書房

まえがき

　本書は、言語学の研究者、さらに言語獲得・習得研究、認知科学、哲学や生物学などの隣接分野の研究者、及びこれからこうした領域を研究しようと志す者を対象に書かれている。言語学の各分野をすべて網羅するというよりも、むしろこれからの言語研究という観点からみて、特に興味深いと思われるトピックを厳選した。また現在議論中の問題や大胆な仮説であっても、今後の研究の参考になるかもしれないものであれば、積極的に取り入れ、紹介するように努めた。

　言語研究という観点からみるならば、20世紀という100年は、質、量ともにおいて、人類史上かつてなかったほどたいへん実り多い時代であったと言える。この20世紀前半の言語学の主役が、言語学を科学として確立させ、構造言語学の創始者とされることになるフェルディナン・ド・ソシュール (Ferdinand de Saussure) であったとすれば、20世紀後半の言語学の主役はやはり、1957年出版の *Syntactic Structures* において初めて公にされ、やがて哲学・心理学・認知科学など様々な分野に多大な影響を与えることになる生成言語学の創始者ノーム・チョムスキー (Noam Chomsky) である。このことについて異を唱えるものは、まず誰もいないだろう。特に20世紀後半の理論言語学は、チョムスキーを中心とした生成言語学の研究が大きな影響力をもって進められてきたのである。1980年以降からは認知言語学が発達してくるが、生成言語学とは対立的な言語観をもつこの言語研究の方法もまた、もともとは生成言語学内部の異なる立場であった生成意味論の研究者ジョージ・レイコフ (George Lakoff)、そしてロナルド・W. ラネカー (Ronald W. Langacker) らが中心になって生まれてきたものである。本書は、チョムスキーによって開始された生成言語学の現状と今後の可能性を中心として、これからの21世紀の言語研究のあり方について考察していきたいと考えている。

　本書はまず、大きく2つの部分に分けられている。第Ⅰ部の「生成言語学

の発展」では、生成言語学における言語研究の現在の動向と将来の展望を示す目的で、次の3章からなる。

第1章　言語とは何か（ノーム・チョムスキー（斎藤伸治訳））

第2章　最小計算と言語の基本構成（ノーム・チョムスキー（今井隆・斎藤珠代訳））

第3章　ミニマリスト統語論（岸浩介）

2013年の第19回国際言語学者会議はソシュール没後100年を記念してスイスのジュネーブ大学で開催され、テーマは「ソシュールからチョムスキーへ」であった。チョムスキー教授は、そこで特別講演を行っている。第1章「言語とは何か」は、その講演を日本語に訳したものである（なお原著論文は、今後ケンブリッジ大学出版局より刊行されることになっている『チョムスキー講演集』に収録される予定である）。さらにチョムスキー教授には、生成言語学の最新の姿について、本書のために新たに書き下ろしていただいた。第2章「最小計算と言語の基本構成」は、それを日本語訳したものである。生成言語学は、これまでいくつかの大きな理論的変革を経て、現在では「ミニマリスト・プログラム」と呼ばれる研究戦略が採用されているわけであるが、第3章では、このミニマリスト統語論の現状について可能な限り最新の姿を紹介している。

第II部「生成言語学の関連領域」では、次の4つのトピックが扱われている。

第4章　母語獲得と第二言語習得（奥脇奈津美）

第5章　文処理（澤崎宏一）

第6章　認知意味論（安原和也）

第7章　言語と文字（斎藤伸治）

第4章では、言語習得——母語の獲得、及び第二言語習得——の問題の現状について、言語の生得性を重視する立場である生成言語学と、そのようなものを重視せず、言語入力の役割を重視する立場である用法基盤アプローチの立場とを比較検討する。第5章では、文処理研究の最新の動向を紹介する。その後は、生成言語学の言語観に対立する、認知言語学の意味論的アプローチである認知意味論を第6章で扱う。第7章では、20世紀の西洋言語学、

さらには古代ギリシア以来西洋言語学全般にみられた音声言語中心主義を批判する目的で、文字論を論じている。ヒトが文字を使い始めたのは、今から5,000 年ほど前のこと。音声言語の進化と比較すれば大分最近の出来事ではあるが、21 世紀になり、IT の急速な進歩、そしてタブレットデバイスによる電子媒体の閲覧という大変革期において、文字の起源と発達の問題は、これからの言語研究において非常に重要な位置を占めてくるのではないかという想いがある。なお、各章末には〈さらに研究を進めるために〉を設け、その章の内容についてより広く深く研究するための基本的文献を紹介している。

　本書の各章については、チョムスキー教授による 2 つの章を除き、外部からの査読者も加えて、厳しい査読を経たうえで掲載している。採択されたものも、修正意見に従って何度か書き直しを行ったうえで掲載した。そのために残念ながら、掲載を見送った章もあるということを、ここに併せて記しておきたい。20 世紀を代表する言語学者であり、また生成言語学の創始者で、60 年間にわたりずっとこの生成言語学を牽引してきたノーム・チョムスキー教授──その教授に、本書の企画に賛同していただき、2 つの論文を快く寄稿していただいたことは大変名誉なことであり、チョムスキー教授に対して深く感謝申し上げたい。教授からは、以下のような「日本の若い研究者への言葉」もいただいている。短い英文なので、敢えて原文のまま掲載する。

Ever since Yuki Kuroda's brilliant work half a century, Japanese linguists have been making remarkable contributions to Japanese and general linguistics, producing some of the most creative and influential work in the field. Japanese linguists just entering the field today can build on the very solid foundations established during the past very productive years, and there are fine prospects for new and exciting advances in understanding the unique capacity that is, in many ways, the core of our being: human language, and its various manifestations.

Noam Chomsky

　本書刊行の前年、2017 年は、生成言語学の誕生を世に知らしめたチョム

スキー教授の *Syntactic Structures* が出版されてちょうど 60 年が経過したという記念すべき年であった。人間で言えば還暦ということになり、1 つのサイクルが終わり、また新たなサイクルが始まるということを意味する。本書が、新たな 60 年の言語研究の発展に少しでも寄与することができれば、編者にとってこれ以上の喜びはない。また、当時まだそれほど名前の知られていなかったチョムスキー教授の *Syntactic Structures* を出版したのは、オランダのムートン社 (Mouton & Co.) であった。本書が、今は無きこのムートン（＝ひつじ）社の名とその志を仰いだひつじ書房から出版できたことは、非常に感慨深いものがある。本書の企画を快く引き受けてくださった松本功社長、原稿の最初の段階からお世話になった渡邉あゆみ氏、そして渡邉氏から編集担当を引き継いでくださった森脇尊志氏に対して心より謝意を表するものである。

2018 年 6 月 20 日

編者　今井隆、斎藤伸治

目次

まえがき　iii

I　生成言語学の発展

第1章　言語とは何か　3
ノーム・チョムスキー（斎藤伸治訳）

第2章　最小計算と言語の基本構成　27
ノーム・チョムスキー（今井隆・斎藤珠代訳）

第3章　ミニマリスト統語論　43
岸浩介
1. 統語部門の位置づけ：音と意味をつなぐ計算部門　44
2. ミニマリスト統語論の枠組み　48
3. 文の生成過程　53
   3.1　単文の派生　53
   3.2　A移動の派生　72

3.3　Aバー移動の派生　73

3.4　フェイズ不可侵性条件　78

3.5　統語操作のまとめ　84

4.　感覚・運動システムと概念・意図システムでの計算　86

5.　投射とラベル決定アルゴリズム　89

6.　おわりに：今後の展望　97

Ⅱ　生成言語学の関連領域

第4章　母語獲得と第二言語習得　113
奥脇奈津美

1.　言語獲得研究の動向　115

1.1　母語獲得と第二言語習得における類似点と相違点　116

1.2　内的・外的に導かれる言語獲得　118

1.3　最近の動向　119

1.4　まとめ　120

2.　言語の生得性を重視する立場　121

2.1　言語獲得における「刺激の貧困」　121

2.2　肯定証拠と否定証拠　123

2.3　成人文法と幼児文法が異なることへの説明　124

2.4　まとめ　126

3.　言語入力の役割を重視する立場　126

3.1　用法基盤アプローチ　127

3.2　言語入力の質と量に関する議論　127

3.3　生得要因と環境要因　129

3.4　まとめ　130

4.　英語冠詞の獲得　130

目次　ix

4.1　英語の冠詞　131

4.2　母語獲得　133

4.3　第二言語習得　134

    4.3.1　第二言語知識のソース　134

    4.3.2　生得的知識を示す証拠　135

    4.3.3　冠詞習得に関する最近の研究　136

4.4　まとめ　139

5.　ミニマリスト・プログラムと言語獲得研究　139

6.　おわりに　141

第5章　文処理　155

澤崎宏一

1. 文処理の研究方法　156

  1.1　実験文　157

  1.2　実験手法：オフライン実験とオンライン実験　158

    1.2.1　オフライン実験　158

    1.2.2　オンライン実験　159

2. 文処理の即時性　165

  2.1　格助詞の情報を利用した即時処理　167

  2.2　語と語の呼応関係を利用した即時処理　171

3.　関係節を含む文の処理　174

  3.1　主語関係節と目的語関係節　174

  3.2　主語関係節の優位性が崩れるとき：

    有生性の問題と袋小路文　179

  3.3　関係節と袋小路効果の大きさ：SR文とSOR文　182

4. その他の文処理研究　186

5.　本章のまとめと文処理理論：結びにかえて　188

第6章　認知意味論　199
安原和也

1．プロミネンスの意味論　200

2．視点の意味論　211

3．メタファーの意味論　216

4．メトニミーの意味論　221

5．概念ブレンディングの意味論　225

6．まとめ　229

第7章　言語と文字　237
斎藤伸治

1．文字とは何か　239

2．文字の始まり—シュメル文字について　246

  2.1　絵文字から真の文字へ　246

  2.2　表音化と決定詞の発達　250

  2.3　シュメル文字の構成　253

  2.4　シュメル文字からアッカド文字へ　257

3．ラテン文字の誕生　261

  3.1　エジプト文字と原シナイ文字　261

  3.2　フェニキア文字からギリシア文字へ　266

  3.3　ラテン文字の成立　269

4．現代英語の文字　274

  4.1　ラテン文字と英語　274

  4.2　現代英語における綴りと発音の乖離　275

  4.3　英語の文字の表語性　282

  4.4　あらためて、文字とは何か　286

5．おわりに　293

索引　301

編者・執筆者紹介　311

I

生成言語学の発展

第1章

言語とは何か[*]

ノーム・チョムスキー（斎藤伸治訳）

　これからお話しすることは、私の個人的な見解にすぎません。実際のところ、これからここで扱おうとしているテーマに関して、一致した意見などは存在していません。私の考えは、多少ともこの領域で交差しているあらゆる種類の関連分野において、あるいは少数意見ということになるのかもしれません。

　しかし、1つの事柄に関しては意見の一致がみられます。つまり、20世紀後半に入ってから、言語に対する研究が爆発的に増えてきたということです。例えば、この会議に出席している人々の数だけでも、あるいはここで取り上げられているテーマの範囲や解釈の深さなどからみても、それはよくわかります。また、類型論的にも多様な、以前に比べてずっと幅広い種類の言語に対して、はるかにより洞察力に富んだ研究が進行中です。新たなテーマも、数多く取り上げられるようになってきました。今日の研究者たちが取り組んでいるような問題は、半世紀前なら——もっと言えば、つい最近になるまで——定式化することも、あるいは想像することすらできなかったような問題なのです。古くからある問題が（少なくとも）部分的に解決されつつも、それを上回るスピードで新しい問題や難問がどんどん姿を現してきています。そうした事実は皆、活気ある一連の関連し合った学問領域となっていることを示す、わくわくさせるような印であると言えます。私としては、いくらか懸念しているところもありますが、それについてはまた後で立ち戻ることにしましょう。

こうした急激ではっきりとした変化が生じた原因としては、主に、20世紀半ばまでに言語に関して問うことのできる最も根本的な問題——主として「言語とは何か」——をもっと本格的な形で考察するための新たな可能性が開かれてきたということがある、と言っていいでしょう。その頃までに形式科学の発達により、言語の最も基本的な特性として認識すべきものを明確に定式化することが可能になってきたというわけです。これからは、この特性のことをただ「基本特性」(Basic Property)と呼ぶことにします。各々の言語は階層構造をもつ表現の無限の配列を提供し、それぞれの表現は2つのインターフェイス——大ざっぱに言えば、思考と音——において解釈を受けることになります。こうした「基本特性」の考え方によって、「言語とは意味を伴う音である」とする常識的なアリストテレスなどの見解に対して、実質的な定式化を与えることが可能となるのです。ただし、「音」のみに言及するというのではちょっと狭すぎるのではないかということが、最近の研究などでも明らかにされてきていますし、今回のこの国際言語学者会議の話の中でも議論されています。この常識的な古典的定式化が、重要な点において誤解を与えるものだと考えるのには充分な理由がありますし、この点についてはまた立ち戻って考えることにします。

　各々の言語は少なくとも、この「基本特性」を満たす計算手続を組み込んでいるわけです。したがって、個別言語の1つひとつの理論は定義上、「生成文法」(generative grammar)と呼ばれているものだということになります。そして、それぞれの言語は少なくとも、「I言語」(I-language)と呼ばれているものとしてとらえることができます。ここでIとは、「個人的」(individual)、「内的」(internal)、「内包的」(intensional)を表します。つまり、ここで関心が向けられているのは、現実の計算手続の方であって、そこから生み出されてくる一連の対象物(言語表現の集成や行動の集合)ではないということです。専門用語を用いれば、それが「強生成」(strong generation)するものです。他に「弱生成」(weak generation)、また(私ではありませんが)ある人たちが「E言語」(E-language)と呼んでいるような概念がありますが、それがどのようなものであれ、たぶん何の意味ももっていません。それらは、自然言語に関してたとえ定義可能なものである——私の考えでは、おそらくそう

ではありませんが——としても、せいぜい派生的な概念にすぎません。50、60 年ほど前には、こうしたテーマについて大々的に議論が行われてきたわけですが、現在では忘れられがちになっているように思われます。

　言語と言語に関する諸問題に対するアプローチには様々なものがありますが、最小限認めなければならないのは、言語というのは個人の 1 つの特性であり、それは主に脳／心に内在的なものだということです。これが現在、「生物言語学的枠組み」(biolinguistics framework) と呼ばれているものです。この枠組みこそまず、議論の余地なく受け入れられるべきものであり、他の研究においても必須条件として認められるべきものです。他にも非常にたくさんの問題があります。この国際言語学者会議における話の中で議論されているような問題です。言語獲得、言語使用、言語と社会、システム——知識それ自体のシステムとその様々な運用のシステム——を実行する内的メカニズムなど、様々な、しかし互いに関連する問題です。そうした問題に対する研究が、「言語とは何か」という問いに対する答え——暗黙の答えかもしれないが、何らかの答え——によって示されるような指針に基づく必要があるというのは、明らかなことだと思います。「言語とは何か」という問いに対する答えは、明確でなければなりません。例えば生物学者であれば、「眼とは何か」という問いに答えずに、眼の発達や進化について説明を試みるものはいないでしょう。同じことが、言語の研究の場合にも言えるわけです。

　以前には、言語の「基本特性」を明確に定式化するのはなかなか困難でした。古典的な例をいくつかみてみましょう。まずフェルディナン・ド・ソシュールにとって、言語というのは、「共同体の構成員の脳の中にある語のイメージの貯蔵庫」であり、それは彼の言うところの「一種の契約」の上に成り立っています。またレナード・ブルームフィールドにとっては、言語は、「慣習的な言語音を伴って状況に反応したり、またそうした言語音に行動を伴って反応したりする一連の習慣」ということになります。ブルームフィールドは、『言語の科学のための公準集』ではそれと異なった考えを述べています。そこでは言語は、「ある言語共同体においてなされた発話の総体」と定義されていました。これは、ウィリアム・ドワイト・ホイットニーが少し前に述べていた言語に対する考えと多少似ています。それは、言語とは「語

や句の総和であり、人間なら誰でもそれによって思考を表現する」というものでした。彼の言い方に従えば、「聞き取ることができる思考」(audible thinking) ということになります。しかし実際のところ、それは少し特異な考え方なのですが、その点に関してはまた後で触れることにしましょう。アメリカ言語学におけるもう1人の大御所であるエドワード・サピアの言語の定義は、「自発的に産出した記号のシステムによって、観念、感情、あるいは欲望を伝達するための、純粋に人間的で非本能的な方法」というものです。以上のような考え方に基づくならば、60年前の重要な言語学者であったマーティン・ジョーズが「ボアズ流」の伝統と称した見方に従うのは、全く自然なことだということになるでしょう。この名称の由来となった人類学者フランツ・ボアズの主張は、「言語というのは恣意的な形で互いに異なり得るものであり、新たな言語は1つひとつ、一切の先入観なしに研究されなければならない」というものです。しかし、そうした見解に従えば、言語理論を構成するのは単に、一群のデータを何らかの組織化された形式にするための分析手続ということになります。基本的には、分節と分類の技法にすぎないものなってしまうというわけです。

　しかし、生物言語学的枠組みにおける生成文法へと視座の転換がなされたことにより、言語そのものや言語に関連する様々なテーマに関して、それまでよりも格段に広範囲に及ぶ研究の道が開かれることになったのです。それにまた、各個別言語の研究に関係する様々な証拠の種類も、大変豊かなものになってきました。その中には言語獲得、言語使用、神経科学、言語能力の解離といった問題など、基本的にありとあらゆるものが含まれます。さらにまた、他の言語の研究で発見されたことなども関係してきます。言語能力が人類共通の生物学的特性に基づいているという充分に確立された仮説に従えば、当然そういうことになるわけです。こうしたことが、この50年の間「普遍文法」(UG) という名称で呼ばれてきた研究テーマでした。それは、それ以前の伝統的な用語を新たな枠組み、新たな概念で捉え直したものだったわけです。

　以前においては「言語とは何か」という問いに対して、今みてきたようなあやふやな答えしか得られなかったわけですが、それも無理もないことで

す。つまり、どれも「基本特性」を捉えようとしてこなかったからです。し かしながら、現代の認知科学においても、同じような答えが受け入れられて いるという事実には驚かされます。代表的な例を1つご紹介しましょう。専 門誌『心理学のフロンティア』に掲載された言語進化に関する最新の研究で は、言語を「音を意味に写像するための一揃えの能力」とのみ特徴づけてい ました。これは基本的に、先にみたアリストテレスの見解そのままであっ て、これではあまりにも内容に乏しく、今後の研究の基盤にはとてもなり得 ません。繰り返しますが、視覚系の進化の研究をするにあたり、その表現型 が刺激を知覚表象へと写像するための一揃えの能力を提供する、といったこ と以上のことは何も想定せずに研究を進めるような生物学者は、まずいない のです。それでは全く結果が出せないし、論文1つ発表できない。この場に いらっしゃる雑誌の編集に関わっている方々も、そういったことはおそらく 痛感されているのではないでしょうか。

　実のところ、「言語とは何か」という問いにしっかりと取り組む必要があ るということに対しては、さらにもっと一般的な理由もあります。人間の進 化を研究している主導的科学者の1人であるイアン・タタソールは、最近の 著作の中でそれを明確に示しています。彼は最近、現在入手可能な科学的証 拠に関する論評を刊行しましたが、その中で次のように述べています。「か つては、進化の記録が、後に私たち人類となるものの先駆けとなる姿をもた らしてくれると信じられていた。しかし、実際はそうではなかったのだ。現 代の人類に固有の感性の獲得がむしろ、突然の、そして最近になって起こっ た出来事であるということが、次第に明らかになってきたのである」。タタ ソールは、この出来事が起こったのは、およそ5万〜10万年前の間のどこ かであるとしています。進化論的にみれば、これはほんの一瞬の間の出来事 です。「そして、この新たな感性の表現を決定的に促したのが、現代の我々 人類に関しておそらく最も注目に値するもの——つまり、言語——の発明で あることは、ほぼ間違いない」。したがって、「言語とは何か」という問いに 対してどう答えるかは、現代の私たち人類、そして私たちはそもそもどのよ うな生き物なのかについて理解したいと望んでいるいかなる人にとっても、 大変重要なものとなってくるのです。

近代生物学の創始者たちは、もちろん、現在の科学がもっているような証拠を欠いていましたが、そう大差ない一般的な見方をしていました。例えばダーウィンは、「人間が動物と異なるのは、もっぱら人間が、千差万別の音と観念とを結びつけるほとんど無限に大きな能力をもっていることによる」と述べています。現代的な言い方をするならば、それはつまり、生成文法をもっているということです。また「ほとんど無限に」というのは、旧来の表現であって、今日であれば文字通り「無限」と解釈されるべきところです。巨大でそれ以上拡張できないリストなど、考えても意味がありません。

それよりはるか以前、近代科学の黎明期にガリレオは、彼の言うところの「驚くべき創造力」にすっかり心を奪われていました。彼は、アルファベットのことを言っています。アルファベットというのは、25個あるいは30個の音から、私たちが考え抱いているあらゆること、私たちの魂の動きすべてを他の人々に明らかにする、あの無限の表現を組み立てる手段を提供してくれるというわけです。ホイットニーの言い方では、「聞き取ることができる思考」ということになります。しかしガリレオは、言語の無限性という特徴をしっかりと認識しているという点で、ホイットニーなどよりもはるかに先に行っています。言語の無限性といった特徴など明白なことのように思えますが、言語が本格的に研究されてきたこの2,500年間において、この事実に気がついた人はなかなかいないのです。同様の認識に加えて、さらにずっと深い関心が、言語の日常的な使用がもつ創造的な特徴に対して向けられることになります。ガリレオのすぐ後に、それがデカルト的科学の中核的な要素になるのです（当時の「科学」は、今日の「哲学」と呼ばれているものと同じです）。言語の日常的な使用が確かに創造的な活動であるとするデカルトの根本的な洞察に対して、疑いを抱く理由は全くありません。言語の使用というのは、だいたいにおいて全く新しいものであり、また限界がありません。つまり、原理的に無限です。状況にうまく適合したものではありますが、だからと言って状況によって引き起こされるわけではありません（これは決定的な違いです）。そしてまた、言語の使用によって、自分自身も同じように表現したはずだと認めるような思考を他者の中に生じさせることができるのです。これが、言語の日常的な使用というものの姿です。以上のよう

な観察は、全く正しいように思われます。言語というのは「有限の手段の無限の使用」を含んでいるということを指摘したヴィルヘルム・フォン・フンボルトの言葉は、よく引用されます。しかし、ここで心に留めておくべきことは、彼が語っているのは、言語の使用についてであるということです。それが、有限の手段の無限の使用ということです。より完全な形で引用すれば、フンボルトが述べているのは、思考できるものすべての精髄としての言語の終わりのない、真に限界がない領域です。そのためフンボルトは、言語を思考と密接な形で結びつけた、ガリレオやその他の人たちにまで遡ることのできる伝統の中に位置づけられます。実際のところ、同時に彼は、言語と思考の同一性まで主張しているわけですから、その伝統よりもさらに先へ行っていると言えるでしょう。フンボルトは、「言語は、その限界のない領域に直面する際に、有限の手段を無限に用いなければならない」ということを認めて、ずっとより強い主張をしていることになるわけです。言語を無限に使用することを可能にしている有限の手段に関する理解は大分進みましたが、無限の使用それ自体については全く謎のままです。言語の適切な使用を導く規約についての理解など、いくつかの特定の領域において著しい進展がみられたにもかかわらず、この基本的な問題については、デカルトやデカルト派の人たちの時代と変わらず、現在も謎のままなのです。

　今から1世紀ほど前に、もう1人の偉大な言語学者であるオットー・イェスペルセンが、有限の経験をもとにして、いったいどのようにして言語の諸要素が話者の心に存在するようになるのか、といった問題を提起しました。それは、彼の言い方を用いれば、どのようにして自分で文——とりわけ、話し手にも聞き手にもだいたいは新しい、無限の範囲にわたる「自由表現」（free expressions）——を組み立てる際に導きとなるくらいに充分に明確な「構造の観念」（notion of structure）を生み出すことになるのか、というまた別の謎です。そうなると、言語学者の仕事というのは、彼の言うところでは、こうしたメカニズムを発見し、それらがどのようにして心の中に生じるのかを理解し、さらに「人間言語と人間の思考の最も奥深くにある本性に対するより深い洞察」を得るということになります。こうした考えは今日ではそう奇妙な感じは受けませんが、この分野の大部分を支配するようになっていた

構造主義や行動科学の時代には、そうではありませんでした。イェスペルセンの洞察は、この時期にはほとんど無視されていたのです。例えば、私の学生時代は 1940 年代の後半になりますが、その頃彼のことを知っているものは、ほとんどいませんでした。私自身は、ハーバード大学の図書館の中を歩き回っていたときに、たまたま彼の本を見つけたのです。さて、ここでこのイェスペルセンのプログラムを改めて定式化し直してみると、言語学者の基本的な仕事は、インターフェイスとそれらを関係づける「生成手続」(generative procedures) の本質を研究し、さらにそのインターフェイスや生成手続がどのようにして心の中に生じ、どのように使用されているのかを決定することになるかと思います。そして、ここにおける主要な関心事は当然、「自由表現」——だいたいにおいて、全く新しい創造的行動——ということになります。

　だいたい 60 年ほど前のことになりますが、こうした問題に対処するため、明示的な生成文法を構築しようという最初の試みがなされるとすぐ、以前には気づかれることもなかった不思議な現象が数多く発見されるようになりました。よく考えてみれば、すぐ気がつくような現象だったはずです。しかし、「基本特性」が明確に定式化されず、問題としてまだしっかりと取り組まれることもなく、また統語論はと言えば、単なる「語の使用」の問題にすぎないと考えられていたときには、あまりそうした現象に気づかれることもなかったのです。しばしば、思考の自然な順序に従った語の使用などといったことが問題にされました。ディドロが、フランス語が科学に適した言語であるのに対して、ドイツ語や英語は詩に適した言語であると主張したというのは、有名な話ですね。フランス語では語の配列が思考の自然な順序と一致しているから、というのです(会場笑い)。しかるにドイツ語や英語では、語の順序がめちゃめちゃになっている。だから、むしろ想像力の世界の方が適しているというわけです。しかし、どの程度思考の自然な順序に従っていたかなど、誰でも勝手に言えることでしょう。こうした状況は、17 世紀初期における近代科学の最初期の段階の状況とやや似ています。それまで何千年間も、科学者たちは、慣れ親しんだ現象に対するごく単純な説明で満足していました。例えば、石が落下し蒸気が上昇する。これはそれらがそれぞれ

の自然な場所を探し求めているからである、といった説明です。また、物体が相互作用をするのは、共感や反感とよばれるもののゆえだということになります。共感が物体をくっつけ、反感が物体を引き離すというわけです。私たちが三角形を知覚するのは、その形が文字通りに空中を飛んできて脳にその形を刻みつけるからだ、というのもありました。その他にもこの種の単純な説明が数多くあったわけです。しかし、ガリレオやその他の人たちがこうした事実に不思議さを認めたときに、近代科学が始まりました。そしてすぐに、私たちの信念などというのはたいてい無意味なものであり、直観も全くあてにならないということが発見されるのです。この不思議に思える気持ちこそ、早期教育から最先端の研究に至るまで、育んでいくべき大変貴重な特性だと言えます。

　言語に関しても、今から 60 年ほど前に明るみに出てきた 1 つの不思議な現象があります。そしてそれは、現在でもまだ問題として残っています。私の考えでは、それは極めて重要であり、また非常に単純ではありますが、興味深く不思議な事実です。instinctively, eagles that fly swim（本能的に、飛ぶワシは泳ぐ）という文を例にとって、具体的にみていきましょう。副詞 instinctively は動詞と結びつくわけですが、この場合に結びつく動詞は fly（飛ぶ）ではなく、swim（泳ぐ）の方です。同様のことが疑問文についても言えます。例えば、can eagles that fly swim（飛ぶワシは泳ぐことができるか）という疑問文で尋ねられているのは、飛ぶ能力ではなく、泳ぐ能力の方なのです。この文で表現できない方の思考だって全く真っ当なものです。しかし、この思考を言い表すためには、わざわざ別の言い方でパラフレーズしなければいけないのです。これは、コミュニケーションの効率性ということを考えれば具合の悪いものになるはずですが、こうした例は実は他にもたくさんあります。

　これらの例で不思議なのは、instinctively や can といった節頭の要素と動詞との結びつきが、最も近くの、つまり線的特性に基づいたものではなく、遠い方の、つまり構造的な特性に基づいたものになっているということです。線的特性に基づいていた計算の方が、もっとずっと簡単な計算的操作だったはずですが、そういった計算は決して用いられません。言語は、最小の

構造的距離といった特性を利用しているのです。もっとずっと単純であるはずの最小の線的距離の特性が利用されるということは、決してないのです。いったいなぜそうなっているでしょうか。なぜそれが英語だけでなくあらゆる言語に認められるのでしょうか。また、なぜこれらの構文だけでなくあらゆる構文にみられるのでしょうか。本当に不思議なことです。子供はこうした知識を獲得するのに、決して誤りを犯すことはありません。子供は、関連するデータが全くなくても、あるいは非常に限られていても、こうした知識を自動的に獲得しているのです。

　証拠がほんのわずかでも、あるいは実際には全く存在しない場合でも、子供は教えられもしないのにこういった事例に対する正しい答えを知っている——こうした事実に対しては、非常に単純ではありますが、説得力のある説明があります。その説明とは、言語学習者にとってそもそも線的順序など利用不可能なのだ、というものです。つまり、イェスペルセンが語っていたあの偉大な原理の一例ですね。言語学習者、つまり子供にとって、それは初めから利用不可能なのであり、したがってそれを選ぶということも決してない。子供は、最小の「構造的距離」——「線的距離」よりも複雑な概念——を探すように制約を課している普遍文法の原理に導かれているのです。以上が、私の知る唯一の説明です。今までこれ以外に提案された説明はありません。示唆のようなものは数多くありましたが、明らかにうまくいきませんでした。

　この最小距離の原理は、言語の設計において非常に広範囲に用いられています。それはおそらく、言語の設計や言語の獲得に関わってくるさらにずっと一般的な原理の１つの事例なのです。この後者の原理というのは、実際のところ、言語などを超えて、自然界の法則となっているのかもしれません。これを「最小計算」（Minimal Computation）の原理と呼ぶことにしましょう。様々な証拠は、圧倒的に——もっとはっきり言えば、例外なく——言語が常に最小の線的距離ではなく、最小の構造的距離の方の特性を利用していることを示しています。繰り返しますが、最小の線的距離の特性を利用した方が、計算上はるかに単純なはずなのに、です。実際に、今お話ししている問題に関しては、神経科学の領域から得られた独立した証拠があります。ミラ

ノに研究グループがありますが、その中に言語学者のアンドレア・モロがいます。皆さんもおそらくご存知かもしれませんね。このグループは、被験者に2種類の刺激を提示しその脳活動を調べました。普遍文法に従った人工言語と普遍文法に従っていない人工言語という2種類の刺激です。後者の場合には、例えば、文を否定するのに3番目の語の後に否定辞が置かれることになっています。これは、知られているどの言語で用いられている規則よりも、計算上ずっと単純な規則です。この実験でミラノの研究グループが発見したのは、普遍文法に従っている人工言語の場合には、通常の脳の言語野の方に活性化がみられたのに対して、文を否定する規則として線的順序が利用されている場合には、脳に拡散活性化がみられたということです。この実験結果は、人間は線的順序を利用した人工言語を言語ではなく、一種のパズルとして扱っているということを意味しています。他にも、ニール・スミスとイアンシ゠マリア・ツィンプリが行った実験があります。彼らの実験は、認知能力には障害があるものの言語能力の点では優れている被験者を対象にしたものでした。彼らの研究も、だいたい同じ結論に達しています[1]。

　ところで計算認知科学においては、大量のデータの統計分析によって今みてきたような言語の特性が獲得され得ることを示そう、などといった小さな研究産業なども作り出されてきています。それは実際のところ、表面的なところを超えて研究されているほとんど唯一のテーマに関わるものです。そういった研究ではっきりとしているものはことごとく、救いがたいほど失敗に終わっているということが明らかにされています。しかし、そんなことは、まあどうでもいいでしょう。そのような試みは、そもそも的外れなのです。そんな試みは実質的に不可能だろうし、仮に可能だったとしても、やはり重大な問題が手付かずのまま残されてしまうだろうと思います。なぜ言語は常に最小の構造的距離という複雑な計算的特性を利用し、もっとずっと単純であるはずの最小の線的距離の特性を利用する、あるいはそれを考慮することすらないのか、という問題のことです。ちょっと前に不思議に思おうとしない態度のことについて触れましたが、この研究産業などは、そのいい例と言えるでしょう。繰り返しますが、不思議に思える気持ちこそ、ガリレオ以来のハードサイエンスにおいて認識されてきたように、本格的な科学的研究の

第一歩になるのです。

　ここで、統語論と意味論とに関わる言語の中核的な部分での計算において、線的順序が利用されることは決してないという、より大きな主張を考えてみましょう。もちろん線的順序なるものは存在しますが、この主張によれば、それは言語からすれば周辺的な部分であり、感覚・運動システムの諸特性の反映として付け加わったものにすぎないということになります。私たちは、同時並行的に話すことはできませんし、構造を発することもできません。感覚・運動システムを通すためには、どうしても線的順序に並べなければならないのです。つまり、心の中で生じていることが「外在化」(externalization)されるためにはこの感覚・運動システムというフィルターを通さなければならず、線的順序というのは、この事実を反映したものにすぎないのであり、言語そのものと特に関係はないということになるでしょう。感覚・運動システム自体は、周辺的な面を除けば、言語に特化して適応しているわけではありません。外在化、そしてさらに知覚のために不可欠であるこうした部分は、言語が出現する数十万年前にはすでに存在していたようです。それらはもうすでにそこにあったのです。この問題は、まだ解決されたというわけではありません。決着がついていない問題の1つではありますが、今述べてきたような、より大きな主張が実際に正しいということを示す証拠は、相当量あるように思われます。もしそうだとするならば——私はそう考えています——、「基本特性」を定式化し直す必要が出てきます。最近の文献など——その中には私自身のものも含まれます——で定式化されているようなものではだめです。むしろ「基本特性」とは、概念・意図インターフェイス——一般的に言って思考のシステム——と結びつく、階層的に構造化された表現の無限の配列を生成することといった形になるでしょう。

　もし以上のことが真実であるならば——様々な証拠はそう示しているように思います——、言語を「思考の道具」とみる伝統的な見方に立ち返り、それに応じて例の常識的な見解を見直すべき充分な理由が存在することになります。つまり、言語とは意味を伴う音ではなく、音——もっと一般的に言えば、外在化の何らかの形式——を伴う意味だということになります。外在化の形式は、だいたいは音ですが、基本的にどのような様式(モダリティ)でも

可能だということです。さらに言うならば、外在化というのは、まれにしか利用されないとさえ言うことができます。実は言語の使用の大半は、決して外在化されていません。それは、「内的対話」、あるいは「内言」(inner speech)と呼ばれています。言語使用の99.9%が、この内的対話なのです。この内的対話から逃れるのは、ほとんど不可能だと言っていいでしょう。寝ても覚めても、道を歩いているときでも自分自身に向かって語りかけるという行為を止めようとすれば、相当の意思が必要になってきます。それは、四六時中生じていることなのです。ところで、この問題については、残念ながらあまり研究がありません。ヴィゴツキーにまで遡れば、いくらかはありますが。わずかにある研究が語っていることは、内観——少なくとも私の内観——が示しているように思われるものと一致しています。自分で試してみてください。意識にまで浮かんできているのは、ちょっとした断片にすぎません。そして、心の中で瞬時に完全な形の表現(文)になっていくわけですが、実際にはそうならない場合の方が多いのです。そうした完全な形の表現になるのは、発話可能な速度よりもずっと速いし、あるいはほとんど自動的なものです。そして、心の中においてすら、しばしば完全な形の表現にはなっていないのです。こういった問題は、非常に興味深いものですが、先に述べたように、これまではほとんど研究されることもありませんでした。調査することは可能でしょう。研究されない理由は、意識に上ってこない心の活動の研究というものに対する偏見にある、と私はみています。意識こそがおそらく、あらゆるものの存在場所だというわけです。それを研究しないのには多くの独断的な考えがあるのだろうと思われますが、実際にやってみるべきことなのです。

　この問題はひとまず脇に置いて、言語がどう設計され構築されているかに関してどんなことがわかっているのかという問題に絞って、検討してみることにしましょう。そうすると、ガリレオやその他多くの人たちの洞察——言語とは、本質的に思考の道具であるという洞察——を真剣に受け止めるべきだということが、納得できるのではないでしょうか。当然、外在化は副次的な過程であり、感覚・運動システムの諸特性の反映にすぎないものということになってくるでしょう。言語とは特に関係がないのです。研究を進めてい

くにつれて、ますますこの結論が支持されてくるように思われます。さてそうなると、ここからいろいろなことが帰結されてくることになります。まず、外在化に基づく特定の言語使用——その1つとして、コミュニケーションがあります——は、言語のずっと周辺的なものだということです。これは、様々な学問領域で実質上の「定説」となっている考え方とは相反するものですが、しかしこの定説なるものには、本格的な支持証拠など全く存在していません。さらにまた帰結されてくることとして、言語の進化、言語の起源に関する広範囲にわたる推測の大半が、そもそも間違った方向に向いているということにもなってきます。それらの多くは、言語にとっては周辺的な側面であるはずのコミュニケーションの進化についての考察になっているからです。この件についてはまだ研究がありませんが、コミュニケーションを言語の本質的な機能だとする現代の教義——あるいは、独断と言ってもいいでしょう——は、連合主義者や行動主義者たちがもっていた思い込みの影響によるものではないか、と私は思っています。彼らの主張を受け入れない人たちでさえも、彼らから強く影響を受けていました。現代の進化生物学の単純化しすぎた、全く支持できない解釈も同様です。このことは興味深い問題ですが、ここでは脇に置いておくことにします。

　ここでまた、「基本特性」に戻ります。新たに定式化し直した方、つまり、Ｉ言語の計算システムが、思考のシステム（概念・意図インターフェイス）と結びつく、階層的に構造化された表現の無限の配列を生み出す、といった定式化の方です。もちろんですが、ここではすべてが無意識的であり、意識化することは不可能です。それから、これら内的な対象を何らかの感覚の様式（モダリティ）において外在化する（あるいは、しない）副次的な過程があります（知覚に関しても、類似したことが言えます）。当然私たちは、「基本特性」の最も単純な理論を求めることになります。恣意的な規定事項を最小限に抑えた理論ということです。恣意的な規定事項はどれも、言語の起源を最終的に何らかの形で説明しようとする場合に障壁となるからです。ここで、「最終的に」という部分を強調しておきたいと思います。私たちはまだまだそこからは遠いところにいます。標準的な科学的方法とはそういうものです。私たちは、この基本的な科学的方法に訴えることでどこまで行けるかを問うこ

とになります。ではここで、計算的操作がどういった性格のものか詳しくみていきましょう。すべての計算手続に何らかの形で組み込まれている、非常に単純な計算的操作があります。それは、すでに形成されている2つの対象XとYを取って、そこから新たな対象Zを作り出すというものです。この操作のことを、「併合」（Merge）と呼ぶことにしましょう。現在、そのように呼ばれています。この併合という操作が、最小計算の原理に従っていると考えることにしましょう。この最小計算の原理は、すべてに優先する原理です。つまり、XもYも併合の過程において変化を被ることはない、ということになります。順序づけもなされません。順序づけがあると、複雑さが加わってくるからです。この結論は、これまで述べてきたような他の観点からみても、全く妥当なものだと思われます。結果としては、Merge (X, Y) = {X, Y} ということになります。だからと言って、脳の中にそういった集合が含まれているということではもちろんありませんよ——現在、そういった誤解に基づいた主張や議論もあるわけですが。そうではなく、脳内で生じていること——それについて、私たちはほとんどわかっていません——は、そうした形で特徴づけることが可能な特性を備えている、ということです。試験管の中にケクレのベンゼン環を見つけることができないのと同じですね。科学の世界では当たり前なことなのですが、言語学では非常に混乱した状況になっているのです。

　では、XとYが併合され、その際にXもYも、他方の部分ではないとしましょう。例えば、read と that book とを連結して、read that book に対応する「統語体」（syntactic object）を作り出すような場合がそうです。これを「外的併合」（External Merge）と呼びます。この場合、2つの要素は互いに別個のものです。次に、2つの要素のうちの一方が、他方の部分——例えば Y が X の部分——だとしましょう。つまり、John read which book にその部分である which book を連結し、which book John read which book が得られるような場合です（実際には、後に触れるような操作が加わって、which book did John read という形で表面に出ることになります）。これは、よくみられる言語の特性の一例で、「転位」（displacement）と呼ばれる現象です。この転位では、句が1つの位置で聞こえますが、解釈はその位置だけでなく、どこか他

の位置でも与えられることになります。つまり、for which book x, John read the book x（どの本xに関して、ジョンはその本xを読んだか）といった解釈になるわけです。これが、which book John read which book の解釈であり、それはそのまま思考のシステムへと移行し、適切に処理されることになります。この場合にもXとYの併合の結果は{X, Y}ですが、今度はYの2つのコピーが存在するということになります。1つはXの内にある元々のもので、もう1つはXと併合されたものです。こうした併合を「内的併合」（Internal Merge）と呼びます。これは「移動のコピー理論」（copy theory of movement）などと呼ばれることもありますが、最小で最適な理論であり、余計なコストはかかりません。

　外的併合と内的併合だけが、可能な二項併合ということになります。こうした操作が二項的なものであるということに対しては、充分な証拠があります。ここで重要なことは、外的併合と内的併合のどちらも、余計なコストなしに利用可能だということです。もし2種類の併合のうちどちらか一方しかなかったならば、その方が複雑だったことでしょう。どちらか一方を禁じるような規定を別に設けなければならなくなってくるからです（どちらも、そもそも余計なコストなしに利用可能なはずだったわけですから）。これは重要な事実です。この事実が気づかれるようになったのは今から15年前のことですが、その後徐々にその重要性がしっかりと理解されるようになってきたのです。何年もの間、転位——この至るところでみられる現象——が存在するというのは、言語が完璧にできていないということの証拠ではないか、転位というのは、何かもっと複雑な装置や普遍文法に関する複雑な仮定によって説明しなければならない、ちょっと奇妙な事実なのではないか、と考えられてきたのです。実際に私自身も、そう考えていました。しかし今や、そういった考えが誤りであることがわかってきました。転位はむしろ、最も単純な仮定のもとで当然予想されてくる現象だったのです。何ら特別な規定事項を設けずとも、すべてが完璧にできています。ちょうど雪の結晶の場合と同じで、言語は可能な限り単純な仕方で形成されているのです。仮に転位が欠けているとしたならば、むしろその方が完璧にできていないということの証拠になったわけです。これは大変重要なことです。

もう1つの重要な事実は、最も単純な形での内的併合——つまり、最小計算というすべてに優先する原理を満たす内的併合——は、意味解釈にとって適切な構造を生み出しているということです。このことについては、すでにwhich book did John read という簡単な例で示しています。この表現の意味解釈のための正しい構造は、which book John read which book というものでした。これがそのまま思考のシステムへと移行し、適切に解釈を受けることになります。ただこうした構造は、もちろんのことですが、感覚・運動システムにとってはあまり具合がいい構造ではありません。この例ですでに述べているように、言語では普遍的に、構造的により卓立した方のコピーのみが発音されます。卓立していない方のコピーは削除されるのです。全体的には以上の考えを支持するものの、示唆に富むような例外的な現象も実際には存在するのですが、ここでは脇に置いておくことにします。ではなぜ、コピーが削除されるのでしょうか。これも、最小計算というすべてに優先する原理を適用することにより、自動的に導かれてくることなのです。この場合の最小計算とは、「できる限り少なく計算し調音せよ」というものです。これもまた、明らかに最小計算の原理の例です。さて、その結果はどうなるでしょうか。調音され発音された文は、「空所」(gap)を含むことになります。ちなみに、これは内言の場合にも当てはまります。自分自身に向かって語りかける場合にも、空所は含まれているのです。しかし、これはちょっと厄介なことです。なぜなら、聞き手は欠けている要素がどこにあるのかを見つけ出す必要があるからです。言語の知覚や文処理の研究の領域では、このことが解釈上大変困難な問題を生んでいるというのは周知のことです[2]。この「フィラー－空所問題」は、文解析プログラムを書く際の最大の難問になっているのです。同様のことは、知覚の研究においても言えます。こういった非常に広い範囲の事例においても、興味深いことが起きています。言語の設計、言語の基本的構造というのは、最小計算の原理を優先させ、文処理の複雑さ、言語の使用などは、全く気にもかけていないのです。このこともまた、大変重要です。

ここで、内的併合ではなく何か他の方法を採ろうとする場合——実際にそのような理論はたくさん存在していますが——、そういった理論は、次の二

重の立証責任を負わなければならない、ということに注意してください。1つは、余計なコストなしで利用可能なはずの内的併合を禁じるような規定が必要になってくるが、その理由を説明しなければならないということ。2つ目は、転位を生み出すためにどんな新しい装置を考案するにせよ、それをしっかりと正当化しなければならないということです。実際「コピーを伴う転位」こそ、一般に意味解釈のための正しい形式になっていると言えるわけですからね。

　では、もうちょっと複雑な例を取り上げてみます。あまり複雑すぎなければいいのですが。[which of his pictures] did they persuade the museum that [[every painter] likes best]?（彼らは、すべての画家が彼の絵の中でどれが一番好きか、美術館に納得させたか）という文を考えてみましょう。この文は、内的併合によって派生されるもので、その基底構造は [which of his pictures] did they persuade the museum that [[every painter] likes [which of his pictures] best]? となります。先の文は、この基底構造からコピーを削除することにより派生されるわけです。基底構造自体は内的併合によって作り出され、転位と2つのコピーを伴っています。前にみた which book John read which book の場合と同じですね。さて、文の中の which of his pictures という句は、likes の目的語であると解釈されます（この位置は、発音の際には空所になっています）。つまりこの句は、they persuade the museum that [[every painter] likes [one of his pictures] best]. （彼らは、すべての画家が彼の絵の中の1枚が一番好きだということを美術館に納得させた）という文における one of his pictures と似ているわけです。空所があっても同じような解釈になるのです。この解釈は正に、2つのコピーを伴っている基底構造から得られるものです。

　さらにもう1つ。every と his との間には量化詞−変項の関係がありますが、これがそのまま持ち越されるのです。例えば、[which of his pictures] did they persuade the museum that [[every painter] likes best]? という質問に対して、his first one（彼の最初の絵です）と答えることが可能ですが、この場合、画家ごとに絵は異なっています。they persuade the museum that [[every painter] likes [one of his pictures] best]. という文の1つの解釈の場合でも、全く同じことが言えますね。ところがそれと対照的に、Which of his pictures persuaded the museum that every painter likes flowers?（彼の絵の中でどれが、すべての画家が花が好きだということを美術館に納得させたか）という文では、構造的には類似した表現であるにもかかわらず、そういった答えは不可能です。構造的にみればほぼ同じなのに、量化詞 – 変項の解釈は不可能なのです。この文では、his pictures は every painter の作用域の中にないからです。量化詞 – 変項の束縛関係のために必要な構造を提供しているのが発音されないコピーの方であるのは、明らかです。こうしたことはやはり、内的併合とコピー削除という最も単純な形式——これもまた、最小計算の原理から出てきます——から自動的に出てくることなのです。前にみたもっと単純な例の場合と全く同じことが言えるわけです。もっとみていけば、さらに入り組んだ複雑な例がたくさん出てきます。

　前に挙げた instinctively, eagles that fly swim（本能的に、飛ぶワシは泳ぐ）というもっと単純な例でも述べましたが、こういった例において、何かデータ処理のような手続きで今まで述べてきたような結論を生み出すことができるとは、ちょっと考えられません。試してみても、無駄でしょう。どんな方法があるのか、想像すらできません。言語学習者にとって、関連するようなデータは全く入手不可能なのです。したがってこうした結果は、デイヴィッド・ヒュームの言う「自然という源の御手」(the original hand of nature) から導き出されてくるものでなければなりません。私たちの言い方であれば、それは「遺伝的資質」(genetic endowment)——もっと具体的に言えば、普遍文法(UG)——ということになります。このようにして、UG の本質に関して、広範囲に及ぶ、しっかりとした結論を導き出すことができるのです。そして、奇妙な謎を解明することができるのです。

　真の意味での言語の普遍性は存在しない——したがって、UG も存在しない——などといった主張もしばしば文献などで見かけます。この場にいらっしゃる言語学者の皆さんも、ご存知のことと思います。しかしながら、それは（単に混乱しているというのでなければ）UG について述べているのではなく、記述的一般化について述べたものなのです。ジョーゼフ・グリーンバーグの有名な普遍性などがそういった例です。しかし、一般化は例外が非常に出やすいのです。それが一般化というものです。しかし例外は、研究に刺激

を与えてくれるものとして、大変貴重なのです。例えば、コピーの削除の例外に関しては、前にちょっと触れました。そういった例外というものは、注意深く調べてみると、むしろ主要原理を強めてくれたりするものです。これは、科学の世界ではごくありふれたことです。有名な例を1つ挙げましょう。天王星の軌道の摂動が観測されても、それでニュートンの原理やケプラーの法則が放棄されたり、ましてや物理法則など存在しないなどといった結論になったりすることは、ありませんでした。言語学や認知科学では、そういったことが起こっているわけです。しかし科学においては、そうはなりませんでした。別の惑星――海王星――の存在を仮定することになり、そして後になってその発見へとつながったのです。そして、すべてうまくいきました。概ね妥当な記述的一般化に対する例外というのは、通常科学の世界において同様の役割を果たしていますし、実は言語の研究においても、繰り返しそういったことが起こってきたわけです。こういった点も、心に留めておく必要があります。

　結論として言えることは、もし言語が最適に設計されているとすれば、それは意味解釈にとって適切な構造を提供しているはずだ、ということです。しかし、そうした構造は、知覚には――したがって、コミュニケーションに対しても――困難をもたらします。同じ結論を導くような例は、曖昧性をもつ構造や袋小路文（garden path sentences）の例など、他にもたくさんあります[3]。特に興味深いものの1つは、「島」（islands）と呼ばれている現象で、いわゆる空範疇原理（ECP）の違反が関係している構文などにみられます。では、They asked if the mechanics fixed the cars.（彼らは、修理工が車を修理したかどうか尋ねた。）という表現をもとにして作られる疑問文を例にとって、考えてみましょう。「車は何台か」とも「修理工は何人か」とも尋ねることができます。したがってそれぞれ、How many cars did they ask if the mechanics fixed? そして How many mechanics did they ask if fixed the cars? という疑問文ができるはずですね。しかしこの2つの文は、はっきりと異なっています。How many mechanics did they ask if fixed the cars? という表現は、思考としては完全に真っ当なものですが、そのような形で言い表すことはできないのです。もっと別の言い方を選ばなければなりません。やはり、コミュ

ニケーションにとって具合の悪いことだということになります。

似たような例はたくさんありますが、多くはまだよく理解されていません。しかし、しっかりと理解されるならば、その構造が可能な限り単純な規則が自由に機能することから生じ、それが知覚——したがって、コミュニケーション——に対しては問題を生じさせることもあるということになると思います。詳しく調べてみれば、今みてきたように、コミュニケーションの効率性と計算の効率性とが相反することは数多くあり、知られている限りすべての例において、コミュニケーションの効率性が犠牲になっているのです。計算の効率性こそが重要なのであって、コミュニケーションの効率性の方が考慮されるなどということは、決してありません。このことが意味するのは、言語というのは、ちょうど雪の結晶が形作られるのと同じように、設計されているのではないかということです。つまり、それはただ、自然法則に従って生じたまでだということです。そして、実際にしばしばみられるように、コミュニケーションに対してはかなり具合が悪くなる場合も出てくるわけです。このように考えてくれば、「言語とは意味を伴う音である」とする常識的なアリストテレスの見方を修正し、言語を「思考の道具」と考え、コミュニケーションなど言語の使用を副次的な特性——後から付け加わったようなもので、言語そのものに関して特に関係はない——とみる見方を採ることに対して、さらなる支持が得られるのではないでしょうか。

この結論は、言語の発生に関して私たちがもっているごく限られた証拠とうまく合致しているように思われます。タタソールによれば、どうも言語は進化の時間尺度の上では極めて突然に発生したようです。近代生物学の誤解の1つは、変化というのは漸進的なものでなければならないと考えていることです。かつてはそう考えられていましたが、今ではそれが事実ではないことを示す大量の証拠があります。そういった理由でタタソールは、特に論評を加えずに以上のような考えを打ち出しているわけです。それが通常の進化なのです。進化は自然選択などではありません。漸進的である必要などないのです。タタソールはおよそ5万〜10万年前の間のどこかだと言っていますが、だいたいその間に脳内のわずかな再配線があり、併合が生み出されることになったのではないか——これはかなり有望な推測であり、実際のとこ

ろ私が知る限り唯一のものです。そしてそれが、限界のない創造的な思考のための基盤をもたらすことになったのでした。つまり、ちょうどその時期に考古学の記録に現れてくる「大躍進」と呼ばれる活動のことです。こうして、現生人類をその祖先から——私たちが知るどの祖先からも——区別し、そしてまた動物界の他のすべての生き物から区別する驚くべき違いが生じたのです。

　もう一言言いますと、すべての計算システムには、計算の目的に使用される一群の原子的な要素が備わっている必要があります。原子と同じように、そうした要素は他の手段によって分解可能です。言語においては、それは「レキシコン」(lexicon)と呼ばれています。だいたい語のようなものと考えていいでしょう。今から約60年前の生成言語学の開始期の頃に、語というのは、本当は音韻的な概念であって統語的な概念ではない、といった趣旨の提案がなされていました。この提案にはもっとも理由があるように思います。私はそう考えているわけですが、この問題についてはこれ以上立ち入ることはしません。

　ただ、このような基本的な単位がどのようなものであれ、さらなる問題が生じてきます。これは、言語の起源を最終的に何らかの形で研究しようとする場合に——着手することが実際に可能だとすればの話ですが——、非常に深刻で切実な問題となります。その問題——それはまた、言語獲得にとっても問題となってきますが——とは、こういった基本的な単位（あるいは原子的要素でも概念でもいいです）が、動物のシンボル・システム、コミュニケーション・システムにみられるのとは全く異なっているということです。動物のシステムでは、シンボルの使用が「指示主義者(referentialist)の原理」と呼ばれているものに従っているのは間違いないように思われます。つまり、シンボル——動物の鳴き声——は、心とは独立した存在物と結びついています。例えば、鳥がある特定の鳴き声を発した場合、それは例えば、実際に「あそこで葉っぱが揺れている」ということを意味しているのです。正に、その外的事象との間に一対一の関係があるわけです。以上のことは、動物のシステムに遍くみられるように思われます。さらにこの原理は、言語に関してもだいたい当てはまるのではないか、と考えられているわけです。す

べての関連分野はほとんど例外なく、この原理を受け入れているのです。しかしそれは、到底支持できるものではありません。最も単純な語ですら、それを注意深く調べるならば、そんな原理が当てはまらないことはすぐわかるはずです。心の中の要素——川、テーブル、岩など、どんなに単純なものであっても——と心とは独立した存在物との間に、直接的なつながりなど全く存在しません。そこには常に、もっとずっと複雑な心的構築物が関わっているのです。この問題についてはここ40年の間に多くの研究がありました。この原理は、未だにかなり多くの人たちの間で支配的ですが、全く受け入れることができないというのが私の考えです。この重要な問題も、ここでは簡単に触れるだけに留めておきたいと思いますが、この問題については、指示主義者の原理の力が強いためもあって、ほとんど理解されておらず、研究も不充分なものでした。私は誤りだと思っていますが、それは非常に強力で、どこででも目にすることができるのです。この問題もまた、これから議論し、研究されていかなければなりません。

　ここでお話ししたことはほんの入り口にすぎませんが、なぜ「言語とは何か」という問いへの答えがかくも重要なのか、皆さんにご理解いただけたことを願っています。さらに、この根本的な問いに細心の注意を払うことにより、「私たちはどのような生き物なのか」という探求に対しても少なからぬ結果を伴った結論を生み出すことができるのだ、ということお示しすることができたとすれば幸いです。これで講演を終わります。

WHAT IS LANGUAGE? by Noam Chomsky
Copyright ©2015 by Noam Chomsky
Permission from Noam Chomsky c/o Anthony Arnova,
Roam Agency arranged through The English Agency (Japan) Ltd..

訳注
＊　2013年7月21日から27日にかけて、スイスのジュネーブ大学で第19回国際言語学者会議が開催され、25日にチョムスキー教授は特別講演を行った（演題はWhat Is Language and Why Does It Matter?）。本章は、そのときの講演を日本語に訳したものである。なお、もとが講演であるため、本章は話し言葉で訳出している。

1　ニール・スミスとイアンシ=マリア・ツィンプリが行った実験については、第2章でもう少し詳しい解説がなされている。

2　この文処理の問題は、第5章において扱われる。

3　袋小路文（garden path sentences）とは、通常の文処理の仕方では混乱を引き起こしてしまうような文。文の途中まで間違った解釈を行い、その後修正（再解釈）を行って始めて正しい解釈に至ることになる。この構文については、第5章において詳しく議論されている。

さらに研究を進めるために　（訳者選）

最新のチョムスキー、生成言語学の考え方を本格的に知るための文献は、第2章と第3章で紹介することになっているので、ここでは日本語で書かれた、比較的入手しやすい文献に絞って紹介する。まずは、チョムスキー以前の西洋言語思想の伝統を理解する上で有益なものとして次の書がある。

1.　ロイ・ハリス／タルボット・J・テイラー　斎藤伸治・滝沢直宏訳（1997）『言語論のランドマーク：ソクラテスからソシュールまで』大修館書店。
　　本章でもしばしば言及されているアリストテレスの言語論、またチョムスキー自身も高く評価する17世紀～19世紀初めにかけての合理主義的な言語研究の伝統（ポール・ロワイヤル文法とヴィルヘルム・フォン・フンボルト）について詳しい解説・議論がなされている。経験主義的言語論の代表としてジョン・ロックの言語論についても、1章を設けて詳しい検討がなされている。

今年2017年は、生成言語学の誕生を告げるチョムスキーの *Syntactic Structures* が出版されてちょうど60年が経過することになる。福井直樹編訳の次の書は、この60年にわたるチョムスキーの言語論の源流、そしてその変遷を知るうえでの最重要文献である。

2.　ノーム・チョムスキー　福井直樹編訳（2012）『チョムスキー 言語基礎論集』岩波書店。
　　チョムスキーによる書き下ろしである「言語基礎論への序」も必読。

最後にもう1冊だけ挙げておきたい。

3.　ノーム・チョムスキー　福井直樹・辻子美保子編訳（2015）『我々はどのような生き物なのか』岩波書店。
　　2014年3月5日と6日に上智大学で行われたチョムスキーの2つの公開講演と質疑応答部分を中心にまとめられたものの日本語版。3月5日に講演が行われた「言語の構成原理再考」（ソフィア・レクチャーズ 第1講演）は、講演の時期が近いということもあり、本章の内容と重なる部分もある。

第2章

最小計算と言語の基本構成[*]

ノーム・チョムスキー(今井隆・斎藤珠代訳)

　近代科学革命の初期の段階から、人間言語に対しては強い関心がもたれてきた。言語は、人間の中心的特徴であり、また近代人を他の生き物から分ける主要な知的能力と認識されてきたのである。現代的な解釈では、人間進化の分野の指導的研究者であるイアン・タタソールが次のように述べている[1]。「現代人独特の知覚能力の獲得はむしろ、最近になって突然に起こった出来事である。…この新しい知覚能力はほぼ間違いなく、私たち現代人自身に関しておそらくもっとも注目に値するもの、つまり言語の発明に決定的な形で誘発されて、現れ出たのである」。

　数世紀前、ガリレオと17世紀のポール・ロワイヤルの論理学者たち、文法家たちは、「25個あるいは30個の音から、私たちの心の中で起こるものとは何ら類似性をもたないにもかかわらず、私たちが考え抱いているあらゆること、私たちの魂の動きすべてを(他の人々に)明らかにする、あの無限の表現」を組み立てる手段の「驚くべき創造力」に畏怖の念を抱いていた。デカルトは、この能力を人間と動物 – 機械との間にある主要な違いととらえ、その「心身二元論」に対する基本的な論拠としている。また、偉大な人文主義者であったヴィルヘルム・フォン・フンボルトは、言語を「死せる生成物」(ein todtes Erzeugtes)というよりもむしろ「創造的な活動」(eine Erzeugung)と特徴づけ、また「エルゴン」ではなく「エネルゲイア」であると考え、この活動が何らかの形で有限の手段を無限に使用しているという事実について考察していた[2]。そして、この伝統の最後にくる偉大な代表者であるオット

ー・イェスペルセンにとって言語研究の中心的問題は、限りある経験をもとにして、言語の構造がどのようにして話し手の心の中に生じ、「自分自身の文——特に、一般的に話し手や聞き手にとって全く新しい「自由表現」——を構成する際の指針となるのに充分に明確」である「構造の概念」がどのようにして生み出されてくるのか、ということだった³。そしてさらに深く、「すべての言語の根底にある偉大な原理」を掘り起こすところにまで進み、そうすることで「人間の言語と思考の本性に対するより深い洞察」を得る——こういった考えは、今日とは異なり、20世紀前半の様々な分野で支配的だった構造主義や行動主義の科学の時代には非常に奇妙に響いたものであった。当時においては、このような伝統の主要な思想と関心は、周辺に追いやられていたからである。

　この省察と探求の豊かな伝統の中で、どのようにして人間は、「無限の表現」を自由かつ創造的に用いて、状況に対して適切な形で——しかし、状況によって決定されているわけではないのであり、両者の違いは非常に重要である——その思考を表現することができるのかを理解しようとする努力がなされてきた。ただ、こうした思想を大きく前進させるのに利用できるような道具立ては、その当時は特に存在していなかった。しかしその難点は、ゲーデルとチューリング、そしてその他の偉大な数学者たちが現代の計算可能性理論のための基礎を打ち立ててくれたおかげで、20世紀半ばまでには部分的に克服されることになる。こういった成果のおかげで、どのようにして「有限の手段」で「無限の表現」を生成することができるのかという問いに対して、明快な理解が可能になり、人間の言語能力の「基本特性」(Basic Property)と考えられるものを明確にし、研究する道が切り開かれたわけである。ここでいう人間の言語能力の「基本特性」とは、脳内において表示されている有限的に規定された生成手続(generative procedures)のことである。これによって、階層的に構造化された表現の「離散無限性」(discrete infinity)が生じ、それぞれは、2つのインターフェイス——何らかの感覚の様式(モダリティ)(必ずしもというわけではないが、通常は音)において「外在化」(externalization)するための感覚・運動インターフェイス(SM)と、内省、解釈、推論、計画、その他の心的活動のための概念・意図インターフェイス

（CI）——において明確な解釈がなされる。これに近いもの、わずかでも類似したものすら、他のどんな生物からも発見されておらず、こうした豊かな伝統の判断の正しさを裏付けているものと言えるだろう。

　これらの有限の手段の無限の使用——つまり、過去の偉大な人物たちの興味を引き付けてきた、自由で創造的な実際の言語産出——が、いまだに大きな謎だということは、しっかりと認識しておく必要がある。それは言語の領域に限らず、人間の自発的な行動全般について言えることである。この謎は、自発的運動について研究している最も傑出した科学者の2人によって生き生きと描写されている。その2人とはエミリオ・ビッチとロバート・エージュミアンのことであるが、彼らは今日の状況を評して、「操り人形とそのひもの複雑な設計についてはある程度わかっているが、操り人形師の心については洞察が欠けている」と表現している[4]。

　この問題は、決してささいな問題ではない。これは、可能な科学的探究の（境界線の外とは言わないまでも）境界線上にある問題であり、つまり人間の知性ではなかなか及ばない領域に位置しているのである。そして、もし私たちが天使などではなく、有機的生物にすぎないという事実を認めるならば、いくつかの問題は私たちにとって永遠の謎だということを認識する点において、過去の主要な思想家たち、デカルト、ニュートン、ロック、ヒュームなどと立場を同じくすることになる。

　言語行動——つまり、操り人形とその糸——において使用される有限の手段についての研究は、20世紀の半ば以降、「生成文法の企て」（generative enterprise）と「生物言語学の枠組み」（biolinguistic framework）と呼ばれるようになったものの中で、非常に成功裏に進められてきたのである。この時期に進行中だった「認知革命」（cognitive revolution）から影響を受け、あるいはそれに貢献もしてきた。研究者たちが今日探究しているような問題は、ごく最近に至るまで立てられてもいなかった。そして、類型論的に多種多様な言語が、爆発的に調査対象に入ってくるようになった。しかも、古典ギリシアや古代インド以来の長く豊かな言語研究の歴史においても、かつてみられなかったほどの深いレベルでの考察がなされたのである。その途上で多くの発見があったし、絶えず、新しい問題も提示され、探究の新しい方向が切り開か

れてきた。こういった点において、この企てはかなりの成功を収めたと言えるだろう。

　構造主義や行動主義の時代の前提から離れ、新しい形で伝統的な精神に回帰するこの生成文法・生物言語学の企ては、言語を内的なシステムとしてとらえ、人間の認知能力システムの1つの「モジュール」と考える。専門的に言えば、言語は「Ｉ言語」（I-language）ととらえることができる。ここでＩは、「内的」（internal）、「個人的」（individual）、「内包的」（intensional）を表している（ここで関心が向けられているのは、生物学的な対象そのものの性質であって、それが生み出すもの——言語表現の集成や行動の集合ではない、ということである）。それぞれのＩ言語は、上で説明してきたような人間言語の「基本特性」を満たしている。イェスペルセンの言う「すべての言語の文法の根底にある偉大な原理」は正に、「普遍文法」（UG）の主題であり、伝統的な言い回しを新しい枠組みに組み入れたもので、今や言語機能のための遺伝的資質、つまり可能なＩ言語の類を決定する生得的要因の理論として解釈されるのである。

　今日では、UG が人間という種の特性であって、深刻な病理さえなければ人間に一定不変であり、一方他の動物には、同一のものは言うまでもなく類似したものすらも全く存在しないということに対して、かなりの証拠が見つかっている。タタソールが結論づけたように、UG は進化の途上でごく最近になって出現したようであり、それはここ 10 万年以内の出来事であったと考えられる。そしてまた、少なくとも私たちの祖先がアフリカから出た約 5、6 万年前以降進化していないということについても、かなりの確信をもつことができる。もしそうであるならば、言語機能——つまり UG——の出現は進化の過程で突然に起きたわけで、そう考えるならば、人間言語の「基本特性」や UG を構成するその他のものは、どれも非常に単純なものでなければならない。さらに、1950 年代におけるエリック・レネバーグの先駆的研究以来、人間の言語機能が他の認知能力とは切り離されているという証拠も積み重ねられてきている（知覚（文処理）と産出にみられる言語使用において、内的なＩ言語と他の諸能力とが統合されることになるのはもちろんのことである）[5]。そういった事実もまた、（進化の途上で）急に出現したものが

どういったものであれ、非常に単純なものに違いないということを示唆しているのである。

　構造主義や行動主義の科学的方法が20世紀前半に形を成してきたとき、一般に、この領域は何ら根本的な問題には直面していないと考えられるようになっていた。分析方法が確立しており、とりわけゼリッグ・ハリスの『構造主義言語学の方法』は素材の集成を組織立った形式にする方法を提供したが、これがこの学問分野の主な仕事であった。音韻論の問題が研究の大きな焦点であったが、ほとんど理解されてしまっていたように思われた。1940年代の終わり頃に学生だった筆者は、「これは実に面白い研究だが、すべての言語の構造的文法を得られてしまったら、この分野は一体どうなるのだろうか」といった感情を抱いたことを覚えている。こうした確信は、広く支持を受けていた「ボアズ流」の考え方がそうであったように、この当時支配的だった枠組みにおいては理にかなったものだった。ちなみにこの「ボアズ流」の考え方というのは、理論言語学者のマーティン・ジョーズによれば、次のように表現される——言語は「限りなく、予想もできない形で互いに異なり得る」もので、個々の言語の研究は「あらかじめ言語とはどのようなものでなければならないかなどといった考えをもたずに」取り組まれなければならない[6]。

　しかしそういった確信も、20世紀半ばまでに最初に生成文法を構築する試みがなされるやいなや、崩壊することになった。すぐに、人間言語についてほとんど何もわかっていないのだということが、明るみに出たのである。それまでにかなり研究されてきたはずの言語ですら、同じだった。同時にはっきりしたことは、まだ発掘されていない言語の「基本特性」の多くは、本質的な部分において、生得的な言語機能から引き出されると考えるべきだということであった。なぜなら言語は、根拠となるものがほとんどないか、あるいはまったくない状況のもとで獲得されるからである。したがって、言語とはどういったものであり得るかということについて、明確で決定的な境界が存在しなければならない。さらに、「基本原理」（Basic Principle）を満足させる規則を構築しようとする最初の試みとともに明らかにされた特性の多くが、重大な難問を提起し、いくつかは今日でもまだ残っており、さらにまた

多くの難問が新しく発見されているのである。

　この枠組みにおいては、個別言語の研究は、その言語の話者がとった行動や産出したデータのみに頼る必要はない。他の言語に関して出された結論からも導き出せるし、神経科学や心理学、遺伝学、さらに言えば科学が一般にそうであるように、どんな証拠資料からも、導き出すことが可能である。そうして、厳格な構造主義的・行動主義的科学の研究方法によって課せられる狭い制約から、研究が開放されることになるのである。

　生成文法の企ての初期においては、言語の経験的現象を把握するためにはUG をかなり複雑なものにする必要があるのではないかと思われた。しかしながら、それが正しいはずがないということは、常に理解されてきたのである。UG は進化可能性の条件を満たさなければならないが、仮定される特徴が複雑になればなるほど、将来においてそれがどのように進化してきたのかについて説明する際に、負担は大きくなってくる。それは、言語機能の進化についてわかっている事実がわずかしかないということを考えると、非常に重い負担となってくるのである。

　最初期の頃から、UG の経験的な適用範囲を維持し、あるいはしばしば拡張しながら、仮定した UG の複雑さを軽減しようとする努力がなされてきた。そしてここ数年の間に、こうした方向性で重要な前進があった。1990年代初期までに、新しい方法でこの問題に取り組むことが可能なのではないか、と多くの研究者たちが考えるようになったのである。その新しい方法とは「理想的な解決法」を構築し、一見したところ扱いにくいデータを注意深く分析することで、どれだけそれに接近できるかを問うものである。この研究方法は、「ミニマリスト・プログラム」と呼ばれている。「理想的な解決法」という概念自体は、先験的に正確に判断できるものではないが、このプログラムを建設的に進めていくために、私たちは、その特性については充分に理解している[7]。

　I言語は、1つの計算システムであり、理想的には「最小計算」(Minimal Computation, MC) の条件を満たしていなければならない。この条件については、かなりの程度よく理解されている。I言語はさらに、複雑度が最小限に抑えられた操作に基づくべきである。この計画が直面している課題は、当

然のこと、大変厳しいものであるが、まだ探求されるべき広大な経験的領域が残ってはいるものの、そうした課題との対応において励みになるような進歩もあったのである。

　この試みにおける自然な出発点は、「基本特性」を満たしている最も単純な計算的操作とは何であるかを尋ねることである。答えは非常にはっきりとしている。すべての非有界的計算システムは、何らかの形で、すでに構築されている2つの対象XとYを選び、新しい対象Zを形成する操作を含む、というものである。最も単純で、それゆえ最適な場合、XとYは、この操作において修正されず、新しい特性は何ら導入されることはない（特に、対象間の順序づけ）。したがって、この操作は、Z＝{X, Y}という簡単な集合形成である。この操作は、最近の文献においては、「併合」（Merge）と呼ばれている。

　すべての計算手続は、計算を開始する「原子」（atoms）の集合を持っていなければならない（しかし化学の原子のように、言語の他のシステムにより分析できる）。原子は、「レキシコン」（lexicon）の中の意味を担う最小の要素であり、大抵は語に似ているものの、もちろん語ではない。併合はこれらにアクセスできなければならないが、再帰的操作であるので、それはまた、これらから構成された「統語体」（syntactic object, SO）、さらに、この適用などにより形成された新しいSOにも限りなく適用されるのである。さらに、「基本特性」を満たすために、「併合」により作られたSOのうちのいくつかが、決まった手続により「感覚・運動」（Sensory-Motor, SM）と「概念・意図」（Conceptual-Intensional, CI）の2つのインターフェイスに送られる。

　　単純な論理でいくと、併合（X, Y）には、2種類あることになる。YがXと別ものか（「外的併合」（External Merge, EM））、あるいは、2つのうちの一方（仮にY）は、すでに生成されていた他の一部である（「内的併合」（Internal Merge, IM））。両方の場合において、定義上、Merge (X, Y) = {X, Y} である。YがXの一部であるIMの場合、Merge (X, Y) = {X, Y} は、Yの2つのコピーを含む。一方は、併合されたSOであり、もう一方は、X内にとどまっているものである。例えばEMは、read と book を取り、新しいSO{read, books}（順序不同）を形成する（実際には、その基底にあるSOであるが、説

明を簡潔にするため細かな部分は割愛する）。IM は John will read which book と which book を取り、SO {which book, John will read which book} を形成する。

　両者において、さらに他の規則が適用されて SO が SM と CI 形式に変換されることになる。CI への写像の場合は、両者とも直接的である。なお IM の例では、（おおよそ）for which x, x a book, John will read the book x（どの本 x に関して、ジョンはその本 x を読んだか）といった形式をもっている。SM への写像の場合は、線的順序、プロソディ、詳細な音声特性を加え、IM の例では、構造的により卓立していない方のコピー which book が削除され、which book John will read が産出されることになる。この SO は、例えば guess [which book John will read] におけるように全く変化がない場合もあれば、他の多くの言語にみられるように繰上げ規則を使って、which book will John read のような形式を産出する場合もある。

　記述されている操作全般にわたって、MC が満たれていることに注意してほしい。その中には、SM への写像での削除操作も含まれる。この操作は、併合により生成された SO を外在化する際に、計算上、調音上の負担を劇的に減らしている。大雑把に言えば、心に届くのは正しい意味形式を備えているが、耳に届くのは聞き手により補わなければならない空所を含んでいるということになる。この場合の「フィラー－空所問題」は、文処理と知覚に対してかなり厄介な問題を引き起こす。この例において、I 言語は、思考に対しては「うまく設計されている」ものの、言語使用に対しては困難を引き起こしている。これは重要な事実であり、広く一般化できるもので、あるいは例外がないということになるかもしれない。

　耳に届くものが順序立てられるのに対し、心に届くものは順序づけを欠いていることに注意しよう。したがって線的順序は、統語的・意味的計算には入らない。むしろ、線的順序というのは、外在化によって課せられているのであり、おそらくそれは線形化を必要とする SM システムの特性の反映である。我々は、同時並行的に話すことも構造を発することもできないからである。多くの単純な例では、これは正しいであろう。したがって、主要部前置の構造でも主要部後置の構造でも、動詞－目的語構文の解釈上の違いは、

全くないのである。

　同じことが、もっと複雑な例についても言える。例えば、「寄生空所構文」などは、めったに生じるものではないが明確に理解することができるもので、そういった「風変わりな」(exotic)構文は、特に興味深いものである。（充足されることがない）「本当の空所」(Real Gap, RG) は、（充足される）「寄生空所」(Parasitic Gap, PG) に先行することもあれば後続することもあるが、以下にみるように、PG に対して支配的な (c 統御) 構造関係にあってはならない。

（1）　Guess who [[your interest in PG] clearly appeals to RG].

（2）　Who did you [talk to RG [without recognizing PG]].

（3）　*Guess who [GAP [admires [NP your interest in GAP]]].

重要なことは、文法的判断や意味解釈を決定しているのは、構造的階層性であって、（動詞先行 vs. 動詞後行の場合と全く同じように）線的順序は無関係だということである。そして、たとえ言語獲得の上での証拠が非常に小さいか、あるいは全く存在しなくても、こういったことはすべて、言語使用者にはすでに了解済みなのである。

　以上の例にみるような言語の一般的特性は、言語の規則は常に構造依存的であるということである。この原理は大変強力であって、最小の線的距離という計算処理が単純な特性と最小の構造的距離というずっと計算処理が複雑な特性との間で衝突がある場合、常に後者の方が選ばれることになる。それは重要ではあるが不思議な事実であり、生成文法を構築しようという初期の努力がなされていたときには、すでに観察されていた。ただ表面的にみれば、それは、全く自然で一般的な原理である MC と矛盾しているようにもみえる。以下の文をみてみよう。

（4）　Birds that fly instinctively swim.

（5）　The desire to fly instinctively appeals to children.

（6）　Instinctively, birds that fly swim.

（7） Instinctively, the desire to fly appeals to children.

(6)と(7)の構造はおおよそ、それぞれ(6′)と(7′)で示している通りである。

（6′） Instinctively, [[birds that fly] [swim]].
（7′） Instinctively, [[the desire to fly] [appeals [to children]]].

どちらの例でも、線的距離の点では fly が instinctively に最も近い動詞であるが、構造的距離においてはより遠くにある。

　(4)と(5)は（fly instinctively か instinctively swim/appeal かで）曖昧であるが、(6′)と(7′)では、副詞は遠くにある方の動詞とのみ結びつく解釈となる。すぐに出てくる疑問は、なぜ曖昧さが消えるのかということである。そして、何よりも不思議なのは、なぜ線的に最も近い動詞をみつけるというずっと簡単な操作ではなく、構造的に最も近い動詞をみつけるという計算的には複雑な操作の方に基づいてそれが決められているのか、ということである。この特性は、一見すると MC とは矛盾しているようにみえるのに、すべての言語のすべての関連する構文において見出すことができる。さらに、繰り返しになるが、この知識は関連する証拠なしに獲得されているのである。

　これまでも、言語学者や他の認知科学者たちによって、以上のような結果が何らかの学習メカニズムに基づいて入手可能なデータから決定できることを示そう、という試みがかなりあった。上で挙げた簡単な例でも示されているように、すべてが救いがたいほど失敗に終わっている。しかしそれも、何ら驚くべきことではない[8]。

　この謎に対する単純で、全く自然な解決法がある。そしてそれは、知られている唯一のものでもある。つまり、言語というのは、順序不同の、最も簡単な計算処理操作である「併合」に基づき、最適に設計されている、というものである。まさにこの情報が装備されているため、言語を獲得しようとする子供は、経験によるデータの取り扱う際に、決して線的順序を考慮することがないのである。これは、UG によって確立された言語の一般的設計が

MC を満たしているとすれば、「基本特性」を満たす I 言語が取り得る唯一の選択である。

　我々が人間言語について定式化し得る最も強いテーゼは、MC が全般的に有効なものだとするものである（「強いミニマリストの主張」(Strong Minimalist Thesis, SMT)）。さほど昔でない時期には、それはあまりにも不合理に思えたので、決して考慮されることはなかった。実は近年になって、この主張を示唆するような証拠が出てきたのである。

　SMT を想定すれば、我々は即座に、多くの全く不可解な現象を説明することができる。その 1 つは、転位 (displacement)——ある句の解釈がその出現する位置だけでなく、基本的な意味役割が決定される別の位置でも与えられること——が至るところでみられるという事実である。この現象自体は、表面上は言語の設計の「非完璧性」(imperfection) を示しているようにみえる。しかし上でみてきたような SMT の下では、(IM による) 転位はむしろ当たり前の現象であるべきで、転位が欠けていたら、何らかの恣意的な規定が必要になってくるであろう。つまり、転位が欠けていた方が、「非完璧性」を示すことになるわけである。したがって、言語に対するどのようなアプローチを採ろうとも、IM を却下しようとするならば、それを正当化するための二重の重荷を背負わなければならない、ということになる。1 つは、最も単純であるはずのものを阻止する規定が必要になるが、その理由を説明しなければならないこと。2 つ目は、転位という現象を説明するために何らかの新たな道具立てが導入される必要が出てくるが、それをしっかりと正当化しなければならないことである。SMT はさらに、同時に転位の「コピー理論」を産み出す。これは、「再構成」(reconstruction) などの複雑な操作を用いずに、CI で意味解釈のための適切な構造を提供することになる。そしてたった今みたように、それは、構造依存性——言語設計において全体にわたって適用される原理——という謎に対する解答を提供してくれる。これらは、この豊富な言語研究の伝統において、これまで達成されることもなかったし、または考えられさえしなかったような非常に重要な結果であると言える。さらなる課題に関しては、ここでは論評を加えず、先に持ち越すことにする。

　ここでまた、MC が CI では適切な構造を産出するものの、SM では困難

を引き起こすということに注意しよう。より先を見据えると、SM への外在化こそが主として、言語の多様性、変動性、変わりやすさが観察されるところであり、したがって、外在化の具体的な様式を習得すること——つまり、言語の音声学や音韻論、形態論、及び語彙的特異性（その中には、いわゆる「ソシュール的恣意性」——最小の語のような要素に対する音と意味との間の具体的な対応づけ——なども含まれる）を習得すること——が言語獲得の主要な仕事であるという実質的な証拠がある。

　さらに進んで、大胆ではあるがあり得なくはない、さらにもう 1 つの主張を受け入れることも可能だろう。つまり、CI の生成——狭義の統語部門（narrow syntax）と解釈規則——は、言語間で（ほぼ）均一であるという主張である。実際、これまでに示したわずかな簡単な例をみただけでもわかるように、ほとんどあるいは全く存在しない証拠に基づいてこのシステムが獲得されているという事実を考えるならば、現実的に他の選択肢は想像しがたいだろう。この結論はまた、言語の起源に関してごくわずかしか知られていない事実とも一致する。このごくわずかな事実からすると、言語の出現は、進化の時間尺度からみればほとんど一瞬の間に起こり、その後は進化的な変化は生じていないようである。したがって、ここで進化したもの——UG ——はきわめて単純なものであると予想できるのである。

　そう深く考えるまでもなく、言語の起源についてどのように推測しようとも、「基本特性」の発生を説明しなければならないが、この「基本特性」というのは、徐々に近づいていけるというものではない。ちょうど計算能力の進化が、小さな数を扱える能力があるからといって容易になるわけではないのと同じである。4 あるいは 100 万からでも、そこから無限数システムへの飛躍が、1 から無限数システムへの飛躍より容易になるわけでは決してないのである。

　今概観してきたようなことは、「基本特性」が、ここでこれまでに定式化されたようなものではないことを示している。むしろ、UG によって決定された I 言語の「基本特性」は、脳内において表示されている有限的に規定された生成手続であり、これによって、階層的に構造化された表現の離散無限性が産出され、それぞれは、CI インターフェイスにおいて明確な解釈がな

される、という形になる。さらに、副次的な原理が、この内的に生成された表現を何らかの感覚の様式(モダリティ)において外在化することになるわけである。

　言語の基本構成と外在化という副次的な特徴に関する、今述べたような結論を支持する神経学的、言語心理学的証拠がある。10 年前にアンドレア・モロによって始められたミラノでの研究では、構造依存性に関する UG の原理に従っているナンセンスな言語の場合には、通常の脳の言語野の方に活性化を引き出すことが示された。それに対して、線的順序を利用している UG に違反したもっと簡単な言語では、拡散活性化が産出され、被験者がそれらを言語ではなく、一種のパズルとみなしていることを暗示している。そして、ニール・スミスとイアンシ=マリア・ツィンプリによって、それを追認するような証拠が出されている。彼らの実験は、認知能力には障害があるものの言語能力の点では優れている被験者を調査したものである。この被験者は、構造依存性に従っているナンセンスな言語を習得することはできたが、線的順序が関わったより単純な計算を利用する言語の方は習得できなかったのである。スミスとツィンプリはさらに、次のような興味深い観察も行っている。健常者は、もしそれがパズルとして提示されたならば、UG に違反する言語でも扱うことができたのに対して、言語として提示された場合には、おそらく言語能力を活性化させ、それを扱うことができなかったというのである [9]。これらの研究は、神経科学や実験心理言語学で追求できる、非常に興味をそそる道筋を示している。

　言語の基本構成に関するこうした結論が、言語が主にコミュニケーションのシステムであり、おそらくはより単純なコミュニケーション・システムから進化にしたに違いないとする従来からある現代的教義を覆すことに注意してほしい。証拠が強く示しているように、もし外在化が言語の副次的な特性にすぎないのであれば、コミュニケーションにおけるような外在化された言語の特定の使用は、さらにいっそう周辺の現象である。それは、他の証拠によっても支持される結論だと思われる。言語というのは第一に「思考の道具」であるように思われるが、この考え方は、伝統的な精神と完全に合致している。言語がコミュニケーションのシステムとして進化したと考えるべき

理由は、全くないのである。

　現在妥当性があると思われる推測は、入手可能な事実から示されるような短い期間内に、脳内のほんのわずかな再配線によって、上で再定式化したような基本特性が産み出された、というものである。それはもちろん、一人の人間において起こったのであり、そのときにその人間は、独自の思考の能力をもつようになった。内省、計画、推論などを、原則的に際限なく行えるようになったのである。その他の能力、特に算術の能力が、言語能力の副産物として現れたということも考えられよう。外圧がなかったために、基本特性は、SMT を満たしつつ、自然法則、とりわけ MC により決定されており、最適に作られているはずである。つまり、ちょうど雪の結晶が複雑な形をとるのと同じような仕方で、言語は作られたのである。その変異はさらに子孫に伝播していき、ことによると、小さな繁殖集団を席巻した可能性がある。その時点において、外在化は貴重であろう。その役割は、SMT を満足する内在システムの産出物を数十万年もの間——場合によってはもっとずっと長い間——存在していた感覚・運動システムに写像することである。例えば、類人猿の聴覚のシステムが人間のものと非常によく似ている証拠がある。その写像は、難しい認知的問題を引き起こすが、いろいろな方法で解決することが可能である——それぞれが複合的で、すべてが突然変異的ではあるが。こうしたことを実行するのに進化的な変化を要することは、ほとんど、あるいは全くないであろう。

　もしここまで述べてきた考えが正しい方向を向いているのならば、言語研究のための第一の仕事は、この見取り図の中の大きな空白を埋めること、つまり、人間のみに到達可能な言語の広範囲の現象が、これまでみてきたような術語を用いて適切に説明できることを示すことである。そして、さしあたり謎の領域に残ったもの——もしかしたら、永遠そうなのかもしれないが——は、計算の原子的要素の起源と「操り人形師」の本質である。後者は、長く豊かな伝統の主要な関心事であった言語使用の創造的面の問題であるが、この伝統は、生成言語学／生物言語学の企てにおいて新たな形で復活してきたのである。

　私は先に、20 世紀半ばに私が学生だった頃、言語研究の主要な問題がす

でにだいたい解決されてしまったように思われ、この企ては研究のしがいが
あるものの、かなりはっきりと感じられるような最終的局面にさしかかって
いた、といった趣旨のことを述べた。今日の状況は、これとさほど変わって
いないように思われるのである。

訳注

*　第2章の原題は、Minimal Computation and the Architecture of Language である。

1　Tattersall (2012) を参照のこと。

2　詳しくは、Chomsky (1966, 2009) を参照のこと。

3　Jespersen (1922) を参照のこと。

4　Bizzi and Ajemian (2015) を参照のこと。

5　Lenneberg (1967), Curtiss (2012) を参照のこと。

6　Joos (1957) を参照のこと。

7　Chomsky (1995) を参照のこと。

8　Berwick et al. (2011) を参照のこと。

9　Musso et al. (2003)、Smith and Tsimpli (1995)、Smith (1999) を参照のこと。

さらに研究を進めるために　（訳者選）

1.　藤田耕司、遊佐典明、池内正幸、福井直樹編 (2014)『言語の設計・発達・進化：
生物言語学探究』開拓社。
日本語で読める本格的な生物言語学の論文集であり、最新の生物言語学の動向を
知る上で有益である。

2.　Berwick, Robert C. and Noam Chomsky (2016) *Why Only Us: Language and Evolution.*
Cambridge, MA: The MIT Press.
なぜヒトだけが言語能力を生得的にもつのかという問題に関する生物言語学の最
先端の考えを知ることができる、本章の著者とコンピュータ言語学を専門とする
ロバート・バーウィックとの共著書。例えば「生まれたばかりの赤ちゃんは何語
で泣くのか」という問いへの答えは、本書に書いてある。

3.　Boeckx, Cedric and Kleanthes K. Grohmann (eds.) (2013) *The Cambridge Handbook of
Biolinguistics.* Cambridge: Cambridge University Press.
生物言語学の現在の動向を知るためのハンドブックであり必携書。

参考文献

Berwick, Robert C., Paul Pietroski, Beracah Yankama, and Noam Chomsky. (2011) Poverty of the stimulus Revisited, *Cognitive Science*, 35: pp.1–36.

Bizzi, Emilio, and Robert Ajemian. (2015) A Hard Scientific Quest: Understanding Voluntary Movements. *Daedalus* 144.1, pp.83–95.

Chomsky, Noam. (1966) *Cartesian Linguistics: A Chapter in the History of Rationalist Thought*. New York: Harper and Row. Third Edition revised and edited with an introduction by J. McGilvray; e-books. (2009) Cambridge: Cambridge University Press.

Chomsky, Noam. (1995) *The Minimalist Program*. Cambridge, MA: MIT Press.

Curtiss, Susan. (2012) Revisiting Modularity: Using Language as a Window to the Mind, In Robert Berwick and Massimo Piattelli-Palmarini. (eds.) *Rich Languages from Poor Inputs.* Oxford: Oxford University Press.

Jespersen, Otto. (1922) *Philosophy of Grammar*. Chicago: University of Chicago Press.

Joos, Martin. (ed.) (1957) *Readings in Linguistics*. Washington: American Council of Learned Societies.

Lenneberg, Eric. (1967) *Biological Foundations of Language*. New York: John Wiley and Sons.

Musso, Mariacristina, Andrea Moro, Volkmar Gluache, Michel Rijntjes, Jürgen Reichenbach, Christian Büchel, and Cornelius Weiller. (2003) Broca's Area and the Language Instinct. *Nature Neuroscience* 6, pp.774–781.

Smith, Neil. (1999) *Chomsky: Ideas and Ideals.* Cambridge: Cambridge University Press.

Smith, Neil, and Ianthi-Maria Tsimpli. (1995) *The Mind of a Savant: Language Learning and Modularity*. Oxford: Blackwell.

Tattersall, Ian. (2012) *Masters of the Planet*. New York: Palgrave Macmillan.

第3章

ミニマリスト統語論

岸浩介

　現在の生成文法の研究は、言語計算体系の仕組みを対象にした研究と、生物言語学(biolinguistics)の観点での研究の2つに大別できる。前者は、統語・音韻・意味分析を通して人間の言語の仕組みがもつ内的特性そのものを解明しようとする研究領域であり、後者は生物に備わっている体系として私たちの言語というものを考えた場合、例えば、それがどのような設計(design)のもとで成り立っているべきかといった問題に取り組む領域である。もっとも、両者は本来、互いに深く関連した研究領域であり、例えば現在では、言語計算体系で働く統語操作のなかには、言語固有の原理ではなく生物のメカニズム全体に対して働く「一般原理」が関わっているものがあると考えられているし[1]、また、人間の言語と動物のコミュニケーション体系(鳥類のさえずりや類人猿による意思伝達)との類似点や相違点を探ろうとするときには、人間の言語がもつ「構造」や「転位」といった概念が重要な意味をもってくるだろう。また、生成言語学では、伝統的に人間の言語機能を脳内に備わる一器官とみなしており(Chomsky 2013: 35)、その点では、両者を切り離さずに1つの章で説明するほうがより望ましいのかもしれない。しかしながら、Chomsky (1957, 1965)などを原点とする生成言語学での言語研究が始まってからすでに60年ほどが経過し、その間の研究成果は極めて膨大である。また、生物言語学に関する諸問題についてはすでに第1章と第2章において議論されているので、本章では、言語計算体系の仕組みを対象にした研究の動向を概観することを主目的とし、最近の生成言語学の枠組みにおける

統語論研究のありかたについて説明するとともに、私たちが使用する文がどのように生成（generate）（あるいは、派生（derive））されると考えられているかを紹介したい。より具体的にいえば、統語部門でどのように構造構築が行われ、どのような過程を経て言語表現が生成されるのかについてみていく。特に、Chomsky（1993）でその初期の枠組みが提示され現在も進展が続く「ミニマリスト統語論」の観点から、これらの問題に焦点を当てる。

　本章の構成は以下の通りである。まず1節では、統語部門の位置づけについて手短に触れる。2節では、Chomsky（1993）以降で展開されているミニマリスト統語論の枠組みを紹介する。3節では、ミニマリスト統語論の枠組みでどのように文が生成されるのか、関連する統語操作を紹介しながら、概観する。特に、(i) 併合（Merge）とコピー操作（Chomsky 1993, 1995）、ならびに (ii) 一致（agreement）操作（Chomsky 2000 など）、(iii) フェイズ理論（Chomsky 2000 など）、の3点に基づき説明する。4節では、統語部門に隣接する外的システムでの計算としてどのようなものがあるか、手短に説明する。5節では、Chomsky（2013, 2015c）において、併合操作から投射を切り離すメカニズムとして提案されている「ラベル決定アルゴリズム」について簡潔に紹介する。6節では、結語と今後の展望を述べる。

1.　統語部門の位置づけ：音と意味をつなぐ計算部門 [2]

　私たち人間が使用する自然言語は、通常、「音声」（場合によっては手話における「手指動作」や文書の「文字」）で伝わり、それらはいずれも指示対象や概念、出来事といった「意味」をもつ（文字に関しては、第7章で詳細に取り扱う）。例えば、「赤い車」という言語表現は [akaikuruma] という音声を持ち、指示対象として「『赤い色』という属性をもつ個体の集合と『車』に該当する個体の集合の『共通部分』（intersection）」を指す（このように、「指示対象」を集合論の観点で捉える考え方については、Heim and Kratzer 1998 などを参照されたい）。この事実から、自然言語の仕組みは最低限「音声」に関わる部門と「意味」に関わる部門を含んでいるはずである。

　一方で、上で挙げた「音声」と「意味」に加えて、自然言語には抽象的な

「構造」があると考えられている。例えば、「弁当を忘れた少年の母親」のような表現を考えてみよう。この表現は、「少年が弁当を忘れた」という解釈（[[弁当を忘れた少年]の母親]）にも、「母親が弁当を忘れた」という解釈（[[弁当を忘れた][少年の母親]]）にもとることができ、多義的(ambiguous)である。こういった多義性は、この表現の内部がどのような「まとまり方」をしているか、いいかえれば、どのような「内部構造」をもつのかによって説明される。この内部構造は「統語構造」と呼ばれる。

　統語構造は、このような意味解釈の違いを生むだけでなく、文法規則の適用の際にも重要な役割を果たす。例えば、Can eagles that fly swim? (Chomsky 2015b: x) という Yes-No 疑問文で、助動詞 Can と結びつくのは関係節内の fly ではなく、主節の主語名詞句の述語動詞 swim である。このことから、助動詞 Can は、語順の上でより遠くにある動詞 swim と結びついた位置から文頭に移動しており、このとき、「主節」とか「主語名詞句」といった構造上の情報を利用して Yes-No 疑問文を形成していることになる (Chomsky 2015b: x–xi, チョムスキー 2015d: 20 を参照)。その意味で文法操作は「構造依存的」(structure-dependent) (Chomsky 2015b: x) であり、この性質は自然言語の特徴の中で重要なものの１つとなっている。

　ここまで「構造」という概念が自然言語にとって重要な役割を果たすことを述べてきたが、自然言語にみられるほかの重要な特徴が「転位」(displacement) (つまり「移動」)である (Chomsky 2013, 2015b)。例えば、What did you eat? という英語の wh 疑問文では、先頭位置で発音される what は動詞 eat の目的語として解釈される要素であり、発音される位置と意味解釈を受ける位置が異なっている。

　ここで述べた、「構造」と「転位」という特徴をもつ自然言語は、犬の鳴き声やミツバチのダンスといった動物のコミュニケーション体系とは全く異質のものであると考えられており、言語の仕組みの解明は、本質的には人間性の解明にもつながる問題であると言って差し支えない。また、その解明に向けた取り組みは、脳科学や生物学といった隣接領域にも大きな（そして望ましい）影響を与え、事実それらの観点からの研究も増えつつある。その意味で、自然言語の仕組みの解明は非常に大きな意義をもつ研究課題であると

言える。(自然言語と動物のコミュニケーション体系の違いについては、瀬田 1994 や長谷川 1994、大津 2002 などを参照。また、生物進化や脳科学などの隣接領域における観点から両者を扱った研究としては Berwick et al. 2013 や Bolhuis et al. 2014、Hauser et al. 2014 などを参照。特に、Bolhuis et al. 2014 は、生物進化の観点からも明確に両者を区別すべきであると述べている。また、Hauser et al. 2014 は、言語進化の研究が、動物の行動研究や、人類学、分子生物学といった隣接領域にどのような影響を及ぼし得るか、またどのような課題を解決すべきかを提示している。Piattelli-Palmarini et al. 2009 や、Di Sciullo and Boeckx 2011、藤田ほか 2014 もあわせて参照。)

　以上のことから、自然言語の仕組みには、前述の「音声に関わる仕組み」と「意味に関わる仕組み」に加え「構造・転位に関わる仕組み」が必要になる。生成言語学の初期の枠組みである Chomsky (1965) の「標準理論」(Standard Theory) 以来、これらの仕組みは、それぞれ「音韻部門」(phonological component)、「意味部門」(semantic component)、「統語部門」(syntactic component) と呼ばれ、統語部門が音韻部門と意味部門をつなぐ形で結びつき (Chomsky 1965: 16)、言語を生成する仕組み、つまり「文法」を構成していると考えられている。これら 3 つの部門の関係を図示すると次の図 1 のようになる。(2 節の図 2 も参照。)

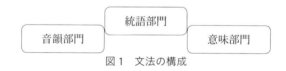

図 1　文法の構成

このような文法観は「言語は、音と意味をつなぐ最適な方法である (language is an optimal way to link sound and meaning)」という Chomsky (2008: 135) の最近の言葉にも表れている[3]。

　Chomsky (1965: 16) で提案されている、この 3 部門のおおまかな働きは以下の通りである。まず、統語部門では、語を組み合わせて文や句を構成する統語構造を組み立て、要素の移動といった様々な統語操作を適用させたうえで音韻部門と意味部門にその構造を受け渡す。音韻部門では、その統語構造

を、語順に従って発音できるような音素配列に変換する。その音素配列は実際に発話される際に利用される情報になる。他方で、意味部門では、転送された統語構造を解析し、その構造の意味解釈を決定する。これらの点で、統語部門は統語構造を「作り出し」、音韻部門と意味部門はその統語構造を「解釈する」という役割を果たす。

　なお、本章で扱う統語構造は、「語」より大きなレベル、すなわち「句」レベルでの構造である。一般的に「語」レベルの構造を扱う研究領域は形態論とよばれ、主に、blackboard（黒板）(Quirk et al. 1985: 1593) といった複合語形成などに関わる派生形態論 (derivational morphology) と、動詞の語形変化などを説明するための屈折形態論 (inflectional morphology) の観点から研究が進められてきた（森田 1999、竝木 2002、島村 2002、竝木 2009）。派生形態論は、伝統的に「語彙部門」(lexicon) の内部（厳密には、その下位部門である「形態部門」）での操作によって説明される一方で、屈折形態論は統語部門以降での操作によるものと考えられていた（森田 1999、竝木 2009 を参照。Chomsky and Lasnik 1993: 510 も参照）。また、語彙部門の中にあるそれぞれの「語彙項目」(lexical entry) (Chomsky 1965: 84)（これらはおおむね「語」に相当する）は、音韻素性、意味素性、統語素性などの一連の素性から成り立っており、これらが一通り揃った状態で基底構造に挿入されると考えられていた（竝木 2009: 96 を参照。Chomsky 1965: 84–85 もあわせて参照）。このような伝統的な考え方に対し、Halle and Marantz (1993) は「分散形態論」(distributed morphology, DM) という、形態部門での計算を文法内の別々の部門に分散させる枠組みを提案している。これによると、統語部門で存在する素性は、そこでの計算に必要な形態・統語素性（例えば [+V] とか [Past] など）のみで良いことになり、それ以外の素性による情報は統語部門の外側（厳密には統語部門と音韻部門の間）にある形態部門で挿入される（なお、派生形態論と屈折形態論はともに形態部門での操作によって説明されると考えられている）(Halle and Marantz 1993: 114–124, 森田 1999、Embick and Noyer 2007)。このように「語」の情報を分散させる DM の基本的精神がもたらす帰結は、「語」という単位を特別なものとはみなさないということである。この考えに従えば、「語」は、それよりも小さな「語根」(root) に機能範疇が

併合されることで初めて形成されると考えることができ（Embick and Noyer 2007: 296, Embick and Marantz 2008: 6)、そのような立場に基づいた研究も多くみられる（Alexiadou et al. 2014)。この立場では、「語」と「句」の区別はなく、したがって、形態論と統語論の区別もないことになる。このように、形態論にもさまざまな考え方があるが、本章では、厳密な DM の立場ではなく、「句」とは別に「語」という単位があり、また語彙項目は一連の音韻・意味・統語素性から成り立つ、1 つの単位であるという伝統的な立場に立ち説明していく。(なお、Cecchetto and Donati 2015: 第 1 章のように、「語」という単位が依然として重要な役割を果たすと論じている研究もある。分散形態論の明瞭なまとめと解説については、上述の森田 1999 や Embick and Noyer 2007、竝木 2009 を参照。また、最新の研究成果をまとめた論文集に、例えば Matushansky and Marantz 2013 がある。)

　以上、本節で紹介した統語部門の内的特性の解明は、生成言語学での主要な目標の 1 つとして、その黎明期から中心的に取り組まれている課題である。次節では、Chomsky（1993, 1995, 2000, 2001, 2004, 2005, 2007, 2008, 2013, 2014, 2015c）などによる、ミニマリスト・プログラムという研究指針に基づいて統語部門の内的特性の解明を目指す試み（以下、ミニマリスト統語論）を紹介する。

2.　ミニマリスト統語論の枠組み [4]

　ミニマリスト統語論では、その名前が示す通り、統語部門での文法操作やそれが作り出す構築物、統語的現象を説明するための規則・原理群など、その理論的枠組みで仮定されているあらゆるものが「必要かつ最低限」のもののみで構成されていると考えられている。まず、ここでいう「必要なもの」とは、「『事実上の概念的必然性（virtual conceptual necessity）』（Chomsky 1993: 2）を満たすもの」を意味している。これは、「たとえ物理的実証が未だなされていなくとも、概念的に（つまり論理的に）必要であることが導き出せるもの」を指す。例えば、1 節で、自然言語は統語構造をもつと述べたが、その統語構造を作り出す操作（例えば Chomsky 1995 の「併合」（Merge）など）は、

「概念的必然性」を満たす操作の 1 つに含まれる。なぜなら、たとえ物理的な実証がなくとも、この併合操作の存在を仮定しなければ、自然言語に構造があるという基本的な事実さえ説明できないのは自明だからである。また「最低限のもの」とは、文字どおり、そのような「概念的必然性」を満たすもののみを指し、これにより、それ以外の余分な要素が文法に含まれてはいけないことになる。なお、ミニマリスト統語論はここで述べた基本的発想を前面に押し出そうとする理論ではあるが、このような考えは、必ずしもミニマリスト統語論の枠組みになって突然発生したものではなく、生成言語学の初期の頃（例えば Chomsky 1957, 1965）から前提となっていた考え方であるということに留意されたい。ミニマリスト統語論以前の「原理とパラメータのアプローチ」（P&P アプローチ）（Chomsky 1981, 1986a, 1986b, Chomsky and Lasnik 1993 など）までの研究で蓄積された経験的説明力を前提としたうえで、必要最低限の要素からなる理論構築を行うことで「説明的妥当性（explanatory adequacy)」（Chomsky 1965, 2015a）の追求を推し進めることは、生成言語学の正しい方向性の 1 つであり、ミニマリスト統語論の考え方はまさにその方向性を前面に押し出しているといえる。（ただし、その一方で、Rizzi 1997, 2013 や Cinque 1999, 遠藤 2014、Shlonsky 2015 などにおけるカートグラフィー（cartography)研究にみられるように、経験的事実に基づき機能範疇を精緻化・細分化していく考え方もあることに留意されたい。)

　以下では、このような考えに基づいたミニマリスト統語論がどのような体系からなり立ち、実際にどのような過程を経て文が生成されると考えられているのか概観する。まず、統語部門とその周囲にある部門の関係がどのようになっているのかを知るために、全体像（図2）をみてみよう。統語部門は、2 つの外的システムと接続していると考えられている。その 2 つの外的システムは、「感覚・運動システム」（sensorymotor system）と「概念・意図システム」（conceptual-intentional system）と呼ばれ、両システムは、統語部門との接点（インターフェイス）として機能する（Chomsky 2000, 2001, 2004, 2007, 2008, 2013, 2015c を参照。また Berwick et al. 2013: 91, 図1 もあわせて参照）。

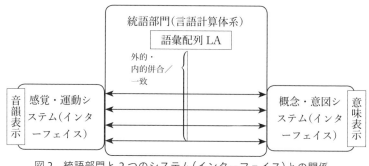

図2　統語部門と2つのシステム（インターフェイス）との関係

1節で統語部門が、音韻部門と意味部門に統語構造を受け渡す役割を果たすと述べた。ミニマリスト統語論の枠組みでこのことをもう少し具体的にいうと、統語部門は、まず、語の貯蔵庫である語彙部門から統語構造のいわば「材料」となる語を選択し（これらの「材料」は「語彙配列」(lexical array, LA)(Chomsky 2000: 100)と呼ばれる）、それに基づき統語構造を構築する。その際、統語部門は、外的・内的併合を再帰的(recursive)に（すなわち、何度も繰り返して）適用させることができる。このような、併合の「再帰的」適用により、言語がもつ「有限の仕組みによって無限の長さの文を構築する」という性質(Chomsky 1965, 2015a)が捉えられることになる。（言語がもつ再帰的性質の問題については Chomsky 2014 や Roeper and Speas 2014 を参照。）構築された統語構造に対しては、素性の値の指定や要素の移動（厳密にはコピー）といった統語操作を行う。出来上がった統語構造には、順次、外的システム（感覚・運動システムと概念・意図システム）への「転送」(transfer)(Chomsky 2004: 107)が適用される。このような統語構造の構築のための操作はある種の「計算」と考えられており、その計算の結果、外的システムへの出力として機能する「表示」(representation)が生成される(Chomsky 1993)。このことから、統語部門は「言語計算体系」(computational system C_{HL} for human language)(Chomsky 1995: 7)あるいは「狭義の統語部門」(narrow syntax)(Chomsky 2000: 100)とも呼ばれる。

　感覚・運動システムと概念・意図システムは、それぞれが独立した計算を行い、文の発音と意味解釈に関わる表示（音韻表示と意味表示）を生成する

（ここでの「インターフェイス」をもう少し細分化させる考え方については Chomsky 2004: 106–107 などを参照）。もう少し具体的にいえば、感覚・運動システムでは、転送された統語構造にある要素を、一定の原理に基づき、語順に従って発音できるような一列の音素配列に線状化（linearization）する。他方で、概念・意図システムでは、転送された統語構造を解析し、その構造がどのような述語（predicate）をもち、どの要素が項（argument）として働くか、その項がどのような θ 役割（theta role）（Chomsky 1981）をもつか、代名詞類がどのような解釈をもつかなど、意味に関わる計算を行う（両システムにおける計算の詳細については 4 節を参照）。感覚・運動システムによって生成された音韻表示は「外在化」（externalization）のために、また概念・意図システムによって生成された意味表示は「思考」（thought）などのために利用される（Chomsky 2013: 35）。外在化は例えば発話や文字による伝達を指し、思考は推論や理解、内省などを含むと考えられる（「思考」に関する Chomsky の最近の考え方については、Chomsky 2015c: 5 やチョムスキー 2015d: 25 を参照）。

　感覚・運動システムと概念・意図システムに送られる統語表示は、それぞれ、Chomsky（1993: 1–2）などで PF 表示と LF 表示と呼ばれていたものに相当し、両体系への入力として機能する。この入力には、(1) の「可読性の条件」（legibility condition）と呼ばれる条件が課せられる。（なお、可読性の条件は、Chomsky（1995: 221）では「最小出力条件」（bare output condition）とも呼ばれている。また、本章では「インターフェイス」という概念を広義に捉え、音韻・意味計算を行う「システム」として用いているが、(1) ではいわば狭義に用いられており、「表示のレベル」（levels of representation）（Chomsky and Lasnik 1993: 510）を指していることに留意されたい。）

（1）　可読性の条件
　　　言語 L によって生成される表現は、インターフェイスで対象物を読み取るシステム［つまり外的システム］にとって「可読的」でなければならない。　　　　　　　　　　（Chomsky 2001: 1　［　］内は引用者）

この条件により、前述の「転送」操作の結果、感覚・運動システムに転送される統語構造には、感覚・運動システムでの計算に利用される情報のみが含まれる。したがって、その中には、音韻的な計算に必要な情報(統語構造や音韻素性)のみが含まれ、そこでの計算に不要な意味的な情報などは含まれない。また、同様に概念・意図システムに転送される統語構造には概念・意図システムでの計算に利用する情報のみが含まれ、例えば音に関する情報は含まれない。

　加えて、両システムへの入力となる表示を生成する際には、(2)の「包括性の条件」(inclusiveness condition)が働くと考えられている。

（ 2 ）　包括性の条件
　　　　言語計算によって構築されたいかなる構造(中略)も、数え上げ N［＝「語彙配列 LA」］の形成のために選択された語彙項目の中に存在する要素から成り立っていなければならない。つまり、語彙的属性の再構成を除いて、新たな対象物が追加されることはない。

(Chomsky 1995: 228　［　］内は引用者)

この条件は元々の LA に含まれていない情報を統語構造に追加することを禁じるものである。したがって、Chomsky (1981)などによる P&P アプローチで仮定されていた指標(index)や痕跡、枝分かれ節点なども統語構造には存在しないことになる(Chomsky 1995: 228)。

　以上、本節では、ミニマリスト統語論における言語計算体系とそれに隣接する 2 つの外的システムの関係について概観した。1 節で、自然言語の仕組みがこのような体系からなることは、ある意味必然的であることを述べたが、このような構成の元で脳内の言語計算が行われることが脳科学的にも証明されていることを Berwick et al. (2013)は報告している。具体的にいえば、Berwick et al. (2013: 95)は、脳機能イメージング研究により、感覚・運動システムでの計算に関わる部位に加えて、階層構造の構築や複雑な文の理解といった統語部門での計算に関わる部位や、語彙意味論的・概念的な情報処理に関わる概念・意図システムでの計算を行う部位が特定されていると論じて

いる。つまり、各部門での計算の際に活性化する脳の部位が異なるということを述べており、この点で、Berwick et al. の報告は、本節で紹介したミニマリスト統語論の枠組みに対する一定の支持根拠を与えるものであるといえる。次節では、本節で述べてきたような枠組みに従い、具体的にどのようにして文が生成されるのかを例示するとともに、そのためにどのような統語操作が関わって来るのか紹介する。

3. 文の生成過程

本節では実際の文の生成過程をみていく。まず 3.1 節では、単純な単文の生成について考察し、3.2 節と 3.3 節ではやや複雑な文の生成について考察する。ここでは、P&P アプローチでの区別に従い、3.2 節では A 移動（受動文や「繰上げ構文」(raising construction) にみられる項位置への移動) について考察する。3.3 節では、A バー移動 (wh 移動のような非項位置への移動) の例についてみていく。3.4 節では、移動に課せられる制約として働く「フェイズ不可侵性条件」(Chomsky 2000) についてみていく。3.5 節では、3 節で紹介される一連の統語操作についてまとめる。

3.1 単文の派生

単文生成の例として、(3a)のように「主語 + 他動詞 + 目的語」からなる単純な文を考えよう。2 節で述べたように、言語計算は LA の形成から始まるが、(3a)は、LA として、(3b)における LA_1 と LA_2 の 2 つをもつ。

(3)a. Mary hit the man.

　　b. LA_1={hit, man, Mary, the, v^*}

　　　LA_2={C, T}

LA_1 における v^* は他動詞文に現われる要素であり (Chomsky 2001: 43, 注 8)、その指定部の要素に動作主 (agent) の θ 役割を与える。これは、概ね Larson (1988) が提案する「多重 VP」(VP shell) 構造における上位の V に対

応する（この問題については Hale and Keyser 1993 や Chomsky 1993, 1995 なども参照）。また、LA_2 に含まれる C は補文標識 C（omplementizer）を、T は時制要素 T（ense）（Pollock 1989）を表す。

　この 2 つの LA 形成は、「フェイズ」（phase）という統語上の単位に基づき行われる（Chomsky 2000: 107）。フェイズとは、概ね「命題」（proposition）に対応する言語計算上の単位を指し（Chomsky 2000: 107）、ミニマリスト統語論における言語計算の過程で重要な役割を果たしていると考えられている。LA_1 の v^* と LA_2 の C は、ともにフェイズを形成するフェイズ主要部と呼ばれ、LA_1 により v^*P フェイズが、LA_2 により CP フェイズが形成される。このような LA 形成は、文の生成に使用する語をフェイズごとに分けて準備する方が、言語計算体系の設計上、理に適っているという考えから来ている（Chomsky 2000: 99–100）[5]。

　では、まず LA_1 によって v^*P フェイズまでの構造が形成される過程をみてみよう。Chomsky（1995）以降のミニマリスト統語論では統語構造を構築するための仕組みとして、「最小句構造（bare phrase structure）理論」（Chomsky 1995: 249）が仮定されている。この理論では、「X バー理論」（*X-bar theory*）（Chomsky 1981: 5）の式型（scheme）そのものを廃しており（Chomsky 1995: 228）、「併合」（Merge）という根源的な操作によって統語構造が構築されると考えられている。併合操作は、2 つの要素を結び付け、その 2 要素からなる集合を形成する。例えば、α と β という 2 つの要素を併合した場合 {α, β} という集合が形成され、α か β のどちらかが投射される（Chomsky 1995: 244）。（ただし、Chomsky 2013, 2015c は、投射が「ラベル決定アルゴリズム」（labeling algorithm）という、併合とは別の仕組みによって決まると主張している。これについては、5 節を参照。）結果としてできあがる構造は、Kayne（1981）などにより主張される「二項枝分かれ」（binary branching）の構造となり、「どちらかが投射される」という操作の性質により、統語構造は基本的に主要部を持つという内心性（endocentricity）が保証されている。（ただし、Chomsky 2013, 2015c などでは、主要部を欠く外心（exocentric）構造も一般的な構造として認める立場を取っている。5–6 節も参照。）この併合操作により、まず LA_1 にある the と man によって（4）の構造が構築される。

（4）

　（4）では、決定辞 D（eterminer）の the と、N の man が併合され、the が投射されている（Abney 1987）。投射された上位の the は最小句構造理論以前の表記法に従えば DP に相当する。なお、Chomsky（1995: 242）は、Muysken（1982）に従い、最大投射と、中間投射、主要部の概念が「関係的」に（つまり、他の要素との相対的関係によって）決まると述べている。具体的にいえば、投射に該当しない要素が主要部、それ以上投射しない要素が最大投射、これらのいずれでもない要素が中間投射と定義される（Chomsky 1995: 242）。ここでの man は投射に該当せず、かつこれ以上投射していない要素でもあるため、「主要部かつ最大投射」の要素となる（Chomsky 1995: 245）。Chomsky（2004, 2007, 2008, 2013, 2015c）は、このような、LA から選択した語同士を併合し新たな構造を構築する操作を「外的併合」（External Merge, EM）と呼んでいる。なお、すでに構築された統語構造と LA からの語を併合する場合も EM により構造が構築される。
　（4）の目的語名詞句が構築された後、さらなる併合操作が適用され、（5）の構造が形成される。

（5） v^*（＝v^*P フェイズ）
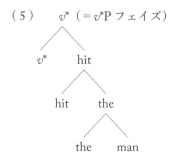

　（5）では、（4）の the man と他動詞 hit（=V）が EM によって併合され hit が投射されている。この上位の hit はいわゆる VP に相当する。その VP は次に

v^* と併合され、v^* が投射される。この投射は v^*P に相当する。この後、動作主の Mary が v^*P の指定部として併合され (6) の構造が構築される。前段落で述べた通り、最小句構造理論では最大投射、中間投射、主要部が関係的に決まるので、(5) にあった上位の v^* は、その時点では最大投射だが、(6) でさらに上位の v^* の投射が生じることで $v^{*\prime}$ となる。

（6）　　　　v^*（＝v^*P フェイズ）

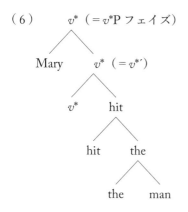

ここまでの併合操作により、v^*P フェイズが構築される。

　なお、最小句構造理論によって α, β の 2 要素から構築される構造 {α, β} は集合であると述べた。これはあくまで集合であるため、本来、そこには、語順の情報は含まれない。（4 節でふれる通り、語順は感覚・運動システムでの操作によって決定される。）また、2 節の (2) でみた「包括性の条件」により、バーレベルを含む枝分かれ節点（つまり N や N′、NP）や枝そのもの（節点同士をつなぐ実線）も、本来存在しないものである (Chomsky 1995: 228)。しかし、本章ではこれ以降も、特に必要がない限りは、説明の便宜上、それらを用いた、伝統的な (7a) のような樹形図、または (7a) に対応する (7b) のような括弧書き表示を採用する。

(7) a.
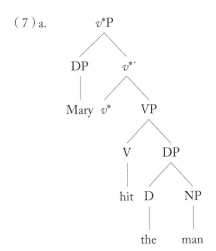

b. [$_{v*P}$ Mary [$_{v*'}$ v^* [$_{VP}$ hit [$_{DP}$ the man]]]]

　次に、(6) の構造が構築された後、どのような統語操作が適用されるかみてみよう。ミニマリスト統語論では、その後「素性継承」(feature inheritance) (Chomsky 2007, 2008, 2015c) と「一致」(agreement) (Chomsky 2000, 2001, 2004, 2007, 2008, 2013, 2015c) という操作が起こると考えられている。素性継承とは、フェイズの中心になるフェイズ主要部から非フェイズ主要部へ、統語操作を引き起こすための素性を伝達する操作を指す。この素性継承という考えにより、言語計算の中心になるものを厳しく(ここではフェイズに)限定することが可能になり、必要最低限の道具立てで理論構築と経験的事実の説明を行っていこうとするミニマリスト統語論の基本的精神を遵守することになる (Chomsky 2008: 143–144 もあわせて参照。素性継承の支持根拠については Richards 2007 などを参照)。また、一致は、要素の屈折や格変化を説明し、移動(コピー)を駆動するためのメカニズムとして、ミニマリスト統語論の最近の枠組みで仮定されている操作を指す。(6) の v^*P フェイズに対して、この2つがどのように適用されるか見てみよう。

　まず、目的語名詞句の the man は対格(accusative case)を与えられる要素だが、この対格付与は、後述の通り一致操作の結果、素性の値が指定された V によって行われる。一致操作は「探索要素」(probe)と「標的要素」(goal)

(Chomsky 2000, 2001, 2004, 2005, 2007, 2008, 2013, 2015c)の間で、以下のように実行される。まず未指定(unvalued)の値をもった素性が探索要素となり(Chomsky 2008: 148)、その探索要素は自身の素性の値を決定するため、後述の探索領域の内部で標的要素を探し出す。ここでは動詞 hit が探索要素、目的語名詞句 the man が標的要素となるが、動詞 hit は値が未指定の素性を内在的にもつわけではなく、前述の通り、フェイズ主要部から、値が未指定の素性を継承すると考えられている。このことを図示すると(8)のようになる。

(8) [$_{v*P}$ Mary [$_{v*}$ $v*$　　　[$_{VP}$ hit　　　the man]]]

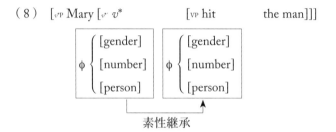

(8)で継承されているのは、値が未指定の「性」(gender)、「数」(number)、「人称」(person)からなる、一致に関わる一連の素性であり、これらはまとめて「φ素性」と呼ばれる(Chomsky 2000: 110)。

　これらの素性に基づき、一致操作がどのように行われるのか詳しくみてみよう。(9)で図示される通り、一致は、V に継承された φ素性(＝探索要素)と目的語名詞句 the man(＝標的要素)との間で行われる。

(9) [$_{v*P}$ Mary [$_{v*}$ $v*$ [$_{VP}$ hit　　　the man]]]

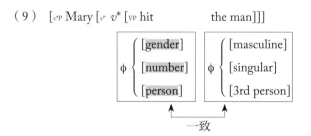

まず、Chomsky（1995: 277–278）などで仮定されている素性の解釈可能性について一言ふれておきたい。(8) で V の hit が継承した φ 素性の情報は、本来名詞句の解釈に必要な情報であり、V の解釈には貢献しない。例えば、名詞句 the man がもつ [masculine] [singular] [3rd person] という φ 素性は名詞句の意味解釈を決定するのに貢献する。（つまり the man は男性形の代名詞である himself の先行詞になり、また単数形であり 3 人称の個体を指示対象としてもつ。なお、ここでは説明の便宜上、英語の名詞も「性」素性をもつと仮定する。この問題については Quirk et al. 1985: 314 や Radford 2009: 459 を参照。）一方で、これらは動詞である hit の解釈に何ら貢献しない。なぜなら「性・数・人称」といった素性の情報は、動詞が表す行為や状態といった意味に影響を与えることはないからである。したがって hit にとってこれらは解釈不可能(uninterpretable)である。(9) では解釈不可能素性をグレーの塗りつぶしで表記しており、これ以降も同様の表記を用いる。一致操作は、このような探索要素となる解釈不可能な素性が、標的要素がもつ解釈可能(interpretable)な素性によって値の指定を受ける操作である(Chomsky 2015c: 13, 脚注 16)。

　次に、一致操作の詳細に立ちもどる。探索要素はその「探索領域」(domain)（Chomsky 2000: 101）から標的要素を探索する。この探索領域は、Chomsky（2000: 122）で「その姉妹要素とそれが支配する領域」（すなわち探索要素が「構成素統御」(c-command)（Chomsky and Lasnik 1993: 518）する領域）と規定されている。この領域内で、探索要素は未指定の値を指定すべく要素を探索する。次の(10)の構造をみてみよう。(10)では VP 以下の構造を示してあり、丸で囲んだ部分は探索要素にとっての探索領域となる。

(10)

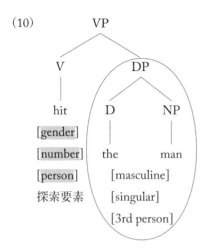

(10)の探索要素がその探索領域の中で一致操作を行うために標的要素を探索した結果、標的要素として DP の the man が標的要素になり、この標的要素がもつ解釈可能な素性の値によって探索要素の φ 素性の値が指定される。解釈不可能だった標的要素の φ 素性の値が指定されると、それらは消去される。消去された要素は、それ以降の統語部門での計算には使用されなくなる。なお、目的語名詞句の the man は、値が未指定の格素性 [Case] も持っている。これは形態統語上の役割を果たすが、意味解釈に貢献しないため解釈不可能である。この格素性は、対格付与能力を持ち、一致操作の結果、値の指定と消去を受けた V によって値が [Accusative] と指定され消去される。これまでのことを図示すると(11)のようになる。

(11)

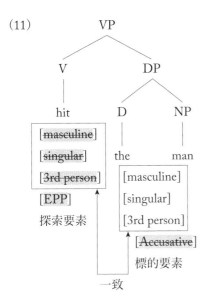

　なお、Chomsky (2008: 150) では、一致のための素性が要素の移動も引き起こすと仮定されている。ここでは、一致が起きた場合の移動を「EPP（拡大投射原理（extended projection principle））素性」(Chomsky 1986a: 116)（つまり(11) の [EPP]）消去のための移動と仮定する。つまり、EPP 素性をもつ主要部の指定部位置が要素によって満たされた場合、この素性が消去され、インターフェイスで首尾よく解釈されると仮定する。この EPP 素性消去のため、目的語名詞句 the man が VP の指定部位置に移動し (Chomsky 2001: 9, 2007: 20, 2008: 148)、結果として V がもつ素性 [EPP] が消去される。なお、ここでは外池 (2009: 155–156) に従い、VP の指定部に移動した目的語はその位置に留まると仮定する[6]。
　ここで EPP 素性について少し説明しておきたい。EPP 素性は、伝統的に、例えば英語の T が音形をもつ主語を必要とするという事実を説明するために普遍的に仮定されてきたものであり、移動もしくは併合を駆動する役割を果たすだけの素性である。一例を挙げれば John was (=T) hit by Mary. のような受動文では、本来、動詞 hit の目的語であった John が T（ここでは be 動詞と結びつき was となっている）の EPP 素性を満たすために移動してい

る。また、There is a boy under the tree. のような存在文では、虚辞のThereが、意味を持たないにもかかわらず主語位置を占めている。これは虚辞のThereがTPの指定部として併合され、結果としてEPP素性が適切に消去されていることを示す。しかしながら、どちらの事例でも、EPP素性の存在により、解釈の違いが生まれるわけではない。したがって、EPP素性は解釈不可能な素性と考えて良い。

次に、ここまでで述べた移動操作とはどのようなものであるべきか考えよう。Chomsky (1993, 1995) 以降のミニマリスト統語論では、移動をコピー (copy) として捉える「移動のコピー理論」(copy theory of movement) が採用されている。ここでは、一致した the man がVPの指定部にコピーされることになるが、このとき、コピーされた the man は (11) のVPと併合される。この併合は、これまでのEMとは異なり、すでに構築された構造の内部で起こるので、「内的併合」(Internal Merge, IM) と呼ばれる (Chomsky 2004, 2007, 2008, 2013, 2015c)。(したがって、併合操作は IM と先の EM の2種類に分類されることになる。) このことを図示すると (12a–b) のようになる。((12) ではDPの内部構造を簡略化してある。)

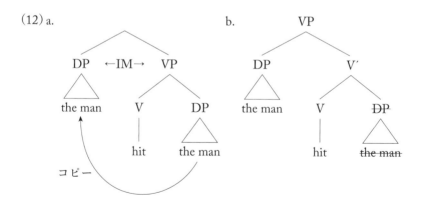

まず (12a) のように the man がコピーされ、次にVPとIMによって併合され、(12b) の構造が構築される[7]。(5) と (6) のときと同様に、(12a) でのVPは、(12b) ではV'となる。また、(12) の2つのコピー (the man) のうち、元

位置に残されたコピーは概念・意図システムにおける意味解釈に寄与する一方で、英語の場合は感覚・運動システムでの計算により先頭のコピーが発音に利用されるので、この元位置のコピーは発音されない。（同様の考え方については Pesetsky 2000: 7–8 などを参照。なおチョムスキー 2015d: 46 は「コピーが発音されないのは、『最小計算』―可能な限り少なく発音せよ―のため」であるとしている。）これ以降、本章では、(12b) の元位置にある the man のように、発音されない要素に取り消し線を施す。また、説明の便宜上、従来の「移動」や「痕跡」という言葉、ならびに痕跡を表す t という記号も適宜用いて行く。

　このように、移動をコピーとして捉え直すための経験的根拠としては、Radford (2009: 187–188)による、次のような議論が挙げられる。まず、議論の前提として Radford が挙げている(13)を考えよう。

(13)　I have/I've been to Rome more often than I have/*I've to Paris

(Radford 2009: 187)

(13)で示される通り、主節では、相助動詞 have による代名詞 I への接辞化 (cliticization) が起こり I've という形に縮約されうるのに対し、than 節ではそれが起こらない。Radford によれば、than 節では解釈上、明らかに I've と to の間に完了分詞 been が省略されており、このタイプの接辞化に関して (14)のような制約を仮定している。

(14)　接辞に空の構成素 (null constituent) が後続する場合、接辞化は禁じられる。

(Radford 2009: 187)

Radford によれば、(13)で省略操作を受けた完了分詞 been は、ここでの「空の構成素」に該当する。(13)では、than 節内で接辞として機能しうる相助動詞 have の後に、省略を受けた been があるため、I've への接辞化が(14)によって禁じられることになる。

　さらに Radford は、(15)と(16)の事例を挙げている。

(15)a. They have very little money in their bank account

　　b. They've very little money in their bank account　　　（Radford 2009: 187）

(16)a. I wonder [how much money they have in their bank account]

　　b.*I wonder [how much money they've in their bank account]

（Radford 2009: 187）

wh 移動が起きていない (15) は、Radford の判断ではともに容認可能である一方、wh 移動が関わる (16) では対比が見られる。つまり、埋め込み節のhave が接辞化を受けない (16a) は容認可能であるのに対し、接辞化を受け縮約された表現 they've を含む(16b)は容認不可能と判断されている。いずれも埋め込み節の先頭に位置する wh 句 how much money は、元々、本動詞 haveの目的語として機能するが、ここで、元位置に how much money のコピーが残っており、これは発音されない要素のため(14)における「空の構成素」として機能すると考えれば、(16) の対比は、(13) の対比と同様に、(14) の制約によって首尾良く説明されることになる。

　さらにまた、Radford は、移動の元位置に、顕在的な形でコピーが残されたように見える例として、(17)のような例を挙げている。

(17)　But if this ever-changing world [*in which* we live **in**] makes you give in and cry, say 'Live and Let Die' (Sir Paul McCartney, theme song from the James Bond movie *Live and Let Die*)　　　（Radford 2009: 188）

(17) の括弧書きの関係節内では、その先頭に、wh 句を含む前置詞句 *in which* が移動しているが、元位置には前置詞 **in** が顕在的に残されている。この事実は Radford の分析に従い、元位置にコピーとして残された in which のうち誤って which のみが消されてしまい、**in** が残されたと考えれば直接的に説明される。なお、Radford (2009: 188–191)は(17)以外の例として、シェークスピアの作品の例や、(18)の言い誤りの例を挙げ、この種の例が比較的多く観察されることを示している。

(18) It's a world record [**which** many of us thought *which* wasn't on the books at all] (Athletics commentator, BBC2 TV)　　　(Radford 2009: 191)

この例も、元位置に残されたコピーの関係詞 *which* が削除されずに誤って発音されてしまったと考えれば、直接的に説明される。(なお、ここで紹介した以外の根拠としては、Chomsky 1993: 37–38 による再帰代名詞の解釈に関わる議論などを参照されたい。)

　ここまでの統語操作の結果、(19a)の構造が構築される。なお、本章では、Larson (1988: 342–343) に従い、V が v^* に移動すると仮定する。(同様の移動については Chomsky 1995: 315, 2007: 21 を参照。)ここでは、この移動が、後述する、時制要素 T を繰り下げて本動詞と結合させる、いわゆる「接辞付加」(affix hopping) (Chomsky 1991: 421, Radford 2009: 104) の適用のためのものであると仮定する。つまり、V が v^* に移動することで、複合要素 V-v^* が T に音声上隣接し、結果として適切な屈折が実現すると仮定する。(この問題については Lasnik 1995: 259 も参照。なお、1 節で紹介した DM を採用すれば、V が語根であるため機能範疇 v^* と結びつく必要があると考えることもできるだろう (Embick and Noyer 2007: 296, Embick and Marantz 2008: 6, Chomsky 2015c: 10–15)。)この移動の結果、(19a)は(19b)に至る。

(19) a.

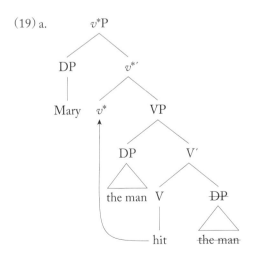

b.

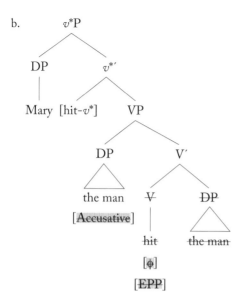

　ここまでの計算が終わったところで VP 内部をみてみると、the man の格素性、V の φ 素性と EPP 素性も含めた解釈不可能素性が全て消去されることになる。結果として、フェイズ主要部 v^* の補部である VP 内部には、「活性化した」(active) (Chomsky 2000: 123) 要素が無くなり、いわば、インターフェイスで読み取るだけの状態になる。つまり、それ以上一致操作の適用を受けることができない(また、その必要もない)、「不活性」(inactive) (Chomsky 2001: 6) の状態になり、その結果、下の (20) に示される通り v^* の補部である、丸で囲まれた VP が感覚・運動システムと概念・意図システムへの「転送」(transfer) (Chomsky 2008: 142–143) の対象となる。転送された VP はそれ以降の言語計算の適用対象外となる。なお、このことに関して、Chomsky (2013: 42) では、転送操作によって送り出された統語構造は統語部門から消えてなくなるのではなく、さらなる統語操作の適用ができなくなる (immune) と考えられている。

(20)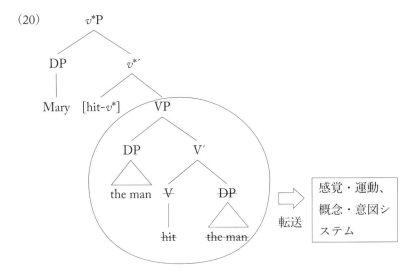

　次に、LA$_2$ により、CP フェイズを形成する段階までの派生をみてみよう。まず、言語計算体系は (20) の v^*P フェイズと、(3b) の LA$_2$ (={C, T}) にある T を併合させ、TP を構築する。その TP はフェイズ主要部となる C と併合され、(21) の CP フェイズが形成される。

(21)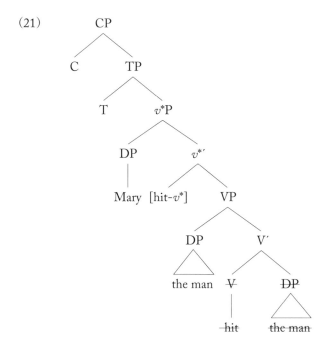

(21) の C は解釈不可能素性として値が未指定の φ 素性と、T に継承すべき時制に関わる素性をもつ (Chomsky 2008: 143)。先の v^* から V への素性継承の場合と同様に、(21) の構造でもフェイズ主要部の C から T への素性継承が起きる。なお、Chomsky (2008: 143) は、C による素性継承により、時制が「派生的」(derivative) に定まるとしているが、ここではその過程の詳細には立ち入らず、時制に関わる素性 (例えば、(22) の [Past]) が継承されると仮定する。この過程は (22) のように図示される。

(22)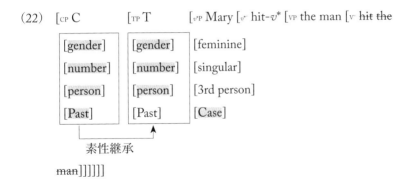

この素性継承は、(23)が示すように、Cの種類に応じてTが一定の選択を受けることを考えればそれほど不自然なことではない。

(23) a. It is important that you lock up carefully.
   b. It is important for you to lock up carefully.

(Huddleston and Pullum 2002: 1253 一部改変)

(23a)ではCであるthatが定形節のTを選択しており(したがって現在時制のlockが具現する)、(23b)ではCであるforが非定形のTであるtoを選択している。(23)は、CからTへの素性継承を直接証明する事例とは言えないが、CとTとの間に、ある種の形態・統語的関連性があることを示すものではあると思われる。

次に、CからTに継承される素性について考えよう。Cが本来持っていた[Past]はCにとっては解釈不可能だが、Tにとっては、文で表される出来事が発話時点を基準にしていつ起こる(あるいは、起きた)のかについて述べており、解釈可能な素性である。一方で、一連のφ素性は、v^*からVへの継承の時と同様、Tにとって(またCにとっても)解釈不可能である。このようなCからTへの素性継承の結果、Tが探索要素として機能することになる。先のVの場合と同様に、Tは探索領域内から一致する要素を探索し、標的要素として解釈不可能素性[Case]をもち、したがって活性化した状態の主語名詞句のMaryを選び出す。主語名詞句Maryのφ素性([feminine] [singular] [3rd person]）によりTのφ素性の値が決まり、これらの解釈不可能素性は首尾良く消去される。これまでの過程を図示すると、(24)のようになる。

(24)　[CP C [TP T　　　　　[vP Mary [v' hit-v* [VP the man [v hit the man]]]]]]

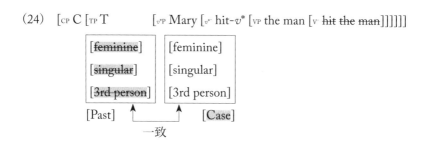

この後、主語名詞句Maryがもっていた格素性[Case]の値がTにより[Nominative]と定まる。またTは一致を引き起こすので、先と同様EPP素性を消去するためにMaryがTPの指定部位置にコピーされる。この結果、(25)の構造が派生される。

(25)　[CP C [TP Mary　　　　[T' T　　　　[vP Mary [v' v*-hit
　　　　　　[feminine]　　　[feminine]
　　　　　　[singular]　　　[singular]
　　　　　　[3rd person]　　[3rd person]
　　　　　　[Nominative]　　[EPP]
　　[VP the man [v hit the man]]]]]]]

ここまでの派生を経て、解釈不可能素性の値が決まり消去され、統語構造が感覚・運動システムと概念・意図システムに転送されることで、派生が「収束」(converge) (Chomsky 1993: 5) する。なお、この主節のCPはいわゆる「根」(root) であり、最上位の投射である。（ここでの「根」という用語は、すでに使われている「語根」としてのrootとは異なる意味だということに留意されたい。）Chomsky (2004: 108) は、この場合、フェイズ主要部Cの補部であるTPとともにCPも転送の対象となると仮定している。したがっ

て、(26) に示される通り、(25) の構造 (=CP フェイズ全体) が転送の対象となる。

(26)

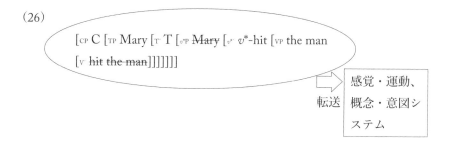

　なお、ここでは、動詞の屈折に関して、Radford (2009: 104) の分析を採用し、感覚・運動システムで T が v^*-V に繰り下がると仮定する。伝統的に英語の本動詞の屈折は、本動詞による顕在的な上昇 (V から T への移動) ではなく、時制要素を繰り下げ本動詞に結合させる、いわゆる「接辞付加」(Chomsky 1957: 113 の助動詞変形 (auxiliary transformation) を参照) によるものであると考えられてきた。これは (27) における英語の副詞の位置に関する事実によっても裏付けられる。

(27) a. John often kisses Mary.
　　　b.*John kisses often Mary.　　　　　　　　　(Pollock 1989: 367)

一般的に、often などの動作の頻度を表す副詞句は動詞句 (本章の枠組みでは、v^*P) に付加されるので v^*P の左端の位置を示す標識になる。(27) の定型動詞 kisses は、時制要素 -es と本動詞 kiss が結合して形成されたものだが、時制要素 -es は T の位置 (つまり副詞句 often の左側の位置) に生じる。したがって、(27a) が容認可能であり (27b) が非文であることから、英語では本動詞が時制要素に繰り上がるのではなく、逆に時制要素が繰り下がり、v^* と本動詞の複合要素 (例えば (26) の v^*-hit) と結びつくことになる。なぜなら仮に英語の本動詞を時制要素 -es の位置に誤って上昇させると、(27b) のような非文が生成されてしまうからである。以上のことから、Radford による

感覚・運動システム内部での T の繰り下げを仮定する[8]。（なお、3.2 節でみるように、相助動詞 have や be 動詞は、本動詞と違い、T に繰り上がると考えられていることに留意されたい。）

3.2　A 移動の派生

　次にやや複雑な文の生成の例として、A 移動が起きた文をみてみよう。A 移動が関わる事例としては (28a) のような繰上げ述語 likely を用いた事例がある。(28a) の文は、(28b) の 2 つの LA を基にして生成される。(LA$_1$ に含まれる繰上げ述語 likely は命題を補部に取り、「その補部で表される命題が実現する可能性が高い」という意味解釈をもたらすが、この解釈には動作主が含まれない。したがって、LA$_1$ には動作主を具現させる v^* が含まれない。また、be 動詞の is は連結辞として機能する要素であり、v^* には該当しない。)

(28) a. The team is likely to win the game.

　　　（=It is likely that the team will win the game.）

　　b. LA$_1$={C, T, is, likely, to (=T$_{def}$)};

　　　LA$_2$={v^*, game, team, the, the, win}

Chomsky（2001: 8–9）は、C によって選択される T とは異なり、V によって選択される T は「欠格」(defective) の T（(28b) における T$_{def}$）であり、この T$_{def}$ は格素性を決定することができないが、部分的な一致素性（Chomsky 2001: 7 によれば [person] 素性のみ）を持ち、したがって EPP 素性をもつと仮定している。本章ではこの仮定を採用する。なお、ここでの繰上げ述語 likely は V ではなく A だが、これが選択する T も T$_{def}$ であると仮定する。(29) に示される通り、まず LA$_2$ に基づき v^*P が形成され VP が転送された後、LA$_1$ に基づき T$_{def}$ による TP を含む最上位の CP フェイズが形成される。T$_{def}$ と the team の一致の後、T$_{def}$ がもつ EPP 素性を消去するために DP の the team が T$_{def}$ の指定部位置に移動するが、この段階では格素性が未指定の状態にあり、したがって活性化している。(29) では、一致の過程と the team が持つ φ 素性は省略してある。

第3章　ミニマリスト統語論　73

(29)　[$_{CP}$ C [$_{TP}$ T [$_{VP}$ is likely [$_{TP}$ the team [$_{T'}$ to (=T$_{def}$) [$_{v'P}$ ~~the team~~ win the
　　　game]]]]]]

　　　　　　　　　　　　　　　[Case]　　[EPP]

この後、先と同様、フェイズ主要部のCからTへの素性継承が起こり、Tに、
値が未指定の φ 素性と時制に関する素性 [Present] が継承される。この T の
φ 素性の値は、埋め込まれた TP の指定部にある DP の the team により
[neuter] [singular] [3rd person] と決定される（ここでは、名詞句 the team の
「性」素性が [neuter] であると仮定する）。同時に the team の格素性の値も、
上位の T により [Nominative] と決定され、（30）のように、the team は、T
のもつ EPP 素性を消去するために TP 指定部に移動する（(30)では、素性継
承と φ 素性の一致の過程は省略してある）。なお、連結辞 is は否定辞 not の
左側に生じる (e.g., John is not a student.) が、この not は標準的な分析に従う
と T と V（つまり be 動詞）の間に生じるので、この V は T への主要部移動
により、T と結びつくと仮定する（Chomsky 1991: 424 を参照。他にも、
Jackendoff 1972, Emonds 1976, Pollock 1989 などを参照）。

(30)　[$_{CP}$ C [$_{TP}$ the team [$_{T'}$ T-is [$_{VP}$ ~~is~~ likely [$_{TP}$ ~~the team~~ [$_{T'}$ to (=T$_{def}$) [$_{v'P}$

　　　　　　　[~~Nominative~~][~~EPP~~]

　　　~~the team~~ win the game]]]]]]]

その結果、一連の解釈不可能素性の値が決まり消去され、これらの要素は全
て不活性化 (inactive) の状態になり、転送操作の対象となる。全フェイズが
転送操作を受けた結果、派生が収束する。

3.3　A バー移動の派生

　次に A バー移動が関わる文の生成に目を向けよう。ここでは、まず（31a）
のような単純な wh 疑問文について考察する。（31a）を生成するための LA
は（31b）のようになる。

74　I　生成言語学の発展

(31) a. What did you eat?

　　b. LA₁={C, T};

　　　LA₂={v^*, eat, what, you}

まず、(31b) の LA₂ に基づき、(32a) の v^*P フェイズまで構築される。その後、先に見た Mary hit the man. の場合と同様、v^* から V への素性継承が起こり、一致操作を行うため V が標的要素を探索する。一致の結果、V は疑問詞 what がもつ φ 素性の値を受け取る。また、疑問詞 what の格素性は V によって対格素性 ([Accusative]) と指定される。これは、例えば、疑問詞も whom のように対格の形式になることからも明らかである。V が what と一致を引き起こしているので EPP 素性消去のため、what は VP 指定部へ移動する。また、動詞 eat の v^* への移動を経て、(32b) の段階に至る。

(32) a. [$_{vP}$ you [$_{v'}$ v^* [$_{VP}$ eat what]]]

　　b. [$_{vP}$ you [$_{v'}$ v^*-eat [$_{VP}$ what [$_{V}$ ~~eat what~~]]]]

ここで、Chomsky (2008: 150–151) に基づき、A 移動の場合とは異なり、A バー移動の場合は、C と v^* がその指定部に要素を牽引する素性「周辺素性」(edge feature, EF) (Chomsky 2008: 148) を持ち、また、Chomsky (2001: 128) に従い、wh 句が内在的に解釈不可能な素性 [wh] をもつと仮定しよう。EF により、VP 指定部にあった what は、(33) の通り、v^*P の指定部に移動する。この what についてみてみると、その格素性は値の指定を受けているが、解釈不可能素性 [wh] はまだ消去されておらず移動後も活性化した状態になっている。

第 3 章　ミニマリスト統語論　75

(33)

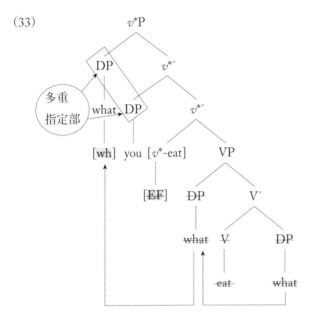

また、(33) における v^*P の指定部には、(i) 元々主語名詞句として構造に導入された DP の you と、(ii) V の補部位置から VP の指定部位置を経由して移動した wh 句 what、の 2 つが生じている「多重指定部」(multiple specifiers)(Chomsky 1995: 285–286) の構造になっている。この後、フェイズ主要部 v^* の補部である VP が転送される[9]。

その後、派生が進行し、(31b) の LA_1 に基づき (34) の CP フェイズまで構築される。

(34)　[_CP C [_TP T [_v*P what [_v* you [_v* v^*-eat [_VP ~~what~~ [_V' ~~eat what~~]]]]]]]

CP フェイズの段階で、C から T への φ 素性などの継承が起こり、一致の対象として DP の you が候補になる。(34) の what は you よりも上位に生じているように見えるが、これらはいずれも v^*P フェイズの指定部を占めており、このような要素のことを Chomsky (2000: 108) は、フェイズの「周辺要素」(edge) と呼んでいる。この「周辺要素」とは、フェイズの指定部にある

要素を指し、ミニマリスト統語論では、これらの周辺要素が上位フェイズの探索要素にとって「等距離」(equidistant)であるとみなされる(Chomsky 2000, 2001)。このことを、例えば、Chomsky (2001)は次のように定式化している。

(35) ［フェイズである］HP の周辺要素となっている要素は探索要素 P にとって等距離である。　　　(Chomsky 2001: 27　［　］内は引用者)

(35)により、見かけ上は what よりも下位にある you が、T にとっての一致の候補になり得る。(what は上述の通り解釈不可能素性 [wh] をもつためまだ活性化している状態にあるが、仮に what が T との一致の対象になった場合は、残された you の格素性の値が決まらず、派生は「破綻」(crash) (Chomsky 1993: 5)する。)この you が T と一致を起こした結果、T の φ 素性の値と you の格素性の値が決まり、両者の解釈不可能素性が消去され、EPP を満たすために you が TP の指定部に移動する。その結果、(36)の構造が得られる。((36)では [Q] 素性が含まれているが、これについてはすぐに説明する。)

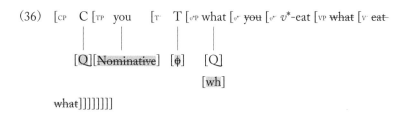

Chomsky (2000: 128)は、主節の C が解釈不可能な [Q] 素性をもっており、これを消去するために一致の対象となる要素を探索すると仮定している。TP の指定部にある you はすでに不活性の状態になっているため一致の候補にはならない。したがって、v*P の指定部位置(＝周辺要素の位置)にある what が一致の対象となる。この what も [Q] 素性をもつが、ここで、この2つの [Q] 素性について、次のように仮定しよう。つまり、wh 句が持つ [Q]

素性は wh 句に演算子 (4 節を参照) としての役割を与え、したがって文全体を wh 疑問文として解釈することに貢献するので解釈可能であるが、C の [Q] 素性も残ってしまうと、[Q] 素性が 2 つ存在することになり余剰性を生んでしまう。このことから、C の [Q] 素性は解釈不可能と見なされると考えよう。これをふまえて、C と wh 句の間の一致の過程をみてみよう。Chomsky (2000: 128) は、C の [Q] 素性と wh 句 what の [Q] 素性の間で一致が起き、C の [Q] 素性と what の [wh] 素性 (ともに解釈不可能) が消去されると仮定している。また、ここでのフェイズ主要部 C は上述の通り周辺素性 [EF] を持ち、wh 句を指定部位置に移動させる必要がある。一致操作を経て wh 句が CP の指定部位置に移動した後の構造は (37) のようになる。なお、(37) では、Chomsky (1995) などの標準的な分析に従い、T から C への主要部移動が起こり、この C-T が音声的に具現される際、「do 挿入」(Chomsky 1991: 427–428) が起き、結果としてそれが did という音形をもつようになると仮定する。

(37)

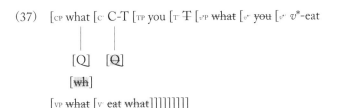

結果として、解釈不可能な素性が全て消去され、CP フェイズ全体が外的システムに転送され、派生が収束する。なお、4 節でふれる通り、概念・意図システムにおいて、wh 句は意味解釈上、節を作用域 (scope) に取る要素として機能する。この意味解釈上の要請は、統語部門で、素性 [EF] を消去するために TP より上位の位置に移動することで満たされるものと思われる。(なお、ここでは、Chomsky 2000, 2001 で提案された素性 (Q 素性と wh 素性) に基づき wh 移動が駆動される分析を紹介したが、渡辺 2005: 第 7 章は Chomsky とは異なる種類の素性 (Q 素性と焦点素性) が wh 移動に関与すると主張している。)

3.4 フェイズ不可侵性条件

前節でAバー移動の例としてwh移動を見てきたが、この移動は、移動に課せられる、ある種の制約に従って適用されることが古くから指摘されている (Chomsky 1977: 86)。具体的に言えば、wh句の移動は無制限に適用させて良いわけではなく、一定の統語的位置を経由しながら上位の位置に移動する。このような移動はwh句の「連続循環移動」(successive-cyclic movement) (Chomsky and Lasnik 1993: 522 を参照。Chomsky 1973: 243–247, 1977: 74 も参照) と呼ばれる。連続循環移動の例として、(38)の例をみてみよう。(38a)は、(38b)に示される通り、埋め込まれたthat節内部の目的語位置から、CP_2の指定部を経由して、最上位のCP_1の指定部位置に移動することで派生されると考えられている。((38b)では、v^*Pフェイズ内部でのwh句の移動は省略してある。)

(38) a. Who did you think [that Bill hit]?
 b. [$_{CP_1}$ Who did (=C_1) you think [$_{CP_2}$ ~~who~~ that (=C_2) Bill hit ~~who~~]]?

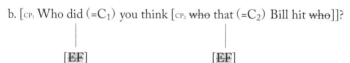

このように、順次CPの指定部を経由して上位へ移動していく連続循環移動が関わる事例は、wh句がフェイズ主要部Cの素性[EF]を消去するために周辺要素の位置を経由しながら移動することで派生される。このようなwh句の連続循環移動を説明するためのメカニズムには、3.1節でみた転送の仕組みが密接にかかわっている。そこでみた通り、転送を受けた統語構造にはさらなる統語操作の適用ができない。一方で、転送を免れた要素は前述の通り「周辺要素」と呼ばれ、この「周辺要素」は上位フェイズにおける統語操作の適用対象、つまり計算対象となる。これを定式化したのが、(39)におけるChomsky (2000)の「フェイズ不可侵性条件」(phase impenetrability condition, PIC)である。

(39) フェイズ不可侵性条件
主要部 H を伴うフェイズ α において、H の領域内部に対しては α の外側から操作を適用させることができない。H そのものとその周辺要素に対してのみ、そのような操作が適用可能である。
(Chomsky 2000:108)

Chomsky (2000: 108) によれば、(39) の「H の領域」とは H の補部を指し、周辺要素は上述の通り H の指定部を指す。この条件は、上位フェイズの探索要素にとって計算対象となる要素をフェイズ主要部とその周辺要素に限定することにより、循環 (cycle) に反した移動を防ぎ、同時に CP の指定部を経由して連続的に wh 句などの要素を上位に移動させることを可能にする連続循環性を保証する役割を果たしている。例えば、次の(40)の抽象化された構造で考えてみよう。

(40)
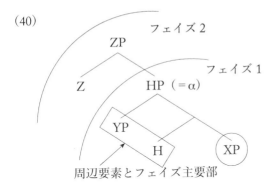
周辺要素とフェイズ主要部

(40) の構造で、主要部 H が形成する HP (=α) をフェイズ 1 とし、その上位にさらに別のフェイズとして Z を主要部とするフェイズ 2 が形成されたとする。フェイズ 2 での計算は (39) の α の外側での計算となり、このような場合、フェイズ主要部 Z にとって計算対象となるのは四角で囲まれた周辺要素 YP と H そのものだけであり、丸で囲まれた XP に対してはもはや統語操作を適用させることができない。なぜなら、XP はすでに感覚・運動システムと概念・意図システムに転送されているからである。

80　I　生成言語学の発展

以上をふまえて、もう一度 (38b) の構造 (下の (41) として再録) をみてみよう。(41) では、移動する wh 句が CP₂ の指定部 (つまり下位フェイズの指定部) 位置を経由することで、上位フェイズに移行した後も、順次上位の統語構造での操作を受けることができるようになっている。

(41)　[CP₁ Who did (=C₁) you think [CP₂ ~~who~~ that (=C₂) Bill hit ~~who~~]]?

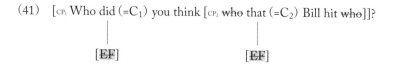

なお、(42) は Chomsky and Lasnik (1993) によるものだが、PIC を遵守せず、周辺要素以外の要素 (つまり文末の what) を誤って移動させたケースに該当すると考えることができる例文であり、容認度が低下している。(なお、このような移動は本来 PIC によって禁じられるので、(42) のような構造は原理的に生成されない。ここでは、説明の便宜上「仮に PIC に違反した場合どうなるか」を想定して説明している。)

(42) ??Guess [CP₁ what [C₁' C₁ [TP John wondered [CP₂ why [C₂' C₂

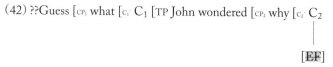

　　　[TP we [vP [vP fixed ~~what~~]~~why~~]]]]]]]

(Chomsky and Lasnik 1993: 542　一部改変)

(42) の why は、もともと VP に付加 (adjunction) され、そこから CP₂ の指定部に移動した要素と考えられる。仮にそうだとすると、すでに埋め込み節の C₂ がもつ [EF] は消去されている。[EF] がすでに無いので、wh 句 what は C₂ の周辺要素になることができない。したがって、この what はすでに転送されていてそれ以上統語操作を適用できないはずである。にもかかわらず、(42) では、その what を C₁ が誤って CP₁ の指定部へ移動させており、その結果 PIC に違反している。結果として (42) は、本来生成されないはずの文として容認度が低下している。(仮に PIC を遵守し wh 句 what に操作を適

用させないままでいると、今度は what の解釈不可能素性が残ったまま転送操作を受けることになり、派生が破綻する。結果として、(42)のような文は派生されない。)

　なお、ここまでみてきたような連続循環移動の存在を支持する経験的根拠としては、Thornton and Crain (1994) や Crain and Thornton (1998) などが提示している事例が考えられる。(43)をみてみよう。

(43) a. Who do you think who is in the box?

　　 b. Who do you think who Cookie Monster likes?

（Thornton and Crain 1994: 218　一部改変）

Thornton and Crain (1994) によれば、(43) は、英語を母語として獲得している段階にある 3 〜 4 歳の幼児による発話であり、who の元位置もしくは中間位置にその who が顕在的に表れている。この事例は、(38) で見た連続循環移動の仕組みで示されたように、PIC を遵守するように疑問詞 who が埋め込まれた CP の指定部を経由して文頭まで移動したが、中間位置のコピーも誤って発音されたと考えれば直接的に説明される。その点で、連続循環移動を可能にする仕組みとそれを支える PIC に対して一定の支持根拠が与えられると考えて差し支えないだろう[10]。(なお、これ以外の連続循環移動の証拠としては、McCloskey 2000 による数量詞遊離（quantifier floating）の例などを参照されたい。さらに、この(43)は元位置もしくは中間位置にコピーが残っていることを示すものでもあり、コピー理論に対する支持根拠にもなりうる事例であることに注目されたい。)

　これまでみてきたように、PIC は、いったん上位フェイズに計算が移行すると、周辺要素とフェイズ主要部を除く下位フェイズの要素が統語操作の対象にならないことを述べるものだが、この PIC と類似した制約が Riemsdijk (1978) で提案されていることにふれておきたい[11]。その制約は「主要部制約」(head constraint) と呼ばれ、(44)のように定式化されている。

(44)　主要部制約：

いかなる規則も、次の構造で X_i/X_j と Y_i/Y_j を関係づけてはならない。

... X_i [$_{H^n}$ ... [$_{H'}$ ... Y_i ... H ... Y_j ...]$_{H'}$ ...]$_{H^n}$ X_j ...

（ただし、ここでの H は音声上指定された（つまり、空でない）主要部であり、H^n は H の最大投射とする。）

(Riemsdijk 1978: 160　一部改変)

(44)によって、主要部を H とする最大投射 H^n があった場合、その補部位置の要素（Y_i または Y_j）を H^n の外側の位置（X_i または X_j）に移動させることが禁じられる。(45)のオランダ語の例をみてみよう。

(45) a. Hij woont [$_{PP}$ in dat huis]
　　　　 he   lives   in that house
　　　　 'He lives in that house.'

　　 b.*[Welk huis] woont hij [$_{PP}$ in t]
　　　　 Which house lives   he   in
　　　　 'Which house does he live in?'　　　(Riemsdijk 1978: 162　一部改変)

Riemsdijk によれば、オランダ語では P の補部位置から PP の外側への移動が禁じられる。したがって、例えば(45a)から(45b)のような疑問文は形成できない。しかしながら、次の(46)に含まれる waar 'where' のような一部の代名詞（Riemsdijk は r 代名詞（*r*-pronoun）と呼んでいる）については、P の補部位置からの移動が可能である。

(46)　Het huis　[waar] hij [$_{PP}$ t' in t]
　　　 The house　where he   in
　　　 'The house that he lives in'　　　(Riemsdijk 1978: 163　一部改変)

Riemsdijk (1978: 87, 159, 192) によれば、r 代名詞はもともと、PP 指定部と同一階層に現われる位置をもつ。Riemsdijk は (47) のような表現をその根拠にしている。((47)では daar 'there' が r 代名詞である。)

第 3 章　ミニマリスト統語論　83

(47) a. 10m daar　achter
　　　 10m there　behind

　　 b. daar　10m achter
　　　 there　10m behind　　　　　　　　　　　　（Riemsdijk 1978: 87）

このことから、(46)の waar の移動は、PP 内部の元位置（(46)の *t*）から、PP
指定部と同一階層にある *t'* の位置を脱出口（escape hatch）としたものである
ため、合法的であるとしている。また、(48)のように、P そのもの（in 'into'）
が PP の外側に移動することもできる。

(48)　omdat　hij [_PP die　boom t]　is　　in　　geklommen
　　　 because he　　　that tree　　 has　into　climbed
　　　 'because he has climbed that tree'　　（Riemsdijk 1978: 163　一部改変）

Riemsdijk (1978) によれば、(44)の主要部制約は P そのものの移動や PP 内
部の脱出口（これは前述の通り指定部と同一階層にある）を経由した移動を禁
じるものではないため、(46)や(48)のような移動が可能になるが、この 2
つの移動は、まさに PIC が捉えようとする移動である。つまり、PIC の観
点から当時観察されたこの移動をみてみると、脱出口となる位置は PP の指
定部と同一階層にあることから周辺要素と同等の資格をもつと考えられる。
また P は主要部であるため、どちらも PP の外側の要素による統語操作の適
用対象となり、移動が可能になると考えることができる。同時に(45b)のよ
うな非合法的な移動も P の補部位置（これはフェイズ主要部の補部位置に該
当する）からの移動として適切に排除できる。（なお、(45b)における r 代名
詞に該当しない要素は、この周辺要素の位置を利用できないものと考えられ
る。また、ミニマリスト統語論では、PP もフェイズとして機能する（Citko
2014）と考えられていることに注目されたい。）
　加えて、さらに興味深いことに、P が移動した場合、r 代名詞以外の要素
も移動することができるようになる。(49)をみてみよう。

(49)　[Welke　boom]　is　hij　[PP t　t]　ingeklommen
　　　　Which　tree　　has　he　　　　into climbed
　　　'Which tree has he climbed?'　　　（Riemsdijk 1978: 163　一部改変）

(49)では、(45b)で禁じられていた Welke boom 'which tree' の移動が許される。Riemsdijk は、この理由を P の移動により主要部制約が働かなくなるためとしているが、同様のことは Chomsky（1995: 185）の「等距離」(equidistance) の概念や Den Dikken（2006: 115）の「フェイズの拡大」(phase extension) の仕組みで述べられている。この 2 つはどちらも、主要部移動が起こることで、本来、移動の対象にならないはずの要素が移動することを保証するためのものである。

　以上、本節では、連続循環移動を保証するための仕組みとして PIC がどのように機能するかをみてきた。

3.5　統語操作のまとめ

　この 3 節では、単文の派生、A 移動と A バー移動の派生、ならびに PIC についてみてきた。3 節で紹介された統語操作および概念は(50)から(52)のようにまとめられる。まず(50)と(51)について振り返ってみよう。

(50)　構造構築のための操作：
　　a. 併合（= EM + IM）
　　b. コピー操作（移動のコピー理論）
(51)　一致操作：
　　a. 探索要素（解釈不可能素性）が標的要素を探索し、一致操作を行う。
　　b. 一致の結果、探索要素の解釈不可能素性の値が指定され、移動（コピー）が駆動される。

統語部門では、(50)の併合・コピー操作と(51)の一致操作により、統語構造を構築し、また要素間の形態・統語的属性を決定させ、移動を適用させることでさらなる統語構造を構築する。

第3章 ミニマリスト統語論　85

　また、言語計算の際に重要な役割を果たすのがフェイズという概念であり、この役割をまとめると(52a–d)の4つになる。

(52)　フェイズが果たす役割：
　　　a. LA形成の単位となる。
　　　b. 非フェイズ主要部に素性を継承する。
　　　c. 転送操作適用の単位となる。
　　　d. 連続循環性を保証する。

なお、フェイズとしてどのような要素が該当するかについて一言補足しておきたい。言語計算体系の計算で重要な役割を果たしているフェイズは、概ね「命題」に対応する(Chomsky 2000: 107)と、3.1節で述べた。本章で見た v*P や CP は、典型的なフェイズであると考えられているが、他にも、DP や PP、小節に相当する Pr (edication) P (Bowers 1993) などがフェイズとして機能すると考えられている (Citko 2014)。「命題」をフェイズの定義とすれば、TP もフェイズとして機能することが予測されるが、Chomsky (2004: 128) は、TP ではなく CP をフェイズと見なす根拠として、CP が①時制の情報 T と、②出来事構造(event structure)、③文の形式と役割(例えば、平叙文、疑問文、命令文など)を決める「力」(force)(これは、Austin 1962 の「発語内の力」(illocutionary force) に相当するものと考えられる)の3つを備えている点を挙げている (他の理由については Chomsky 2007: 19–20 を参照)。3.1節でもみた通り、T の時制は C からの素性継承により派生的に決定されるものであり、また、文が平叙文か疑問文かは TP の段階では決まらず、CP の段階で決まる。この考えが正しければ、TP ではなく、CP がフェイズになるということになる。(ただし、5節でふれるように、Chomsky 2015c は、C から T に素性が継承された後 C が削除されることによって、結果的に TP がフェイズとして機能する可能性を論じている。また、フェイズ理論の最近の研究動向については Frascarelli 2006 や Gallego 2012 を参照。)

4. 感覚・運動システムと概念・意図システムでの計算

　前節まで、言語計算体系でどのような統語操作が適用され、どのようにして文が構築されるのかをみてきた。本節では、言語計算体系のインターフェイスとなる感覚・運動システムと概念・意図システムで、どのような計算が行われると考えられているのかについて簡単に紹介する（なお、両システムとの関連での最近の研究をまとめたものとしては、Ramchand and Reiss 2007 などがある）。

　3.1 節でふれたように、ミニマリスト統語論では、併合によって構築される統語構造が、要素からなる「集合」と考えられており、そこには語順の情報は含まれない。これは、生成言語学において、伝統的に、語順というよりはむしろ統語構造上の階層関係（具体的には、構成素統御など）によって、様々な経験的事実が説明されることが明らかになっているからである（中島・池内 2005: 第 2 章などを参照されたい）。しかし、私たち人間は語順に従って発話せざるを得ない（例えば、文に含まれる複数個の語を「同時に」発話することは物理的にできない）。統語部門で語順の情報が利用されないとすると、語順は一体どの部門で計算されることになるのだろうか。ミニマリスト統語論では、語順に関わる計算が、感覚・運動システムで扱われると考えられている。より具体的に言えば、感覚・運動システムでは言語表現の外在化のために、統語構造にある要素を変換し、線状化 (linearization) する操作が適用されると考えられている。その変換については様々な提案があるが、例えば Chomsky (1995: 334–337, 2008: 138) は、Kayne (1994) の「線形順序対応公理」(linear correspondence axiom, LCA) によって、統語構造における「上下」の関係が、語順という「左右」の関係に変換されると考えている。(LCA のメカニズムの詳細については Kayne 1994: 1–12 を参照。詳細かつ広範囲にわたった解説については、中村ほか 2001 の 4.4.8 節などを参照。また、この問題に関する最近の考え方については Guimarães 2000 や Chomsky 2005, Kayne 2011, Imai 2014 などを参照。特に、Imai 2014 は、転送前の統語構造は 3 次元 (3-dimensional) 構造であり、それが 2 次元の線形順序に変換されると提案している。)

次に、概念・意図システムでの言語計算について考察しよう。先に述べた通り、概念・意図システムでの計算には、まず、統語構造内の要素がどのような θ 役割を持つかを決定するための計算が含まれると考えられる（Chomsky 2008: 144）。例えば、3.1 節で述べた通り、v*P の指定部に基底生成される要素は Larson（1988）以来、動作主の θ 役割を持つと考えられるのが一般的であり、他の θ 役割も、例えば被動者（patient）や主題（theme）は V の補部位置に与えられるなど、統語的位置から読み取ることができる。

これ以外の計算としては、wh 疑問文のような文を、演算子と変項の組み合わせとして解釈するための計算が挙げられるだろう。3.1 節で紹介した通り、ミニマリスト統語論の枠組みでは、移動はコピー操作であると考えられている。したがって、(53a) における英語の wh 疑問文は、CP フェイズまで構築された段階で (53b) の構造をもつ。

(53) a. Who have you met?

b. [$_{CP}$ who [$_{C}$ have (=C-T) [$_{TP}$ you [$_{T}$ ~~have~~ [$_{vP}$ ~~who~~ [$_{v}$ ~~you~~
[$_{v'}$ met (=v*-V) [$_{VP}$ ~~who~~ [$_{v}$ ~~met who~~]]]]]]]]]]

(53b) の構造には who のコピーが 2 つ含まれているが、元位置のコピーである who は概念・意図システムにおいて変項（variable）として解釈され、また、文頭の who は、(i) 変項を束縛する演算子（operator）と、(ii) その演算子に対して制限を加える制限要素（restriction）が組み合わさった要素として解釈され、TP を作用域として取る（wh 疑問文をこのように解釈する基本的発想については Chomsky 1977: 83 を参照。また「演算子＋制限要素＋変項」のそれぞれの基本的概念については Heim and Kratzer 1998 の第 2 章を参照）。具体的に言えば、概念・意図システムへ (53b) の構造が転送された後、概念・意図システムは、(53b) の構造を、(54) のような表示をもつものとして解釈（変換）すると考えられる。

(54)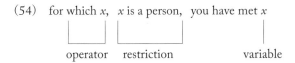

　なお、3.3 節でも述べた通り、wh 句は演算子として機能し、変項を束縛しなければこの文の意味解釈が成り立たない。統語部門において、統語的に変項を束縛し TP を作用域に取る（つまり TP を構成素統御する）位置、すなわち CP の指定部に移動することで、(54) のような解釈が得られると考えられる。

　概念・意図システムで計算されると考えられる他の統語的現象としては P&P アプローチにおける「束縛原理」(binding principle) に関わる現象（再帰代名詞などの照応形や、代名詞類、固有名詞の分布・解釈に関わる現象）が挙げられる。P&P アプローチでは束縛原理が統語部門で適用されていたが、前述の通り、ミニマリスト統語論では、包括性の条件により、束縛原理の定義に組み込んでいた指標 (index) の存在が許されない。したがって、束縛原理に関わっていた「局所的領域」の「統率範疇」(governing category) (Chomsky 1981: 188) は統語部門で規定することができるものの、同一指示については別のメカニズムが必要になる。例えば Chomsky and Lasnik (1993: 551) は同一指示の概念を束縛原理の定義から外し、概念・意図システムでの「解釈規則」とする代案を提示している。

　なお、この同一指示の問題に関する比較的最近の考え方としては、Reuland (2011) の提案が挙げられる。Reuland は「素性」の観点から 2 つの要素の同一指示関係を規定できることを示唆している。つまり、2 つの要素が同一指示的であるためにはそれらの要素が「人称・数・性の素性の点で区別ができない (nondistinct) 状態になっていなければならない」(Reuland 2011: 39) と述べている。また、Chomsky (2008: 141–142) は、束縛原理を一致操作に基づき説明する可能性を示唆している。このように、どのようなメカニズムで束縛現象を説明するかについては様々な考え方があるが、いずれにせよ、統語部門で行うべき操作とそれ以外の部門で行うべき操作を厳密に区別することで、言語機能の最適な設計とは何かを探ろうとするのが、ミニマリスト

統語論の基本的な方向である。（束縛原理のミニマリスト統語論での再定式化の詳細については Chomsky and Lasnik 1993 の 4.2 節を参照。）

5. 投射とラベル決定アルゴリズム

　ここまで、文生成の例をいくつかみながら、ミニマリスト統語論の枠組みとそこでの言語計算のために仮定されているメカニズムを紹介してきた。本節では、Chomsky（2013, 2015c）で中心的に取り上げられている「投射」（projection）に関わる問題と「ラベル決定アルゴリズム」というメカニズムについて紹介する。

　Chomsky（2013: 37）は普遍文法 UG（universal grammar）が説明すべき言語の特性として、（55）の「非隣接的関係」（non-contiguous relation）と、（56）の「隣接的関係」（contiguous relation）を挙げている。1 つ目の非隣接的関係は、さらに（55a–b）のように分類される。

(55)　非隣接的関係（non-contiguous relation）

　　a. 転位（displacement）

　　b. 一致（agreement）

(56)　隣接的関係（contiguous relation）＝合成性（compositionality）

（55）にある 2 つの関係は、隣接しない複数要素間の関係のことであり、Chomsky（2013: 37）は、いわゆる変形文法（transformational grammar）に相当する文法操作が担う関係であるとしている。（55a）の「転位」は「発音される位置とそれ以外の位置の両方で解釈を受ける」（Chomsky 2013: 37）という特性を指し（4 節でふれたように、wh 疑問文は、移動される wh 句が CP の指定部で演算子として解釈される一方で、θ 役割を与えられるのは元位置である）、ミニマリスト統語論では「移動」（コピー）によってこの特性を説明しようとしている。（55b）の「一致」は、「形態的不連続性」（morphological discontinuity）（Chomsky 2013: 37）を一例として含み、探索要素と標的要素という離れた要素間で確立される、3.1 節で紹介した一致操作によって説明さ

れる。

　(56)の「隣接的関係」は、隣接する要素間で観察される特性であり、語と語がどのような構成素(constituent)を成すかといった「合成性」(compositionality)(Chomsky 2013: 41)に対応すると考えられる。これは、Chomsky (2013: 42)によれば、併合操作(EM)によって捉えられることになる(もちろん、移動には IM が関わるので、その点で、併合は(55a)にも関わる操作である)。

　この「非隣接的関係」と「隣接的関係」以外に UG が説明すべき自然言語の特徴として Chomsky (2013: 37)は(57)の 2 つを挙げている。

(57)a. 語順(order)

　　b. 範疇(category of a phrase ＝ projection ＝ labeling)

(57a)の語順は、4 節でも述べた通り、感覚・運動システムでの処理によって説明される特徴であり(Chomsky 2013: 42 も参照)、(57b)は投射された要素がどのような範疇をもつかといった事柄に関係する。(56)の隣接的関係(すなわち合成性)と(57a–b)は、伝統的に X バー理論などの句構造文法(phrase structure grammar)で説明されるべき事柄に対応している(Chomsky 2013: 37)。

　3.1 節でみた通り、ミニマリスト統語論で仮定されている最小句構造理論では、X バー理論で仮定されていた「式型」を廃しており、併合によって形成されるのはあくまで「集合」である。したがって、「語順」や、「範疇」(つまり、どのように「投射」されるか)は、合成性から独立したメカニズムによって決定されると考えるのが自然である。「語順」については 4 節の通り感覚・運動システムでの計算で導き出されるものであり、「範疇」についても本来、最も簡潔な併合操作からは導き出されない操作である(Chomsky 2013: 42)。

　このことから、Chomsky (2013)は「投射」をどのようなメカニズムにより導き出すかという問題に取り組み、「ラベル決定アルゴリズム」を提案している。このアルゴリズムを Chomsky (2013: 43–45)に基づき分類すると、

(58)のようになる。(58)では、H は主要部を、また XP と YP はそれぞれ投射された要素を表す。(なお、(58a)のケースは、Chomsky 2008: 145 でもすでに言及されている。)

(58) a. {H, XP} の場合→主要部 H がラベルとなる。
　　 b. {XP, YP} の場合→
　　　　(i) 構造を修正(modify)し、一方がラベルとなる。
　　　　(ii) 構造を修正できない場合(つまり、それ以上、移動が起きない場合)、共通の要素(例えば一致による素性)がラベルとなる。
　　　　　　　　　　　　　　　　　　(Chomsky 2013: 43–45 に基づき分類)

(58a)のケースは、従来の「内心構造」(endocentric structure)に対応しており、(59)のような形でラベル α が HP と決定される。

(59)

Chomsky (2013: 43) によれば、ラベル決定の際に「最小探索」(minimal search)という操作が働く。この最小探索は、一致の際に探索要素が構成素統御する領域内から標的要素を探索したように (Chomsky 2004: 113)、ラベル決定のために H と XP という最低限の要素を探索する操作を指すと考えられる (Chomsky 2008: 145)。この場合は主要部 H があるため、その H がラベルとなる。

　(58b)における、XP と YP を併合しラベルを決定するケースは、さらに(i)と(ii)の 2 つのケースに分かれる。このケースは(58a)とは異なり、最小探索によってラベルを決定することができない。なぜなら、XP と YP は共に投射された要素でありどちらにも主要部が存在するため、ラベルを一義的に決定できないからである。仮にラベルが未決定のまま転送操作を受けてしまうとインターフェイスで解釈不可能になるため、ラベル決定アルゴリズムは

(58b)の(i)のように、一方を修正(modify)するか、もしくは、(58b)の(ii)のように共通の素性をラベルにする(Chomsky 2013: 43–45)。

　前者((58b)の(i))の具体例として、Chomsky (2013)は、コピュラ文における小節(small clause)の例を挙げている。ここでは、John is intelligent. という文の基底構造となる、(60)のような構造について考えてみよう。

(60)
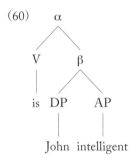

(60)の連結辞 is が補部に取っている小節構造 β は、Moro (2000)などで取り上げられている、主要部を欠いた「対称的な」(symmetric)構造であり、この構造では主語名詞句 John と述語名詞句 intelligent が共に最大投射であるため、ラベルを決定することができない。結果として、John か intelligent のどちらかが移動する(コピーされる)ことになる。(60)はその後 T と併合し、T と John の一致の後、(61)のように John が移動することになる。

(61)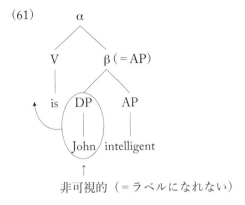

非可視的（＝ラベルになれない）

　この移動の結果、移動元にはコピーが残される。ところが、これはラベル決定アルゴリズムにとって「非可視的」(invisible) (Chomsky 2013: 44)であると考えられるため、もう一方の AP が β のラベルになる。
　このラベル決定アルゴリズムによる移動の説明は、もし仮に問題の構造が、(62)に示されるような連続循環移動における埋め込みの CP だった場合にも適用可能である。

(62)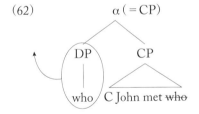

　(62)の構造では、小節のケースと同様に、最小探索によるラベル決定ができないため、このままの状態だとラベル α が未決定になる。そこで、CP フェイズの周辺要素として機能し、また、解釈不可能素性を持ち活性化しているために、上位フェイズにとっての計算対象となっている who が上位フェイズに移動することで、全体のラベル α の値が CP と決定される。なお、このことは、ラベル決定アルゴリズムによって、連続循環移動の動機づけが与えられる可能性を示唆するものと考えられる (Chomsky 2013: 44)。

次に、(58b)の(ii)のケースについてみてみよう。例えば、Chomsky (2013: 45) は、定形節の TP と主語名詞句が併合した例を挙げている。ここでは、(63)のような構造を用いて考えてみよう。

(63)
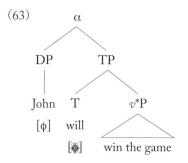

この構造では、ラベル α は先と同様に未決定になるが、John はフェイズの周辺要素ではなく、また、すでに不活性の状態のため、上位フェイズにとっての計算対象とはならず、それ以上移動することはない。したがって、このままだと α の値が定まらず、インターフェイスで解釈不可能になってしまう。このような場合は、Chomsky (2013)では、共通の素性がラベル α の値になると考えられている。具体的に言えば、(63)では、DP の John は固有の φ 素性をもち、TP は T が John と一致した際の φ 素性をもつ。したがって、結果として、(64)のように、ラベル α は <[φ], [φ]> となる。

(64)
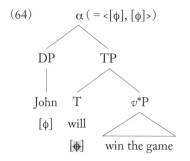

このように、(63)と(64)のような「それ以上移動が起きないケース」と、

(60)から(62)で紹介した「移動が起こるケース」ではラベルの種類が異なるということになる。なお、間接疑問文（例：I don't know [who you met].）の場合も埋め込み節の wh 句は解釈不可能素性をもはや持たないので、それ以上移動しない。したがって、埋め込みの CP のラベルは wh 句と C が一致操作により共有している [Q] 素性（<[Q], [Q]>）となる（Chomsky 2013: 45）。（なお、(62)の連続循環移動の場合、埋め込み節の C は wh 句と一致を起こしていないことに留意されたい。）

　Chomsky (2015c) は、ラベル決定アルゴリズムによる分析をさらに発展させ、① wh 句が間接疑問文の指定部など一定の位置で「凍結」し、それ以上の移動が許されない「規範位置凍結」(criterial freezing) (Rizzi 2015)、② EPP、③「空範疇原理」(empty category principle, ECP) (Chomsky 1981)、④ v*P フェイズにおけるラベル決定、といった課題に対する説明を試みている。ここでは、この 4 つのうち、P&P アプローチの初期のころから統語論研究で中心的な話題となっていた②と③の問題に焦点を当てる。まず、EPP の方から考察しよう。例えば、主語名詞句 Mary が v*P の指定部に留まった状態の(65)の段階まで派生が進んだとする。

(65)　[C [$_α$ T [$_{vP}$ Mary [...]]]]

Chomsky (2015c: 9) は、英語の T は屈折が貧弱であることから、それは語根 (root) に近い資格を持ち、そのような要素がラベルになることはできないと仮定している。したがって、(65)の T と v*P が併合された構造のラベルは未決定の状態（= α）である。ラベルが未決定のままの構造が概念・意図システムと感覚・運動システムに転送されてしまうと派生が破綻するので、それを回避するために、T との一致を起こした主語名詞句 Mary が TP の指定部に移動する。その結果、(66)の構造が派生される。

(66)　[C [$_α$ Mary [T [$_{vP}$ ~~Mary~~ [...]]]]]

この移動により、先の(63–64)の時と同様、Mary が持つ φ 素性と T が持つ

φ 素性が共通の素性となり、(67)のように、ラベル α は <[φ], [φ]> と決定される。

(67)　[C [] Mary [T [_{vP} ~~Mary~~ [...]]]]]

(67)　[C [<[φ], [φ]> Mary [T [$_{vP}$ ~~Mary~~ [...]]]]]

要するに、従来の TP のラベルを決定するために主語名詞句を移動させる必要があるということであり、この分析が正しければ、EPP を満たすための移動とは、ラベル決定のためのものであるということになるだろう[12]。

　次に ECP の例をみてみよう。ECP は、痕跡などの空範疇が適正統率されなければならないということを規定する原理である (Chomsky 1981: 250, Chomsky 1986b: 17)。適正統率とは、手短にいえば、(i) N, V, A, P といった語彙範疇による「語彙統率」(θ-government) (Chomsky 1986b: 70) と、(ii) 移動した要素による「先行詞統率」(antecedent-government) (Chomsky 1986b: 17)を指す。この ECP で説明される事例としては、次のようなものがある。

(68)a.*Who do you think [$_{CP}$ t' that [$_{TP}$ t read the book]]?
　　b. Who do you think [$_{CP}$ t' e [$_{TP}$ t read the book]]?

(Chomsky 2015c: 10　一部改変)

(68a–b) のいずれも、疑問詞 Who は埋め込み節の主語位置から移動しているが、that のある (68a) は容認不可能であるのに対し、それを欠いた (68b) は容認可能である (Chomsky and Lasnik 1977 による「that- 痕跡フィルター」(that-t filter) も参照されたい)。Chomsky (1986b: 47–48) による ECP を用いた説明に基づくと、(68a) では Who の痕跡 t がもともと語彙統率されず、また C である that の介在により先行詞統率もされない。したがって (68a) は容認不可能な文になるが、容認可能な (68b) では、C が that として具現しないため Who の痕跡 t が中間痕跡 t' によって正しく先行詞統率され、容認可能となる。このような (68) の対比は、ラベル決定アルゴリズムの元で、次のように説明される。まず、(68a) について考えてみよう。(68a) の埋め込み節の構造は、(67) を基にすれば (69) のようになる。(69) では who がすでに下位

の TP の指定部に移動している。

(69)　[that（=C）[α=<[φ],[φ]> who [T [*v*P ~~who~~ […]]]]]

Chomsky（2015c: 9）によれば、仮にこの構造で who がさらに CP の指定部に移動してしまうと、TP の指定部には who のコピーが残ることになる。しかし、このような元位置に残されたコピーは（61）や（62）の事例と同じようにラベルになれない。また、（66）と（67）の時と同様に、ここでも T はラベルになれないので、いわば α のラベルが未定の状態に戻る。結果として転送の段階で α のラベルが未定のままになるので、派生は破綻する。このように、ECP に違反する事例も EPP の時と同様、ラベル未決定によるものとして両者を統一的に扱うことができる。

　次に、補文標識 that が無く、容認可能な（68b）に目を向けよう。Chomsky（2015c: 10–11）によれば、このような事例では that が素性継承の後に構造から削除されており、したがって、TP の指定部にある who が不必要に移動することなく上位フェイズにとっての計算対象となっており、いわば TP の指定部が周辺要素として機能することになる。また α のラベルも <[φ], [φ]> のままであるため、容認可能になる。つまり、この場合、that（=C）が削除される前にその that から継承された素性により、TP がフェイズとして機能すると考えて良い。したがって、このような事例では TP の指定部が周辺要素と見なされる。また、Chomsky（2015c: 11）は、フェイズのラベルはいったん決まったら上書きされることはなく、C の削除によって TP がフェイズになった場合も TP のラベルは <[φ], [φ]> のまま変更されないため、それ以降 wh 句が移動したとしても保持されると仮定している。（なお、Chomsky 2015c: 12–14 はここで紹介したような分析を *v**P フェイズへ拡張させることを試みている。）

6.　おわりに：今後の展望

　以上、みてきたように、Chomsky（2013, 2015c）のラベル決定アルゴリズ

ムにより、句構造を生成する原理・規則が担うと考えられていた範疇の決定
は、併合操作から由来するものではなく、それから独立したアルゴリズムか
ら得られるものであることになり[13]、併合のシステムそのものが簡略化され
ることになる。

　しかも、このラベル決定アルゴリズムの考え方により、小節や等位構造と
いった、やや特殊な性質をもつとされてきた構造を新たな観点から捉えなお
すことができるという点は、句構造理論の進展の歴史からみても興味深い。
例えば、小節についてはすでにみたように、P&P アプローチの初期に仮定
されていた主要部を欠く外心（exocentric）構造による分析を復活させている
（ラベル決定アルゴリズムと外心構造との関連については、藤田 2014 を参
照されたい）。小節を内心構造で捉える分析は Bowers（1993）や Den Dikken
（2006）をはじめ数多くみられるが、このアルゴリズムにより、その主要部
は何か、また小節の構造はどうあるべきかという問題を新たな観点から捉え
直すことができるようになる。また、詳細は割愛するが、Chomsky（2013:
46）は、[A and B] のような等位構造についても、Munn（1993）以降一般的
に仮定されてきた等位接続詞自体を投射させる分析ではなく、等位構造全体
のラベルが等位項（つまり、[A and B] という構造における被接続要素 A, B）
によって決定されるという（生成言語学初期のものに近く、より直観に適っ
た）分析を提示している。このように、ラベル決定アルゴリズムによる分析
は、内心構造により捉えるべき基本的事実と、外心構造を仮定することで捉
えられる事実の両方に対して原理的な説明を与えられる可能性を秘めてい
る。加えて、EPP や ECP が関わるような、生成言語学で、長年にわたり真
の説明を必要としていた現象に対しても、新たな説明を与えられる可能性を
示している。さらには、Cecchetto and Donati（2010, 2015）などは、自由関
係節の派生や束縛原理に関わる問題を取り上げ、移動する要素が構造全体の
ラベルになる可能性を追求しており、ラベル決定に関する研究はある程度の
進展をみせている。

　本章では、ミニマリスト統語論全体の枠組みを紹介し、基本的な文がどの
ように生成されるのかについて概観した。また、最近の考え方として
Chomsky（2013, 2015c）のラベル決定アルゴリズムを簡単に説明した。これ

により、ミニマリスト統語論初期から仮定されてきた併合操作は、まさに「2つの要素を合わせて集合を作る」だけの操作となり、統語部門での構造構築は、このようなきわめて簡素化された併合操作とラベル決定アルゴリズムにより行われることになる。ラベル決定アルゴリズムに関わる研究は経験的事実に基づき今後も発展していくものと思われるが、併合操作からこの仕組みを切り離し、それぞれ別個に統語的現象を説明しようとする考え方は、生成言語学で従来から仮定されている「モジュール式」(modular) (Chomsky 1981: 7) の考え方の具現でもあり、この点でもミニマリスト統語論は、基本的に正しい方向に向かっていると思われるのである。

注

1 Chomsky (2005: 6) は、我々人間の個体に言語が発現しそれを使用できるようになるのに、1. 遺伝的形質、2. 外部からの経験、3. 言語固有でない一般原理、の3つの要因が関わると述べており、本文での「一般原理」はちょうど3番目の要因に該当する。この要因は「第三要因」(the third factor) (Chomsky 2005: 6) とも呼ばれ、この第3要因による操作の中には、Chomsky (2013: 40) による「最小計算」(Minimal Computation) などが含まれると考えられる。

2 統語部門と意味部門、音韻部門の関連については、Chomsky (1965: 15–16) でその基本的な考え方が述べられている。また、中村ほか(2001)の第1–2章や、池内(2002a, 2002b) などは、統語部門の位置づけや文法の枠組みについての丁寧な解説を提供している。

　また、本章では紙幅の都合上ふれることができないが、標準理論からミニマリスト統語論に至るまでの理論の変遷については、外池 (2009) に、簡潔かつ明瞭なまとめがある。

3　この考え方をさらに追及すると、統語部門(＝言語)は、「音韻部門と意味部門で解析できる表示を余すところなく、またそれのみを最も合理的な方法で構築する部門」ということになる。つまり、統語部門は、両部門から課せられる条件(つまり2節の(1)の「可読性の条件」)を遵守するように、文字通り「最適に」(＝必要最低限の仕組みで)設計された計算体系ということになる。言語がこのような体系であるべきだという主張を、例えば Chomsky (2008: 135) は「強いミニマリストの主張」(strong minimalist thesis)と呼んでいる。

100 I 生成言語学の発展

4 ミニマリスト統語論の枠組みは 1990 年ごろに提案されたものであり決して歴史が長いとは言えないが、それでも膨大な研究蓄積がある。Bošković and Lasnik (2006) やEveraert et al. (2006)、Boeckx (2011)、Den Dikken (2013)、Kiss and Alexiadou (2015)などは、その間の動向を探るのにふさわしい文献である。また、統語部門と外的システムを含めた言語の設計に関わる問題を扱った文献としては Stroik and Putnam(2013)などがある。

5 3.5 節で述べる通り名詞句もフェイズとして機能すると考えられているので、厳密にいえば、(3) の 2 つに加えて、別の 2 つの LA (LA={Mary} と LA={the, man}) が形成される。しかし、ここではそのための LA 形成と言語計算の過程は省略し、それぞれのフェイズ(Mary と the man)が再利用されて LA_1 の中に含まれると仮定する。

6 VP の指定部に移動した目的語名詞句がさらに上位の投射(例えば v*P の指定部)に移動するかどうか(いわゆる顕在的目的語移動 (overt object shift = OOS) を認めるか否か)については、様々な見解がある (Chomsky 2000, 2001, 2007, 2008, 2015c, Lasnik 1999, 2003, Bošković and Lasnik 2006 などを参照)。仮に目的語が v*P の指定部に移動すれば、wh 句も通常の目的語名詞句も一律 v*P の指定部に移動する (3.3 節を参照) ことになり、システムの簡略化が進むことになるが、ここでは VP 指定部の位置に留まるとする分析を採用した(目的語名詞句を非顕在的統語部門で繰り上げていたChomsky 1991, 1993 の分析も参照)。その根拠は、第一に、目的語を EF などで v*P の指定部に移動させて上述のシステム簡略化を図ろうとすると、平叙文の TP 指定部の主語も CP 指定部に移動させなければならなくなるという点がある(それを回避するために C と v*で移動を駆動する素性に違いを設けると、今度は上述のシステム簡略化自体が成立しなくなる)。第 2 に、経験的な問題として、3.1 節における (27) の事実を説明することが幾分困難になる可能性があるという点がある。というのも、OOS が起きているとすると、V が v* に移動した後、その V-v*をさらに T まで移動させる必要があり(そうしないと、例えば *[TP Mary [T′ T [vP the man [v′ hit (=V-v*) [VP …]]]]] という誤った語順の構造が派生されてしまう)、その結果、(27) の事実を説明するに、例えば、副詞句が T′ に付加されるという仮定を採用するか、副詞句が生起するための何らかの機能範疇 F を T と v* の間に設け(菊地朗先生 (私信) による示唆)、その Fに V-v* が移動し、副詞句もその FP に付加されると仮定する、などの措置が必要になると考えられるからである。このような、目的語が正確にどの位置に移動するかの問題については今後の研究課題となっているものと思われる。なお、Chomsky (2015c)は、目的語が VP 指定部に留まった状態にあったとしても上位フェイズの計算対象になることのできるメカニズムの提案を試みている。

7 Radford (2009: 405–406) は、ここで述べたような Chomsky (2007, 2008) が仮定し

ている VP 補部位置から VP 指定部位置への目的語の移動が、同一投射内で補部から指定部へ要素が移動することを禁じる「反局所性の制約」(anti-locality constraint) (Abels 2003: 12, Boeckx 2008: 110) に違反する可能性があることを指摘している。しかし、この制約を表示に適用されるものと解釈したうえで、5 節で紹介するラベル決定アルゴリズムを採用すれば、この問題を回避できる可能性がある。というのも、ラベル決定アルゴリズムに基づけば、目的語 OBJ が移動した後の VP は次のような構造 [<φ, φ> OBJ [VP V O̶B̶J̶]] になり、この表示自体は反局所性の制約に違反しない(<φ, φ> と VP でラベルが異なる)と考えられるからである。

8 非顕在的移動(語順に反映されない非顕在的統語部門での移動)の存在を仮定していた Chomsky (1995) の枠組みの元であれば、Chomsky (1991: 422–423) に従い、英語の屈折は(例えばフランス語と比較して)「弱い」と仮定したうえで、複合要素 v*-V の T への移動は非顕在的に起こるとする分析が一般的である。しかし、Chomsky (2000) 以降のミニマリスト統語論では、非顕在的統語部門の存在自体疑問視されているため、ここでは、感覚・運動システムでの接辞付加分析を採用している。

9 Chomsky (2008: 147) が取り上げる「主語条件」(subject condition) (Chomsky 1973: 250) の事例は、この EF 消去のための v*P の指定部への移動が、VP の指定部を経由した移動ではなく、元位置の VP の補部位置からの移動である可能性を示す。次の (i) の対比をみてみよう。(なお、(i) と (ii) における、wh 句を含む前置詞句 of which は the driver の補部要素として解釈される。)

(i) a. It was the CAR (not the TRUCK) [of which [C [they found the driver]]]

　 b.*It was the CAR (not the TRUCK) [of which [C [the driver caused a scandal]]]

(Chomsky 2008: 147　一部改変)

目的語名詞句内部から of which が移動した(ia)は容認可能であるが、(ib)が示す通り、TP の指定部にある主語名詞句内部からの同様の移動は禁じられる。その一方で、受動化を含む(ii)の事例は容認可能である。

(ii)　It was the CAR (not the TRUCK) [of which [C [the driver was found]]]

(Chomsky 2008: 147　一部改変)

(ii)の主語名詞句 the driver は元々、動詞 found の目的語として機能していた要素である。もし仮に、(ii) の wh 移動が TP の指定部位置から起きているとすれば、(ib)と同様に容認不可能になると予測されるが、実際には(ia)と同様に容認可能である。この

ことから、Chomsky (2008: 147) は、①探索要素である C が VP の補部位置から wh 句を牽引する wh 移動と、②主語名詞句全体の TP 指定部への移動、の２つのタイプの移動が「平行的に」起こり、①により wh 句 of which が CP の指定部へ、②により名詞句 the driver of which 全体が TP の指定部に移動すると論じている。したがって、(iii) の構造では the driver of which 全体が、動詞 found の目的語の位置から TP の指定部に移動し (②)、それと同時に、of which が CP の指定部に移動している (①) ことになる。((iii) は構造を簡略化してある。なお、(iii) の TP 内部は受動文であるため、v^* は含まれないことに留意されたい。)

(iii)　It was the CAR (not the TRUCK)

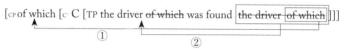

CとTの領域でこのような平行的移動が起きているとすれば、同様のことは v^* と V の間でも起きていると仮定するのが合理的であると考えられる (Chomsky 2008: 150–151)。

　以上のことから、(31a) の What did you eat? のような事例でも、VP 指定部への what の移動と、v^*P 指定部への移動が同時平行的に起きている可能性がある。もし仮にそうだとすると、(iii) と同様、(iv) でも、what の VP 指定部への移動と、v^*P 指定部への移動が同時に起きていることになる (外池 2009: 158–159 も参照)。

(iv)　[$_{v*P}$ what [$_{v*'}$ you [$_{v*'}$ v^*-eat [$_{VP}$ what [$_{V'}$ eat what]]]]]

本文における説明と、ここでふれた平行的な移動による説明のどちらがより適切かについてはこれ以上追求しないが、平行的な移動を支持する可能性のある経験的根拠が存在することだけ述べておく。

10　本章では wh 移動が v^*P の指定部を経由すると仮定しているため、その位置に who のコピーが残されたような言い間違いの例が存在すると予測される (小川芳樹先生 (私信) による指摘)。しかし、そのような事例は筆者が知る限り、まだ見当たらないようである。そのため、この問題は今後の研究課題となっていると思われる。

11　この文献の存在をご教示くださった今井隆先生に感謝申し上げる。

12　EPP をラベル決定の仕組みで説明しようとすると、空主語を許すイタリア語のような言語をどのように取り扱うべきかという問題は重要なものになる (小川芳樹先生 (私信) による指摘)。Chomsky (2015c: 9) は、イタリア語のように屈折の豊かな言語では、英語と異なり、T がラベルになれると論じている。この考えが正しければ、イタ

リア語には EPP が働かないことになり、帰結として EPP も普遍的な原理ではなくなる。ただし、良く知られているように、日本語のような、屈折が極めて貧弱(むしろ、敬語表現などを除けば全く存在しないように見える)であるにもかかわらず空主語を許す言語も存在する(例えば、Radford 2009: 159 も、V から T への主要部移動との関連で同様のことを指摘している)。このような言語をどう扱うべきかについては今後考えていく必要があるだろう。

13　このことを裏付けるように、Murphy (2015)は、自然言語と動物のコミュニケーション体系を区別するものは併合操作ではなく、ラベル決定アルゴリズムであると論じている。

さらに研究を進めるために

1.　中村捷・金子義明・菊地朗(2001)『生成文法の新展開―ミニマリスト・プログラム』研究社.
　　原理とパラメータのアプローチとミニマリスト統語論の枠組みを丁寧に説明した解説書。生成言語学のベースとなった標準理論についての説明も詳しい。

2.　Radford, Andrew. (2009) *Analysing English Sentences: A minimalist approach*. Cambridge: Cambridge University Press.
　　ミニマリスト統語論の最近の枠組みに基づいた解説書。各章には練習問題だけでなく関連する文献情報がかなり豊富に載せられている。

3.　Citko, Barbara. (2014) *Phase Theory: An introduction*. Cambridge: Cambridge University Press.
　　ミニマリスト統語論のなかでもフェイズ理論について詳しく論じている解説書。どういった要素がフェイズになり得るのか、経験的根拠を多く挙げながら議論を展開している。

4.　中島平三編(2001)『最新　英語構文事典』大修館書店 .
　　主要な英語の構文を数多く取り上げ、それらについての先行研究をまとめている。

5.　Chomsky, Noam. (1995) *The Minimalist Program*. Cambridge, MA.: MIT Press.
　　ミニマリスト統語論の出発点となる A Minimalist Program for Linguistic Theory をはじめとした 4 つの論文が収録されている。

6.　Freidin, Robert, Carlos P. Otero and Maria Luisa Zubizarreta. (eds.) (2008) *Foundational Issues in Linguistic Theory: Essays in honor of Jean-Roger Vergnaud*. Cambridge, Mass: MIT Press.
　　Chomsky の On Phases をはじめとし、最近の生成言語学の枠組みで書かれた様々な論文が収録されている。

参考文献

Abels, Klaus. (2003) *Successive-cyclicity, Anti-locality, and Adposition Stranding*. Doctoral Dissertation, University of Connecticut.

Abney, Steven. (1987) *The English Noun Phrase in Its Sentential Aspect*. Doctoral dissertation, MIT.

Alexiadou, Artemis, Hagit Borer and Florian Schäfer. (eds.) (2014) *The Syntax of Roots and the Roots of Syntax*. Oxford: Oxford University Press.

Austin, John L. (1962) *How to Do Things with Words*. Cambridge, MA.: Harvard University Press. [Second Edition, 1975. Edited by J. O. Urmson and Mariana Sbisá.] (坂本百大訳 (1978)『言語と行為』大修館書店.)

Berwick, Robert C., Angela D. Friederici, Noam Chomsky and Johan J. Bolhuis. (2013) Evolution, Brain, and the Nature of Language. *Trends in Cognitive Science* 17: pp. 89–98.

Boeckx, Cedric. (2008) *Understanding Minimalist Syntax: Lessons from locality in long-distance dependencies*. Oxford: Blackwell.

Boeckx, Cedric. (ed.) (2011) *The Oxford Handbook of Linguistic Minimalism*. Oxford: Oxford University Press.

Bolhuis, Johan J., Ian Tattersall, Noam Chomsky and Robert C. Berwick. (2014) How Could Language Have Evolved? *PLOS Biology* 12: pp. 1–6.

Bošković, Željko and Howard Lasnik. (eds.) (2006) *Minimalist Syntax: The essential readings*. Oxford: Blackwell.

Bowers, John. (1993) The Syntax of Predication. *Linguistic Inquiry* 24: pp. 591–656.

Cecchetto, Carlo and Caterina Donati. (2010) On Labeling: Principle C and head movement. *Syntax* 13: pp. 241–278.

Cecchetto, Carlo and Caterina Donati. (2015) *(Re)labeling*. Cambridge, MA.: MIT Press.

Chomsky, Noam. (1957) *Syntactic Structures*. The Hague: Mouton.(福井直樹・辻子美保子訳 (2014)『統辞構造論 付『言語理論の論理構造』序論』岩波書店.)

Chomsky, Noam. (1965) *Aspects of the Theory of Syntax*. Cambridge, MA.: MIT Press. (安井稔 訳(1970)『文法理論の諸相』研究社.)

Chomsky, Noam. (1973) Conditions on Transformations. In Stephen R. Anderson and Paul Kiparsky. (eds.) *A Festschrift for Morris Halle*, pp. 232–286. New York: Holt, Rinehart and Winston.

Chomsky, Noam. (1977) On *Wh*-movement. In Peter W. Culicover, Thomas Wasow and Adrian Akmajian. (eds.) *Formal Syntax*, pp. 71–132. New York: Academic Press.

Chomsky, Noam. (1981) *Lectures on Government and Binding: The Pisa lectures*. Berlin: Mouton de Gruyter.（安井稔・原口庄輔訳（1986）『統率・束縛理論』研究社.）

Chomsky, Noam. (1986a) *Knowledge of Language: Its nature, origin, and use*. New York: Praeger.

Chomsky, Noam. (1986b) *Barriers*. Cambridge, MA.: MIT Press.

Chomsky, Noam. (1991) Some Notes on Economy of Derivation and Representation. In Robert Freidin. (ed.) *Principles and Parameters in Comparative Syntax*, pp. 417–454, Cambridge, MA.: MIT Press. [Reprinted in Noam Chomsky. *The Minimalist Program*, pp. 129–166. Cambridge, MA.: MIT Press. 1995.]

Chomsky, Noam. (1993) A Minimalist Program for Linguistic Theory. In Kenneth Hale and Samuel Jay Keyser. (eds.) *The View from Building 20: Essays in linguistics in honor of Sylvain Bromberger*, pp. 1–52. Cambridge, MA.: MIT Press. [Reprinted in Noam Chomsky. *The Minimalist Program*, pp. 167–217. Cambridge, MA.: MIT Press. 1995.]

Chomsky, Noam. (1995) *The Minimalist Program*. Cambridge, MA.: MIT Press. （外池滋生・大石正幸監訳（1998）『ミニマリスト・プログラム』翔泳社.）

Chomsky, Noam. (2000) Minimalist Inquiries: The framework. In Roger Martin, David Michaels and Juan Uriagereka. (eds.) *Step by Step: Essays on minimalist syntax in honor of Howard Lasnik*, pp. 89–155. Cambridge, MA.: MIT Press.

Chomsky, Noam. (2001) Derivation by Phase. In Michael Kenstowicz. (ed.) *Ken Hale: A life in language*, pp. 1–52. Cambridge, MA.: MIT Press.

Chomsky, Noam. (2004) Beyond Explanatory Adequacy. In Adriana Belletti. (ed.) *Structures and Beyond: The cartography of syntactic structures, volume 3*, pp. 104–131. Oxford: Oxford University Press.

Chomsky, Noam. (2005) Three Factors in Language Design. *Linguistic Inquiry* 36: pp. 1–22.

Chomsky, Noam. (2007) Approaching UG from Below. In Uli Sauerland, Hans-Martin Gärtner. (eds.) *Interfaces + Recursion = Language?*, pp. 1–29. Berlin: Mouton de Gruyter.

Chomsky, Noam. (2008) On Phases. In Robert Freidin, Carlos P. Otero and Maria Luisa Zubizarreta. (eds.) *Foundational Issues in Linguistic Theory: Essays in honor of Jean-Roger Vergnaud*, pp. 133–166. Cambridge, MA.: MIT Press.

Chomsky, Noam. (2013) Problems of Projection. *Lingua* 130: pp. 33–49.

Chomsky, Noam. (2014) Minimal Recursion: Exploring the Prospects. In Tom Roeper and Margaret Speas. (eds.) *Recursion: Complexity in cognition*, pp. 1–15. Dordrecht: Springer.

Chomsky, Noam. (2015a) Preface to the 50th Anniversary Edition. In Noam Chomsky (2015) *Aspects of the Theory of Syntax* (the 50th Anniversary Edition), pp. ix–xx. Cambridge, MA.: MIT Press.

Chomsky, Noam. (2015b) Preface to the 20th Anniversary Edition. In Noam Chomsky (2015)

The Minimalist Program (the 20th Anniversary Edition), pp. vii–xiii. Cambridge, MA.: MIT Press.

Chomsky, Noam. (2015c) Problems of Projection: Extensions. In Elisa Di Domenico, Cornelia Hamann and Simona Matteini. (eds.) *Structures, Strategies and Beyond: Studies in honour of Adriana Belletti*. pp. 3–16. Amsterdam: John Benjamins.

チョムスキー、ノーム　福井直樹・辻子美保子編訳 (2015d)『我々はどのような生き物なのか―ソフィア・レクチャーズ』岩波書店.

Chomsky, Noam and Howard Lasnik. (1977) Filters and Control. *Linguistic Inquiry* 8: pp. 425–504.

Chomsky, Noam and Howard Lasnik. (1993) The Theory of Principles and Parameters. In Joachim Jacobs, Arnim von Stechow, Wolfgang Sternefeld and Theo Vennemann. (eds.) *Syntax: An international handbook of contemporary research*, pp. 506–569. Berlin and New York: Walter de Gruyter. [Reprinted in Noam Chomsky. *The Minimalist Program*, pp. 13–127. Cambridge, MA.: MIT Press. 1995.]

Cinque, Guglielmo. (1999) *Adverbials and Functional Heads: A cross-linguistic perspective*. Oxford: Oxford University Press.

Citko, Barbara. (2014) *Phase Theory: An introduction*. Cambridge: Cambridge University Press.

Crain, Stephen and Rosalind Thornton. (1998) *Investigations in Universal Grammar: A guide to experiments on the acquisition of syntax and semantics*. Cambridge, MA.: MIT Press.

Di Sciullo, Anna Maria and Cedric Boeckx. (eds.) (2011) *The Biolinguistic Enterprise: New perspectives on the evolution and nature of the human language faculty*. Oxford: Oxford University Press.

Dikken, Marcel den. (2006) *Relators and Linkers: The syntax of predication, predicate inversion, and copulas*. Cambridge, MA.: MIT Press.

Dikken, Marcel den. (ed.) (2013) *The Cambridge Handbook of Generative Syntax*. Cambridge: Cambridge University Press.

Embick, David and Rolf Noyer. (2007) Distributed Morphology and the Syntax/Morphology Interface. In Gillian Ramchand and Charles Reiss. (eds.) *The Oxford Handbook of Linguistic Interfaces*, pp. 289–324. Oxford: Oxford University Press.

Embick, David and Alec Marantz. (2008) Architecture and Blocking. *Linguistic Inquiry* 39: pp. 1–53.

Emonds, Joseph. (1976) *A Transformational Approach to Syntax*. New York: Academic Press.

遠藤喜雄 (2014)『日本語カートグラフィー序説』ひつじ書房.

Everaert, Martin, Henk Van Riemsdijk, Rob Goedemans, Bart Hollebrandse. (eds.) (2006) *The*

Blackwell Companion to Syntax, Volumes I–V. Oxford: Blackwell.

Frascarelli, Mara. (ed.) (2006) *Phases of Interpretation*. Berlin: Mouton de Gruyter.

藤田耕司 (2014)「投射の進化的問題」藤田耕司・福井直樹・遊佐典昭・池内正幸編『言語の設計・発達・進化―生物言語学的探究』pp. 279–307. 開拓社.

藤田耕司・福井直樹・遊佐典昭・池内正幸編 (2014)『言語の設計・発達・進化―生物言語学的探究』開拓社.

Gallego, Ángel. (ed.) (2012) *Phases: Developing the framework*. Berlin: Mouton de Gruyter.

Guimarães, Maximiliano. (2000) In Defense of Vacuous Projections in Bare Phrase Structure. *University of Maryland Working Papers in Linguistics, Volume* 9: 90–115.

Hale, Kenneth and Samuel Jay Keyser. (1993) On Argument Structure and the Lexical Expression of Syntactic Relations. In Kenneth Hale and Samuel Jay Keyser. (eds.) *The View from Building 20: Essays in linguistics in honor of Sylvain Bromberger*, pp. 53–109. Cambridge, MA.: MIT Press.

Halle, Morris and Alec Marantz. (1993) Distributed Morphology and the Pieces of Inflection. In Kenneth Hale and Samuel Jay Keyser. (eds.) *The View from Building 20: Essays in linguistics in honor of Sylvain Bromberger*, pp. 111–176. Cambridge, MA.: MIT Press.

長谷川信子 (1994)「人間のことば」中島平三・外池滋生編著『言語学への招待』pp. 30–42. 大修館書店.

Hauser, Marc D., Charles Yang, Robert C. Berwick, Ian Tattersall, Michael J. Ryan, Jeffrey Watumull, Noam Chomsky and Richard C. Lewontin. (2014) The Mystery of Language Evolution. *Frontiers in Psychology* 5: 1–12.

Heim, Irene and Angelika Kratzer. (1998) *Semantics in Generative Grammar*. Oxford: Blackwell.

Huddleston, Rodney and Geoffrey K. Pullum. (2002) *The Cambridge Grammar of the English Language*. Cambridge: Cambridge University Press.

池内正幸 (2002a)「言語知識とは何か」大津由紀雄・池内正幸・今西典子・水光雅則編『言語研究入門―生成文法を学ぶ人のために』pp. 16–29. 研究社.

池内正幸 (2002b)「文法の組み立て」大津由紀雄・池内正幸・今西典子・水光雅則編『言語研究入門―生成文法を学ぶ人のために』pp. 30–44. 研究社.

Imai, Takashi. (2014) Merge and Three Dimensional Structure. 都留文科大学英文学科創設 50 周年記念研究論文集編集委員会編『言語学、文学そしてその彼方へ―都留文科大学英文学科創設 50 周年記念研究論文集』pp. 29–41. ひつじ書房.

Jackendoff, Ray. (1972) *Semantic Interpretation in Generative Grammar*. Cambridge, MA.: MIT Press.

Kayne, Richard S. (1981) Unambiguous Paths. In Robert May and Jan Koster (eds.) *Levels of*

Syntactic Representation, pp. 143–183. Dordrecht: Foris.

Kayne, Richard S. (1994) *The Antisymmetry of Syntax*. Cambridge, MA.: MIT Press.

Kayne, Richard S. (2011) Antisymmetry and the Lexicon. In Anna Maria Di Sciullo and Cedric Boeckx. (eds.) *The Biolinguistic Enterprise: New perspectives on the evolution and nature of the human language faculty*, pp. 329–353, Oxford: Oxford University Press.

Kiss, Tibor and Artemis Alexiadou. (2015) *Syntax – Theory and Analysis: An international handbook, Volumes* 1–3. Berlin: Mouton De Gruyter.

Larson, Richard K. (1988) On the Double Object Construction. *Linguistic Inquiry* 19: pp. 335–391.

Lasnik, Howard. (1995) Verbal Morphology: *Syntactic Structures* meets the minimalist program. In Héctor Campos and Paula Kempchinsky. (eds.) *Evolution and Revolution in Linguistic Theory: Essays in honor of Carlos Otero*, pp. 251–275, Washington, D.C.: Georgetown University Press. [Reprinted in Howard Lasnik. *Minimalist Analysis*, pp. 97–119. Oxford: Blackwell. 1999.]

Lasnik, Howard. (1999) *Minimalist Analysis*. Oxford: Blackwell.

Lasnik, Howard. (2003) *Minimalist Investigations in Linguistic Theory*. London: Routledge.

Matushansky, Ora and Alec P. Marantz (eds.) (2013) *Distributed Morphology Today: Morphemes for Morris Halle*. Cambridge, MA: MIT Press.

McCloskey, James. (2000) Quantifier Float and *Wh*-Movement in an Irish English. *Linguistic Inquiry* 31: pp. 57–84.

森田順也 (1999)「『分散形態論』の概要と展望」『金城学院大学論集』(英米文学編) 40: pp. 409–429.

Moro, Andrea. (2000) *Dynamic Antisymmetry*. Cambridge, MA.: MIT Press.

Munn, Alan. (1993) *Topics in the Syntax and Semantics of Coordinate Structures*. Doctoral dissertation, University of Maryland.

Murphy, Eliot. (2015) Labels, Cognomes, and Cyclic Computation: An ethological perspective. *Frontiers in Psychology* 6: pp. 1–18.

Muysken, Pieter. (1982) Parametrizing the Notion "Head." *Journal of Linguistic Research* 2, pp. 71–85.

中島平三・池内正幸 (2005)『明日に架ける生成文法』開拓社.

中村捷・金子義明・菊地朗 (2001)『生成文法の新展開―ミニマリスト・プログラム』研究社.

竝木崇康 (2002)「語をつくる仕組み―形態論1」大津由紀雄・池内正幸・今西典子・水光雅則編『言語研究入門―生成文法を学ぶ人のために』pp. 76–88. 研究社.

竝木崇康 (2009)「形態論」中島平三編集『言語学の領域(I)』pp. 73–103. 朝倉書店.

大津由紀雄 (2002)「こころを探る言語研究―なぜ言語を研究するのか」大津由紀雄・池内正幸・今西典子・水光雅則編『言語研究入門―生成文法を学ぶ人のために』pp. 1-15. 研究社.

Piattelli-Palmarini, Massimo, Juan Uriagereka and Pello Salaburu. (eds.) (2009) *Of Minds and Language: A dialogue with Noam Chomsky in the Basque Country*. Oxford: Oxford University Press.

Pesetsky, David. (2000) *Phrasal Movement and Its Kin*. Cambridge, MA.: MIT Press.

Pollock, Jean-Yves. (1989) Verb Movement, Universal Grammar, and the Structure of IP. *Linguistic Inquiry* 20: pp. 365–424.

Quirk, Randolph, Sidney Greenbaum, Geoffrey Leech, and Jan Svartvik. (1985) *A Comprehensive Grammar of the English Language*. London: Longman.

Radford, Andrew. (2009) *Analysing English Sentences: A minimalist approach*. Cambridge: Cambridge University Press.

Ramchand, Gillian and Charles Reiss. (eds.) (2007) *The Oxford Handbook of Linguistic Interfaces*. Oxford: Oxford University Press.

Reuland, Eric. (2011) *Anaphora and Language Design*. Cambridge, MA.: MIT Press.

Richards, Marc D. (2007) On Feature Inheritance: An argument from the phase impenetrability condition. *Linguistic Inquiry* 38: pp. 563–572.

Riemsdijk, Henk C. van. (1978) *A Case Study in Syntactic Markedness: The binding nature of prepositional phrases*. Lisse: Peter de Ridder Press. [Later published by Foris, Dordrecht.]

Rizzi, Luigi. (1997) The Fine Structure of the Left Periphery. In Liliane Haegeman. (ed.) *Elements of Grammar*, pp. 281–337. Dordrecht: Kluwer.

Rizzi, Luigi. (2013) The Functional Structure of the Sentence, and Cartography. In Marcel den Dikken. (ed.) *The Cambridge Handbook of Generative Syntax*, pp. 425–457. Cambridge: Cambridge University Press.

Rizzi, Luigi. (2015) Cartography, criteria and labeling. In Ur Shlonsky. (ed.) *Beyond Functional Sequence: The cartography of syntactic structures, volume 10*, pp. 314–338. Oxford: Oxford University Press.

Roeper, Tom and Margaret Speas. (eds.) (2014) *Recursion: Complexity in cognition*. Dordrecht: Springer.

瀬田幸人 (1994)「動物のことば」中島平三・外池滋生編著『言語学への招待』pp. 16–29. 大修館書店.

島村礼子 (2002)「語をつくる仕組み―形態論 2」大津由紀雄・池内正幸・今西典子・水光雅則編『言語研究入門―生成文法を学ぶ人のために』pp. 89–101. 研究社.

Shlonsky, Ur. (ed.)（2015）*Beyond Functional Sequence: The cartography of syntactic structures, volume* 10. Oxford: Oxford University Press.

Stroik, Thomas S. and Michael T. Putnam.（2013）*The Structural Design of Language*. Cambridge: Cambridge University Press.

Thornton, Rosalind and Stephen Crain.（1994）Successful Cyclic Movement. In T. Hoekstra and B. Schwartz.（eds.）*Language Acquisition Studies in Generative Grammar*, pp. 215–253. Amsterdam: John Benjamins.

外池滋生 (2009)「ミニマリスト・プログラム」中島平三編集『言語学の領域 (I)』pp. 135–168. 朝倉書店.

渡辺明 (2005)『ミニマリストプログラム序説』大修館書店.

謝辞

本章の執筆の過程で、大変貴重かつ有益なコメントをくださった今井隆先生、斎藤伸治先生、ならびに複数の匿名の査読者の方々に心より感謝申し上げます。特に、今井隆先生は、筆者が把握していなかった数多くの文献をご紹介くださいました。また、斎藤伸治先生は、執筆の初期段階から多くのご助言をくださいました。あわせて、お忙しいなか本章の草稿に目を通していただき多くのコメントをくださった、菊地朗先生、Dale K. Andrews 先生、坂内昌徳先生、小川芳樹先生、小菅智也先生、行場琢人氏、東北学院大学教養学部言語文化学科のゼミ生諸氏にも厚くお礼申し上げます。なお、言うまでもなく、本章におけるいかなる不備や誤りも、全て筆者一人に帰するものです。

II

生成言語学の関連領域

第**4**章

母語獲得と第二言語習得

奥脇奈津美

　生後間もない子どもは、何をして欲しいのか、何を感じているのか、何をしたいのか、周囲の人に言語的に伝える術をもたない。しかしながら、乳児は、泣いたり、発声したり、手足を動かしたりして、声や身体の動きを通して周りの人に様子を伝えることができる。数か月の間に、そのような反応は言語的な音を伴うようになり、生後 12 か月になる頃までには、多くの子どもが最初の 1 語を発する。その後、語と語を組み合わせて 2 語文、3 語文を作ることができるようになる。そして、幼年期の間に、限られた語彙のなかではあるが、次第に複雑な文を理解し、作ることができるようになっていく。このように、蝶々結びができるようになる前に、自転車にのれるようになる前に、ひとりで買い物に行けるようになる前に、子どもは、抽象性をもつ高度なコミュニケーションシステムを自然に獲得することができるのである。体系的に教えられることはなく、意図的に学習することもなく、比較的短期間に洗練された言語体系を獲得する。何がこれを可能にするのか。その仕組みを探ろうとする分野が母語[1](native language)獲得研究である。

　では、母語を獲得した子どもが、成長してから 2 つ目の言語(第二言語：second language)を習得する場合はどうだろうか。現在では、地球上の多くの人が、2 つ目、3 つ目、4 つ目の言語を習得している。しかしながら、成長してから学ぶ言語の習得は、母語のときと同じようにはいかないことが多い。大人になってから学ぶ外国語の難しさ、長期間学んでもなかなか上達しないもどかしさ、上級のレベルに至っても、発音、統語、語彙、チャンク表

現、理解の速度など、難しい側面がさまざまあることは、多くの人が経験していることであろう。

　これは、言語の学び方や教え方のみに原因があるのではない。移民または出稼ぎ労働者として、自然な環境で日常のコミュニケーションをベースに第二言語を習得する場合においても、教室などで言語教育を受けながら学ぶ場合と同様に、もしくはそれ以上に、習得は易しくないからである。また、母語と第二言語のあいだの言語的距離によって（たとえばオランダ語話者が英語を習得する場合、日本語話者が韓国語を習得する場合など）、それほど習得が困難ではない場合もある。さらに、明示的に言語教授を受けることによって、習得が促進される言語項目もあれば、教えられてもほとんど効果のない項目もある。母語獲得のあとに第二言語を習得する際の、このような複雑な仕組みを探ろうとする分野が第二言語習得研究（Second Language Acquisition Research）である。

　幼年期に子どもの言語獲得を可能にした仕組みは、青年期以降の言語習得の際も働くのだろうか。母語獲得と第二言語習得 [2] には、共通することもあれば相違点もある。もし、子どもの母語獲得を可能にする仕組みが第二言語習得においても利用できるのであれば、子どもと大人の言語習得の違いはどのように説明されるのだろうか。もし、その仕組みが成長とともに消失してしまうものならば、共通点はどのように説明されるのだろうか。

　これまで、適性、個人差、動機付け、心理的および社会的要因など、さまざまな観点から言語獲得の仕組みを説明しようとする試みがなされてきた。本章では、言語の生得的知識と環境からの言語入力の問題に焦点を当て、言語獲得の際の文法体系の形成と、それに関わる言語インプットの役割について論じる。

　まず、母語獲得研究と第二言語習得研究における類似点や相違点を挙げ、その説明として、生得的に備わっているとされる言語能力（the faculty of language, FL）と、環境からの言語入力との問題について、これまでの研究を概観しながら近年の動向を考察する。特に、言語獲得において、言語の生得性（innateness）を重視するアプローチと言語経験による学習を重視する用法基盤アプローチ（usage-based approach）を取り上げ、言語獲得における「刺激

の貧困」(the Poverty of Stimulus, POS)の問題、言語入力やその頻度の影響に関する問題について議論する。そのうえで、生成言語学の枠組みの言語獲得研究で近年よく研究されている「英語冠詞」について、生得的アプローチによる説明の妥当性を示す。そして、最後に、ミニマリスト・プログラムにおける UG(Universal Grammar：普遍文法)と言語獲得研究に言及しながら、今後の研究の方向性について検討する。

1.　言語獲得研究の動向

　言語の生得性を想定する立場では、言語はヒトという種に特別に与えられた能力であると考える。そのため、知性、性格、記憶力などの個人の能力や、兄弟の有無や周囲の人のコミュニケーションスタイルといった社会的環境とは関係なく、子どもは周りで使われる言語を母語として獲得することができる。自然環境において母語となる言語の入力を与えられながら育てば、一定の発達段階および発達順序を経て、最終的に誰もがほぼ等質な言語能力に到達すると考えられている。その際、子どもが受けるそれぞれの言語入力は大きく関係しない。

　母語となる言語の入力は、環境によって大きく異なり得るし、その量は限られ、質は必ずしも良いものであるともいえない。しかし、それをもとに産出される発話は、高度に抽象的で、複雑な知識体系に基づいている。そして、そのような文法体系を獲得することで、無限に多様な文を産出することが可能になる。言語の生得的能力を想定する立場では、このようなことが可能なのは、子どもが生得的に UG をもって生まれてくるからであると考える。一方、言語獲得に生得性を想定しない立場の研究では、言語獲得のきっかけになるのは言語入力それ自体であり、子どもは多様な認知的(非言語的な)能力を駆使して、インプットからの抽象的な規則性を導き出しながら言語の獲得を進めるとする。

　言語獲得において、生得的な言語能力を想定すべきなのだろうか。環境からの言語入力(言語データ、インプット、肯定証拠)の関わりとはどのようなものだろうか。本節では、母語獲得と第二言語習得研究に関する基本的な概

116　II　生成言語学の関連領域

念を確認し、両者の類似点と相違点を挙げる。そして、その類似性や相違性の捉え方から生じる理論的立場の違いについて考えながら、言語の生得性と言語入力の役割に関する近年の議論を概観する。

1.1　母語獲得と第二言語習得における類似点と相違点

　子どもの母語獲得と青年期以降の第二言語習得は、どの程度類似し、どの程度相違しているのだろうか。生成言語学の枠組みの母語獲得研究では、子どもの言語獲得の初期状態（initial state）として UG を想定し、その制約に基づいて言語獲得が規定されると考える。もし、その仕組みが第二言語習得についても働くのであれば、生じうる疑問は、なぜ多くの第二言語学習者が母語話者のもつ言語知識を完全には習得できないのか、ということであろう。

　初期の第二言語習得研究では、母語として言語を獲得する子どもと第二言語として言語を習得する子どもや大人とのあいだに、明らかな類似点があることが指摘された。たとえば、英語を母語として獲得する子どもが動詞の過去形を生成する際に、成人文法では drank（drink の過去形）となるべきものが、現在形の語幹に –ed を付加した drinked という形で現れることがある（Saxton 1995, Ortega 2009）。また、ある種の自動詞（非対格動詞：happen やappear など）が、能動文で使用されるべきところで受動化され、以下のように使用されることがある（Zobl 1989, Balcom 1997, Hirakawa 2001）。

（1）　*This was happened a few weeks ago.

こうした現象は第二言語習得においても観察されるものであり、2 つのタイプの言語獲得には類似する誤りがみられることが注目された。また、母語獲得では、基本的な語順は初期段階から正しく適用されるものの、時制や限定詞など、機能範疇の省略がよく見られることが報告されているが（Ambridge and Lieven 2011, de Villiers and Roeper 2011, Eisenbeiss 2009, Guasti 2002, Lust 2006）、これもまた、さまざまな母語をもつ第二言語学習者に広くみられる現象である（Lardiere 2007）。その他、疑問形や否定形、機能範疇が関わる形態素の獲得順序など、母語獲得と第二言語習得には類似する点がみられ

る。興味深いのは、子どもの文法や第二言語文法から生まれるこのような表現は、周囲の環境（言語入力、インプット）から得られるものではなく、第二言語学習者の母語の影響によるものでもないことである[3]。

　しかしながら、母語獲得と第二言語習得のあいだには明らかな相違もある。Bley-Vroman (1989) による「根本的相違仮説」(Fundamental Difference Hypothesis, FDH) は、子どもの母語獲得と大人の第二言語習得の過程は全く異なるとする仮説である。この仮説によると、子どもの母語獲得は、(1980年代の枠組みである) UG の原理とパラメータに導かれて進む一方、大人の言語習得ではそのような能力はすでに失われ、代わりに認知的学習メカニズムが利用されるという。その結果、母語獲得にみられる「等質性」（どの子どもも似たような母語文法の獲得に至ること）や「不完全性の欠如」（最終的に獲得する文法において、ある言語項目のみ、獲得が不完全になるようなことはないこと）が、第二言語習得にはみられないとする。最近の研究では、DeKeyser (2000) が「根本的相違仮説」を検証し、言語的適性が高くメタ言語能力が高い学習者は、言語に関する生得的能力が失われていても、母語話者レベルの言語知識を習得することができる、と報告している。

　これらの研究は、母語を獲得する子どもが等質性をもった文法の獲得に至るのと異なり、第二言語習得では、すべての学習者が習得に成功するわけではないことを示している[4]。理論的立場は異なっても、第二言語は、最終的な習得段階でもある種の文法は「変異性」(variability：正確性が安定しないこと)を呈し、「等質性」にも欠けるとする研究は多い。このことから、第二言語習得と母語獲得は根本的に異なると考える研究者がいるのもうなずける(Bley-Vroman 1989, 2009, Meisel 1997、他)。

　しかしながら、第二言語文法が最終的に母語話者の文法と同様のものにならないからといって、第二言語習得に母語獲得と同じ仕組みが働かないと考えるのは正しい結論とはいえない (White 2003)。母語獲得で働く生得的知識と同じものが第二言語習得でも利用できたうえで、結果としてたどり着いた第二言語文法が、母語話者の文法とは多少異なる場合がある、とは考えられないか。White (2003) は、第二言語習得において UG の制約が存在することを示すことが、すなわち、第二言語学習者がすべての点において母語話

者と同様の知識をもつことを示すことにはならないとしている。つまり、第二言語文法が母語話者文法と異なっていても、UGに制約を受け、言語という領域に固有の（domain-specific）自然言語の特徴を有していれば、第二言語習得と母語獲得に同様の仕組みを想定することに問題はないという主張である[5]。

　このように、母語獲得と第二言語習得の発達過程では、初期文法や周囲からの言語入力の質や量の違いにかかわらず、独自の言語体系のなかで産出された類似する言語現象がみられる。しかし、第二言語習得には「等質性」が欠如しており、また、「変異性」があるなど、2タイプの言語獲得には相違する点もある。類似性に着目するのか、相違を重視するのか、また、その相違をどのように捉えるのか、理論的立場によって解釈は異なる。

1.2　内的・外的に導かれる言語獲得

　言語獲得において、ある種の内的メカニズムを想定する際に考えなければならない問題は、それが何に由来するものであるのか、ということである。ひとつの説明は、子どもは生得的に備わった言語知識を利用し、その後成長してから2つ目以降の言語を習得しようとする場合にも、同様の知識が有効に働くとするものである。言語獲得における生得的アプローチでは、ヒトには遺伝的に言語を習得する仕組みが備わっているとする（Chomsky 1965, 1975, 1986、等）。少なくとも母語獲得に関しては、このような生得性を前提にすることが多く、言語獲得は内的に導かれて発達する（internally-driven）と考える。

　もう1つの説明は、母語や第二言語が獲得される環境の中には言語の抽象的な特徴を示す言語データが豊富に含まれており、言語獲得の際、その入力分布を分析し、言語に関する規則を一般化しながら獲得を進めていくとするものである。これは用法基盤アプローチとよばれ、言語という領域に固有でない、一般的な（domain-general）学習メカニズムによって言語知識の発達を説明しようとするものである（Tomasello 2000a, 2000b, 2003, 2006、他）。領域固有でない学習メカニズムとは、特別に何かのために仕立てられたのではない一般的な学習プロセスのことである。この立場では、言語能力が他の認

知領域に関する能力と異なるものであるとは考えない。言語獲得には環境からの入力が決定的な役割を果たし、その言語データの統計的分布に基づいて、言語項目をひとつひとつ積み重ねながら学習していくとする。したがって、言語獲得は外的に働きかけられて発達する（externally-driven）と考える[6]。

このように、生得的アプローチでは、子どもは母語を獲得する仕組みを備えて生まれてきて、その結果、高度に抽象的な言語体系を獲得することが可能になると考えるのに対し、用法基盤アプローチでは、生得的な言語知識を仮定しなくても、個々の言語の用例をベースにしてその要素を詳細に検討していけば、すべての言語知識の獲得が可能であると考える。

第二言語習得研究では、1980年代後半から、主に統語の領域において、生得的言語知識を想定して、原理とパラメータの枠組みでの習得研究が活発に行われ、1990年代の終わりからはミニマリスト・プログラム（Minimalist Program, MP: Chomsky 1995、等）を目標にした研究が活発に行われている（Goad and White 2008, Hawkins 2008、他）。一方、2000年前後以降からは、第二言語習得が認知能力と言語入力に基づいて行われると考える創発主義や用法基盤アプローチに基づく研究も増えており、その中でも、インプットの頻度に関する研究は盛んであり、語彙、コロケーション、文法の習得にも、言語入力の頻度が大きく影響するとされる（Ellis 2002, Ellis and O'Donnell 2012、他）。

1.3　最近の動向

言語獲得研究では、近年言語の生得性を疑問視する立場に立つ研究も存在感を増しており（Elman 1999, Ellis 2002, 2003, 2008, Ellis and Larsen-Freeman 2006, O'Grady 2003, 2008, Pullum and Scholz 2002, Robinson and Ellis 2008, Tomasello 2000a, 2000b、他）、言語に関する生得的知識の有無についての論争も行われている（Hawkins 2008, O'Grady 2008, Tomasello et al. 2002, Valian 2014, Valian, Solt, and Stewart 2009, Williams and Kuribara 2008）。この背景には、従来のアプローチに加え、さまざまな心理言語学的手法を利用した研究によって言語の理解や産出のプロセスにより焦点がおかれるようになったこと、コーパス研究が発展して実際に産出される言語が膨大なデータとして示

されるようになったこと、複数の言語理論が提示されてそれぞれの前提から言語獲得を説明しようと試みられるようになったことなど、習得研究へのアプローチが多様化していることがあるだろう。

　誤解してはいけないのは、生得的アプローチと用法基盤アプローチは、言語獲得・言語習得において言語経験の役割が重要であると考える点では一致している点である (Zyzik 2009)。1980 年代の原理とパラメータの枠組みのときから、個別文法のパラメータ値を設定するにあたって言語入力は重要であると考えられてきた。生得的言語知識を想定することが、言語獲得・言語習得における言語入力の役割を縮小することにつながるわけではない。

　生成文法の枠組みでの母語獲得研究でも、言語獲得のためのデータ量や言語学習プロセスのメカニズムが重要であるとするモデルが現れている。Yang (2002) や Legate and Yang (2007) は、原理とパラメータを枠組みとしているが、UG を想定しながらも環境からの言語入力と統計的学習 (statistical learning) の役割を重要視している (5 節を参照)。このような統計的学習については乳児に関する研究も多く、Saffran et al. (1996)[7] 以降、乳児が統計的情報を利用しながら、言語知識を学ぶことを示した実験 (Newport and Aslin 2004, Thompson and Newport 2007) が注目されている。

　ミニマリスト・プログラムでは、言語の成長と発達に 1) 遺伝的要因 (普遍文法)、2) 環境要因 (言語入力)、3) 言語に固有でない自然法則や認知的制約 (第三要因) という、3 つの要因が関与すると想定されている (Chomsky 2005) (ミニマリスト・プログラムに関しては第 3 章を参照)。このうち、統計的学習に関する研究は、第二の要因を明らかにしようとするものであるといえよう。

　第二言語習得研究においても、これまでの「生得的言語知識がどの程度第二言語習得を説明できるのか」という問いから、「第二言語の知識がどの程度 UG に由来し、どの程度がそれ以外のソースに帰するものなのか」という問いへのシフトがみられる (Hawkins 2008: 477)。

1.4　まとめ

　本節では、子どもの母語獲得と青年期以降の第二言語習得における類似点

と相違点を挙げ、生成文法の枠組みの母語獲得研究と第二言語習得研究の基本的な考え方について概観した。そのうえで、言語入力の役割を重視した新しいアプローチを取り上げながら、近年の研究の動向について考察した。

　次節では、言語獲得研究の方法として取り上げた生得的アプローチと用法基盤アプローチのうち、まず、生得的な言語知識を想定した言語獲得について、さらに掘り下げて考える。

2.　言語の生得性を重視する立場

　言語の生得性を想定する立場では、子どもの言語獲得は、生物的にあらかじめ与えられた初期言語（UG）から、周囲で使用される言語入力（言語経験）に基づいて、個別言語へと発達していくと考える。なぜ、子どもは、限られた言語刺激に基づいて、豊かな言語知識を短期間に大きな苦労なく獲得できるのだろうか。Lightfoot（2005: 50）は、「子どもの言語経験が言語知識のある側面を設定する基盤にならないとすれば、その知識を形成するための他の源があるはずである」と述べ、その源が UG であるとした。本節では、言語獲得にみられる生得的知識について考察する。

2.1　言語獲得における「刺激の貧困」

　英語の母語話者は、直観的に（2）は非文法的で（3）は文法的であるとわかるであろう（例文中の * と *t* は筆者が追加した）。

（2）　*Which professor* did John read the book about violent videogames *t* had
　　　 written?

（3）　*Which professor* did John think *t* had written the book about violent vid-
　　　 eogames?

（Lardiere 2012: 106）

（3）のような言語証拠が存在するとして、子どもは wh 疑問詞を文頭に移動するという方法を（2）にまで一般化することはない。なぜ英語を獲得する子

どもは(2)のような文が非文であるとわかるようになるのか。

　母語を獲得する子どもは、限られた少ない言語入力しか受けていないのに、数量的にそれをはるかに上回る、無数の文、文構造を理解し、解釈し、判断し、産出することができるようになる。なぜ、このようなことが可能なのだろうか。生成文法の枠組みの言語獲得研究では、これを「刺激の貧困」、または、「言語獲得の論理的問題」(the logical problem of language acquisition)とよんでいる (Berwick, Pietroski, Yankama, and Chomsky 2011, Clark and Lappin 2011, Pinker 1989)。子どもが獲得しなければならない言語は、「言語的制約に関する生得的知識の欠如のなかで獲得するには、あまりにも抽象的で、微妙で、複雑」(White 2003: 20)であり、これが言語の生得性を支持する立場の論拠とされる学習可能性(learnability)の問題である。

　「刺激の貧困」が起こる状況として考えられるのは、言語入力の欠如、つまり、獲得される文法項目について、周囲の環境から与えられる言語証拠が不十分な場合である。ここでは、これまで広く取り上げられてきた構造依存性をみながら考える。

　英語の yes/no 疑問文は、助動詞を文頭に移動する規則で作られる。しかし、関係節を含む文である場合、状況は複雑になる。

（4）　This baby is called Saskia.

（5）　Is this baby called Saskia?

（6）　The baby who is named after a cat is growing whiskers.

（7）　Is the baby who is named after a cat growing whiskers?

（8）　*Is the baby who named after a cat is growing whiskers?

(Saxton 2010: 199–200)

(7)のような文は、「倒置される項目は主節の述語である」とする構造に依存した規則によって導かれる(Chomsky 1971)。大事なのは、(5)のような言語入力は、(7)か(8)のどちらの文が正しいのか、ということに関する情報を与えていないことである。つまり、(7)が正しく(8)が非文になるための規則についての情報を子どもが得るには、言語入力だけでは足りないということで

ある (Legate and Yang 2002)。

このような構造依存性に関する知識については、文法性に関する直感的判断だけではなく、産出面からも支持されている。Crain and Nakayama (1987) は、主語と助動詞の倒置規則をすでに獲得している3歳から5歳の子ども30名を対象に、(6)のような文を聞いて(7)のような複雑な疑問文を作るように求める実験を行った。その結果、多くの子どもが(7)のような疑問文を産出することができた。注目すべきことは、(8)のような間違い、つまり、文に現れる最初の助動詞を文頭に移動させるというような、構造に依存しない規則を使って産出されると考えられる間違いは、1つも生じなかったことである。なぜ、子どもは(8)のような文が非文であるとわかるようになり、産出することもないのか。これが言語獲得における「刺激の貧困」の問題である。

2.2 肯定証拠と否定証拠

子どもは周囲からの言語入力に基づいて言語規則を形成していくと考えられる。しかし、発達途中にある子どもの文法は、一時的に、成人文法とは異なる発話を生み出すことがある。

まず、言語入力を一般化していく際、必要以上の制限がかかり、成人文法によって許容されるものが含まれないケースが考えられる。たとえば、日本語は、イタリア語やスペイン語と同様、ある一定の条件の下では主語を音声的に表出しなくてもよい言語である。子どもは、顕在的主語（音形を伴う主語）を含む入力をはじめに聞いた場合、日本語の主語は顕在的に表さねばならないという間違った一般化をするかもしれない。ただ、この場合には、音形のない主語（空主語）を含む入力を受ければ、日本語が空主語を許す言語であるという肯定証拠（特定の形式が文法的であるということを示す情報）を与えられることになる。

別のケースとしては、一般化の制限が緩く、ある言語項目が、成人文法の全体集合をなしてしまい、成人文法では非文法的な項目を幼児文法では許容してしまう場合である。このとき、肯定証拠だけでは間違った一般化を修正するのには不十分である。このような場合、それが非文法的であるというこ

とを示す否定証拠(特定の形式が非文法的であるということを示す情報)が必要となる。

Pinker(2007)は、英語の場所格交替(locative alternation)が、(9)のような、ある特定の動詞群にのみ適用されることを挙げ、否定証拠が存在しないのにも関わらず、なぜ子どもは間違って(10a)や(11b)のような一般化をしないのか、という問題があると指摘している。

(9)a. She loaded the wagon with hay.

　　 b. She loaded hay onto the wagon.

(10)a.*She poured the glass with water.

　　 b. She poured water into the glass.

(11)a. She covered the bed with an afghan.

　　 b.*She covered an afghan onto the bed.

言語発達の過程において、否定証拠は体系的に示されるという保証はない。たとえ周囲の人から否定証拠を明示的に示されても(「そういう言い方は間違っているよ。こういう風に言いなさい。」など)、それによって、幼児文法が修正されるということはあまりない(Marcus 1993)。それにも関わらず、最終的には証拠が不十分な場合にも、子どもは成人文法にたどり着くことができるのである。

2.3　成人文法と幼児文法が異なることへの説明

生得的アプローチでは、子どもには自然言語の句や節の構造を特定するためのテンプレートが生得的に与えられているとする(Radford 1996: 43)。しかし、前節でみたように、一時的なものではあるが、子どもが産出する発話は成人文法には合わない段階を経る。その説明として1990年代からいくつかのモデルが提案された(Hyams 1996, Radford 1996, Wexler 1998)。これらのモデルは、初期文法では選択肢の可能性がまだ特定されていないために、幼児文法が成人文法とは必ずしも一致しないオプションを選択することが可能であると説明する。

たとえば、成人文法の定形節では時制や一致の屈折を伴う定動詞形を使う
が、子どもは同じような文脈において、定動詞形を使わずに不定動詞形を使
うことがある（Wexler 1994, 1998, Radford 1990、他）。

（12）　He *walk（walks）across the street.

子どもは、（12）のように、屈折を伴わない不定動詞形を使用することがしば
しばある一方で、定動詞形を使用したときには主語と動詞のあいだの人称
（person）や数（number）が正しく一致していることが多い（例：He are ではな
く He is）。さらに、成人文法では、（13）のように、文の主語は主格として
（13a）、目的語は目的格 として（13b）、所有を表す場合は所有格として
（13c）、代名詞の形を変化させて標示される。

（13）a. *He* kicks the ball.
　　　b. I kicked the ball to *him*.
　　　c. The ball is *his*.

しかし、2歳くらいまでの子どもの場合、（14）のように、代名詞の格標示を
間違えて、文の主語の位置に主格でない代名詞を使用することがある（Schü-
tze and Wexler 1996）。

（14）　*Him* kick the ball.

興味深いのは、定動詞形として使用されるときには、Him does it と、格標
示を間違えるようなエラーはあまり起こらないことである。
　この現象の説明として、Schütze and Wexler（1996）は、幼児文法には任意
的不定詞段階（Optional Infinitive（OI）stage）とよばれる発達段階があるから
であるとした。この段階では、時制素性や一致素性が未指定で、定形節でそ
れらが義務的に標示されるという知識がまだ獲得されていないと考えた。こ
れを「一致・時制省略モデル」（Agreement/Tense Omission Model）とよぶ。

このモデルを仮定することで、子どものエラーに関して明確な予測をたてられる。幼児文法では、機能範疇であるTがもつ素性（Agreement/Tense）が未指定であるため、成人文法で定動詞形が現れる文脈において、子どもは定動詞形と不定動詞形を交換可能な形で使用することがあり（例：He hide と He hides）、格標示に関して、主格の代わりに非主格の代名詞が現れることがある（例：Him hide）と説明する。

このように、幼児文法が産出する発話が、たとえ成人文法では許容されないものであっても、UG が可能とする選択から逸脱しているのではなく、可能なオプションの範囲内で起こっている（素性が未指定な場合に起こりうる発話）と考えることができる。そして、このような、UG の範囲内で規定される特性は、周囲の言語入力から得たものではなく、生得的な知識であると考えられる。

2.4　まとめ

本節では、子どもが獲得する言語知識には、周囲のインプットからだけでは得られないものが含まれることをみた。これにより、生得的な言語知識が機能すると想定しなければ説明できない獲得の事実があることを示した。そして、大人とは異なる子ども独特の発話が、UG の制約の範囲内で説明できるものであるとした。次節では、環境の役割を重視する言語獲得研究について検討する。

3.　言語入力の役割を重視する立場

前節では、子どもが得られる言語入力は不完全であるが、母語獲得は生得的な言語知識を利用することができ、それは入力の不足を補ってもなお余りあると考える立場について考察した。これに対し、子どもが得られる言語入力はそもそも不完全ではなく、実際には子どもは豊かなインプットを受けているという主張がある。言語の生得性を重視する立場でも、個別文法のパラメータ値を設定するにあたって言語入力は重要であると考えるが、2つの主張はヒトの言語能力の生得性に関して根本的に対立した立場をとっている。

本節では、言語獲得における言語入力の役割を最重視する立場について考察する。

3.1 用法基盤アプローチ

　用法基盤アプローチからの言語獲得研究では、環境からの言語入力の役割が絶対的であると考える。そのため、自然言語の入力自体を科学的研究の対象とし、統計的に学習された規則性が、統語の発達のための重要な鍵になる（Mintz 2003, Redington, Charter, and Finch 1998）。子どもの言語獲得には、移動に関する規則のようなものはなく、分布分析や類推などの複雑な学習能力が関わるとされる（Reali, Christiansen, and Monaghan 2003）。1.3 節でも触れたように、乳児の頃からこのような統計的学習をしているという研究もある（Saffran 2003, Saffran et al. 1996）。各言語には固有の構造が多く、それらは普遍的な特性や生得的な原理によっては説明されないため、子どもは周囲の人が使う言語に基づいて、項目別に（たとえばある 1 つの動詞について）構文のパターンを学習しながら、それぞれの動詞に固有の規則をもつようになると考える。このように、用法基盤理論をベースとする立場では、「刺激の貧困」の問題は存在せず、生得的に与えられた言語の知識を想定する必要はない。言語獲得のきっかけになるのは言語入力それ自体であり、子どもは多様な認知的（非言語的な）能力を駆使して、インプットからの抽象的な規則性を導き出せると想定する。生得的アプローチが、子どもへの言語入力がそもそも不完全であると考えるのに対し、用法基盤アプローチでは、むしろ、言語獲得の過程で子どもが受ける言語入力が豊富であると考える（Reali and Christiansen 2005, Sampson 2002）。

3.2 言語入力の質と量に関する議論

　Croker, Pine, and Gobet（2000）は、2.3 節でも触れた任意的不定詞段階に関するモデルによって予測される子どもの初期言語が、言語入力の統計的特徴によっても説明されうると主張する。つまり、子どもが使用する統語的パターーンは、環境からの入力分布によって説明され、子どもによる誤用は、周囲の言語環境でのその形式の使われ方に影響されると考える。

たとえば、任意的不定詞段階に関するモデルが予測する子どもの発話は、子どもに向けられた発話 (child-directed speech, CDS) にも見られるという。例として、Welxler (1994) が、義務的文脈 (その項目が使用されるべき文脈のこと) で過去時制が過去形として表示されていないと分析する She going のような発話は、CDS にも where is she going? や Is she going to the shops? のような形式の中で使用されることを挙げている。同様に、不定詞形の格標示の誤用と分析される him go のような発話は、CDS でも Look at him go のような形式で使用されているという。一方、任意的不定詞段階の考え方では予測されない She am のような一致のエラーや him does のような時制形式における格標示のエラーは、実際、CDS にも見られないと報告している。

Lewis and Elman (2001) は、「刺激の貧困」の問題の証拠として挙げられる、Is the boy who was playing with you still there? のような言語構造をもつ文を、子どもが周囲のインプットから聞くことがない、というのは考え難いと主張する。Pullum and Scholz (2002) では、書きことばのコーパス (自然言語の文章を大規模に集積したデータベース) のなかに、上記と同じような構造をもつ文があるかどうか分析した。その結果、コーパスの中に、子どもへの言語入力には存在しないとされる助動詞倒置を含む疑問文が存在した (500 の疑問文中に少なくとも 5 例)。さらに、CHILDES データベース (MacWhinney 2000) (国際的な子どもの言語獲得研究を目的として開発された発話データのフォーマット) から 2 つのコーパスを分析したところ、子ども向けのテレビ番組のスクリプトのなかに 2 例の wh 疑問文が、2 歳〜3 歳前後の CDS のなかに 3 例の用例が、それぞれ存在した。このように、「刺激の貧困」の問題の根拠とされる言語証拠の欠如が、コーパスでは実際に発見されたと主張するが、その用例数自体は著しく少ない。子どもがその証拠を基にして獲得をすると主張するには、あまりに不十分であろう。

Reali and Christiansen (2005) は、複雑な構造文それ自体が言語証拠として存在することが、言語獲得に必ずしも必要なものではないとし、代わりの言語情報がその知識の獲得のための証拠を提示しうると考える。例えば、上記の複雑な yes/no 疑問文の獲得のためには、その構造自体が言語入力に存在しなくても、他の入力のなかの語順の可能性を統計的に学習すればよいと主

張する。つまり、複雑な文それ自体の言語証拠は獲得を引き起こすほど十分な量があるとはいえないが（Pullum and Scholz 2002）、他の間接的な証拠（例：語順）があれば、適切な規則を形成するための手がかりが得られるのではないか、と考えた。

　これを検証するため、Reali and Christiansen（2005）では、CDS コーパスから 2 語と 3 語からなるチャンクを引き出して、統計モデルにそのチャンクを構成する語を 1 語か 2 語ずつ提示し、次の語を予測するべく訓練した。コーパスから、35505 語のトークンと 1856 語のタイプからなる 10705 文について、語順の可能性について学習させた。その後、それぞれ 100 文の文法的疑問文（例：Is the man who is hungry ordering dinner?）と非文法的疑問文（例：*Is the man who hungry is ordering dinner?）について、その文法性をテストした。重要なことは、学習したコーパスのデータには、対象となるどちらの疑問文（文法的・非文法的）も含まれていなかった点である。その結果、統計モデルは、文法的な 100 の疑問文のうち 96 文を文法的であると判断した。このことから、統計モデルが、CDS コーパスのなかの間接的な統計情報（2 語と 3 語からなる語のつながり）に基づいて、複雑文の文法性を判断する材料を集めることができたと主張した。つまり、助動詞倒置を正しく行うために必要な情報がコーパスのなかに間接的に含まれていたということである。

　以上のように、Reali and Christiansen（2005）は、言語入力のなかに対象とする言語構造それ自体の入力はなくても、他の言語情報が、その構造を予測するのに十分な証拠となりうると主張する。彼らの議論が正しいとすると、母語獲得には「刺激の貧困」は存在せず、子どもは、周囲の豊富な言語入力に基づいて、さまざまな学習メカニズムを駆使しながら言語を獲得できるということになる。

3.3　生得要因と環境要因

　1.3 節でも触れたが、誤解を受けやすいのは、生得的アプローチでは、環境からの言語入力が不必要だとしているのではないということである。原理とパラメータのアプローチが想定しているのは、UG と言語経験が相互に作

用しながら個別文法が形成されるということであった。生得的アプローチも
用法基盤アプローチも、周囲からの言語入力が言語獲得において重要な役割
を果たしていると考えることに相違はない。生得的な要因（生物学的に与え
られたもの）と環境要因（言語入力を含めた経験）のどちらが、どの程度、よ
り重要であるかという点において、立場を異にするのである。生得的アプロ
ーチは、言語入力は言語発達に必要であるがそれだけでは説明できない獲得
の事実があるとする一方、用法基盤アプローチでは、言語入力が言語獲得の
決定的要因であると考える。

　同様のことは、生得性に関してもいえるだろう。言語の生得性を支持しな
い立場の研究でも、脳構造に（言語に特化していない）生得的要素があると考
えることに異論はない（O'Grady 2008）。しかし、何が生得的であるのか、
という問いについては意見を異にするのである。

3.4　まとめ

　本節では、言語獲得において周囲からの言語入力が決定的な役割を果たす
という用法基盤アプローチの主張をみた。言語獲得に「刺激の貧困」の問題
は存在せず、学習メカニズムと豊富な言語入力に基づいて、子どもは母語を
獲得するという主張であった。しかし、生得的な言語知識を想定せずに、環
境から得られる言語入力のみによって言語獲得が可能であることを証明する
ためには、これまで生得的アプローチによる言語獲得研究が蓄積してきた広
範囲な言語項目を検証しながら、実証的に示していく必要があろう。

　次節では、生得的アプローチによる冠詞の獲得に関する研究をみる。母語
獲得と第二言語習得の発達文法によって産出される言語が、生得的な言語知
識を想定することでしか説明できないことを示す。

4.　英語冠詞の獲得

　冠詞の使用には言語知識と言語外知識の両方が関わる。形態統語、意味、
語用の各領域とも関係し、母語獲得のみならず、第二言語習得においても、
近年多くの研究がなされている（Ionin, Zubizarreta and Maldonado 2008,

Lardiere 2004, Robertson 2000, Schafer and de Villiers 2000, Schaeffer and Matthewson 2005, Snape 2006, Zdorenko and Paradis 2008）。母語獲得においては、比較的早い時期からの冠詞の使用が報告されているが（Brown 1973, Valian, Solt, and Stewart 2009）、少なくとも 4 歳まで（Schaeffer and Matthewson 2005）、もしくはそれ以降まで、エラーは続くようである（Ionin, Zubizarreta, and Philippov 2009）。第二言語学習者にとっても冠詞の正確な使用は難しく、習得の最終段階でも母語話者のもつような知識には到達できないことが示唆されている（Lardiere 2004, Snape 2006）。冠詞使用の難しさは、DP 構造と形態統語素性に関する知識、また、それを適切に音韻形式にのせるということに加え、定冠詞と不定冠詞が特定する意味を知り、それが使われるべき文脈的意味と併せて使用することが求められることにある（Zdorenko and Paradis 2011）。

4.1　英語の冠詞

　冠詞に関する言語的な意味概念として、「定性」（definiteness）と「特定性」（specificity）があるが（Lynos 1999）、Ionin, Ko, and Wexler（2004）は、Heim（1988）に基づいて以下のように定義した。

(15)　［限定詞(D) 名詞句(NP)］から成る限定詞句(DP)が、
　　a.　［＋定性］ならば、**話し手と聞き手**は、名詞句が意味するある特定の事物の存在を仮定する。
　　b.　［＋特定性］ならば、**話し手**は、名詞句が意味するある特定の事物に言及しており、その事物には価値ある特性があると考える。

「定性」とは、話し手と聞き手がともに名詞句が指す対象の存在を念頭においているかどうかということに関わり、「特定性」は、話し手の念頭に名詞句が指す対象があるかどうかということに関与する。つまり、「定性」は話し手と聞き手の両者が、「特定性」は話し手のみが、話題とされる名詞句について知っているということである。

　英語の冠詞は定性を標示（素性を音声化すること）し、［＋定性］の文脈で

は定冠詞が使用され、［−定性］の文脈では不定冠詞が使用される。しかし、特定性は標示しないので[8]、定・不定冠詞は、(13)と(14)のようにそれぞれ特定・非特定の両場面で使用される（Lynos 1999: 167）。

(16) 定冠詞

(a) 特定

Joan wants to present the prize to the winner – but he doesn't want to receive it from her.

（＝ある特定の勝者）

(b) 非特定

Joan wants to present the prize to the winner – so she'll have to wait around till the race.

（＝これから行われるレースの勝者）

(17) 不定冠詞

(a) 特定

Peter intends to marry a merchant banker – even though he doesn't get on with her at all.

（＝ある特定のマーチャントバンカー）

(b) 非特定

Peter intends to marry a merchant banker – even though he hasn't met one yet.

（＝マーチャントバンカーなら誰でも）

「定性」と「特定性」は、冠詞選択を支える意味的普遍特性（semantic universal）であり（Ionin et al. 2008）、言語によって、それらをどのように標示するか異なる。このような冠詞に関する意味概念をもとに、冠詞を素性の組み合わせとしてみることで、母語獲得と第二言語習得における冠詞の獲得が同じように分析できるようになる。

4.2　母語獲得

　これまでの母語獲得研究でも、冠詞の獲得は広く研究されてきたが、2000年前後から、再び注目があつまっている。従来から、冠詞をもつ言語を獲得する子どもは、成人文法で冠詞を使用すべきところで省略してしまい、裸名詞 (bare nouns) を産出する段階があるということは広く認知されてきた。初期の研究では、英語を母語とする子どもは、比較的早い時期に冠詞を使い始めるものの (Brown 1973, de Villiers and de Villiers 1973)、少なくとも4歳までは誤用があることがわかっていた。Brown (1973) では、2歳8か月から3歳5か月の間、90%の義務的文脈で冠詞が使用されるが、定冠詞が［−定性］の文脈で間違って使用されることも報告されていた。その後の研究でも、［−定性］の文脈で定冠詞が使用されることがあったが、その反対、つまり、［＋定性］の文脈で不定冠詞が使われる頻度はかなり低いことがわかった (Hickmann and Hendriks 1999, Schafer and de Villers 2000)。

　上記の例は誤用に分類されるが、冠詞自体が省略されてしまうエラーも多い。最近の研究では、冠詞を省略して裸名詞を使用する程度とその期間が、獲得対象となる母語によって異なることがわかっている。ゲルマン系の言語（ドイツ語、オランダ語、英語など）を母語とする子どもは、ロマンス語系（イタリア語、フランス語など）を母語とする子どもより、冠詞を遅く使い始め、より多く省略する (Guasti and Gavarró 2003, Guasti, de Lange, Gavarró, and Caprin 2004, Guasti, Gavarró, de Lange and Caprin 2008)。

　Guasti et al. (2004) と Guasti et al. (2008) では、ゲルマン系の言語を獲得する子どもに比べ、ロマンス系の言語を獲得する子どものほうが、冠詞省略の期間が短いことを示した。Guasti et al. (2004) は、CHILDES データベース (MacWhinney and Snow 1985) を使用し、9人の子ども（カタルーニャ語3人、イタリア語3人、オランダ語3人）の冠詞産出を分析した。カタルーニャ語とイタリア語はロマンス系、オランダ語はゲルマン系に分類される。言語発達の指標には産出語彙の数を採用し、それに基づいて3つの発達段階に分けた（0〜100語、101〜200語、201語以上）。表1は、その3段階における冠詞省略の程度について、各言語の平均を示したものである。

表1　冠詞省略の平均（Guasti et al. 2004: 202）

	第1段階 1〜100語	第2段階 101〜200語	第3段階 200語以上
カタルーニャ語話者	45%	0.6%	1%
イタリア語話者	52%	17%	
オランダ語話者	88%	54%	23%

　第1段階では、オランダ語の子どもが、カタルーニャ語やイタリア語の子どもよりも多く冠詞を省略しているが、統計的には言語間に相違はみられなかった。第2段階では、カタルーニャ語とイタリア語の子どもが、それぞれオランダ語の子どもよりも有意に冠詞の省略が少なかった。そして、オランダ語を獲得する子どもだけに、第3段階に至っても、まだ一定数の冠詞の省略がみられたものの、カタルーニャ語の子どもには、冠詞の省略はほとんどみられなくなっていた。第2段階までの間に、ロマンス系の言語を獲得する子どもの冠詞省略は20%以下になり、成人文法に次第に近づいていっているのに対し、ゲルマン系であるオランダ語を獲得する子どもには50%以上の省略がみられ、まだ発達段階の途中であることを示している。このことから、同じように冠詞をもつ言語のあいだにも、その発達には明確な違いがあることが明らかになった。ただ、このような言語間の相違はあるものの、母語獲得の子どもの冠詞省略は2歳6か月ころまでには10%以下にまで減少するということも分かっており、定冠詞を［−定性］の文脈で使用してしまうようなエラーに比べると、冠詞省略は早い時期のみにみられる現象である。

4.3　第二言語習得

4.3.1　第二言語知識のソース

　第二言語習得が母語獲得と異なるのは、出発点として、すでに獲得された母語の存在があることである。母語の知識も含めて、第二言語知識のソースとして、少なくとも以下の3つが考えられる（Ionin, Zubizarreta, and Maldonado 2008）。

1. 第二言語入力（自然の習得環境から得られるもの、言語教授のなかで得られるもの）
2. 第一言語知識
3. 第一言語転移や第二言語入力には帰化できない生得的言語知識

第二言語の入力が第二言語知識の1つのソースになるのは疑いのないことである。言語経験を抜きにしての言語習得は考えにくいからである。第2のソースとしての母語の知識については、第二言語習得研究の初期に考えられていたような、取り除かなければいけない「干渉」(interference) としてではなく、第二言語文法を構築していくベースとしての必要な知識として、多くの研究者がその関与を認めている (Schwartz and Sprouse 1996、他)。議論の中心となってきたのは、第3のソース、生得的言語知識があるかどうかということである。

4.3.2 生得的知識を示す証拠

Hawkins (2008) は、習得された第二言語知識を説明するときに、生得的な言語知識を前提とする必要性を主張するためには、以下のようなタイプの証拠を示す必要があるとする。

1. 言語領域固有の文法的制約を示すこと
2. 第二言語文法にみられる特異性が一定の範囲内であること
3. 肯定証拠（言語入力）とは必ずしも合わない文法を習得すること

1つ目の証拠の例として、代名詞主語の解釈を決定する「顕在的代名詞の制約」(Overt Pronoun Constraint, OPC) [9] や、who や what などの「wh 句の文頭への移動に関わる制約」など、第二言語知識に UG が関与する制約がみられることが挙げられる。これらの制約は、学習者が周囲から得られる言語入力をもとに習得できるとは考えにくく（白畑・若林・村野井 2010）、これらの制約を第二言語学習者が知っているとすれば、その由来は生得的な言語知識であると考えられよう。

2つ目の証拠として、第二言語文法に見られる誤用が無分別に起こるのではなく、ある一定の範囲内（UG が可能とする範囲内）で起こると示すものである。たとえば、第二言語としての英語の冠詞使用が、第一言語とも異なり、母語話者の使用とも異なるものの、「定性」と「特定性」という概念により説明できる範囲の誤用に限られるような場合である。これは、発達途中の第二言語文法が、母語話者の文法と同様でなくても、その逸脱は無限の幅でおこるものではなく、UG が可能とするオプションの幅のなかで起こることを示すといえよう。

3つ目のタイプの証拠は、いくら肯定証拠が豊富にあっても、第二言語文法が、必ずしもそれに合うものにならないことである。特に、第一言語にその言語特徴が存在しない場合、豊富な第二言語入力を得ても、第二言語でその言語特性を習得できず、第一言語の影響が現れ続ける場合がある（例：中国語話者による英語の時制を示す形態素習得）。それは、その第一言語の特性自体が UG の範囲内のものであり、肯定証拠の存在にも関わらずその影響が現れ続けるというのは、生得的な言語知識の作用によるものであると考える。このように、第二言語習得研究では、上記のような証拠を提示することで、第二言語における生得的言語知識の存在を示す議論がなされてきた。

4.3.3 冠詞習得に関する最近の研究

冠詞をもたない言語を母語とする学習者が、冠詞をもつ言語を習得する場合、その使用には可変性（optionality）がみられる。これには、母語獲得の場合と同様、省略と不適切使用という2つの場合が考えられる（Hawkins et al. 2006, Robertson 2000, Snape 2006）。

Ionin et al. (2004) は、冠詞選択パラメータ（the Article Choice Parameter）（例：英語やスペイン語は冠詞に「定性」を標示し、サモア語に「特定性」を標示する言語であること）と不安定仮説（the Fluctuation Hypothesis）を提案し、冠詞をもたない言語を母語とする第二言語学習者の冠詞使用に見られる可変性を説明しようとした。この提案に関する一連の研究は（Ionin 2006, Ionin, Ko, and Wexler 2003, 2004, 2007, Ionin, Zubizarreta, and Maldonado 2008）、第二言語学習者のエラーは無秩序に起こるのではなく、「定性」と

「特定性」という意味的普遍特性に関して、予測可能な範囲内でのみ起こると主張している。UG によって与えられた素性から正しいものを選ぶことができないことにエラーが起因するという考えである。

　Ionin et al.(2004)は、ロシア語話者と韓国語話者の英語冠詞の習得を調査した。ロシア語と韓国語には冠詞がないため、冠詞習得においては第一言語の助けは受けられない。学習者は、名詞句の冠詞が穴埋めとなっている短い英語の文章を読み、その部分にあう冠詞を、the、a、φから選ぶように指示された(40 問)。その結果、ロシア語話者も韓国語話者も、冠詞を不適切に選択することがあるものの、それは無秩序ではなく、誤用は 2 種類に分類できた。1 つ目は、定冠詞を［－定性、＋特定性］として過剰使用する例、2 つ目は不定冠詞を［＋定性、－特定性］として過剰使用する例である。表 2 (網掛けは不適切使用を示す)が示すように、ロシア語話者は［＋定性、－特定性］の場面の 33％で不定冠詞を選び、［－定性、＋特定性］である場面の定冠詞の過剰使用はさらに高く 36％であった。韓国語話者は、同様の場面での過剰使用が 14％と 22％であった。注目すべきなのは、［＋定性、＋特定性］の場面において不定冠詞を使用する誤りはほとんどなく(8％と 4％)、［－定性、－特定性］の場面で定冠詞を使用する誤りも少ないことである(7％と 4％)。この結果から、UG が冠詞に関して提示する 2 つの意味的普遍特性である「定性」と「特定性」について、英語では「定性」が関連するが、発達途中の第二言語文法では「特定性」を基にして冠詞使用をすることがあるという結論を導き出した。つまり、母語話者文法では、［±特定性］に関係なく［＋定性］な場面では定冠詞を使うのに対し、第二言語文法では、表 3 が示すように「定性」と「特定性」の素性が合致しない場面でのみ(［＋定性、－特定性］と［－定性、＋特定性］)、不適切使用をしやすく、それには「±特定性」が関連しているということである。

138　II　生成言語学の関連領域

表2　冠詞の選択（Ionin et al. 2004: 30 に基づく）

ロシア語話者	+定性	−定性
	the *a*	*the* *a*
+特定性	79% 8%	36% 54%
−特定性	57% 33%	7% 84%

韓国語話者	+定性	−定性
	the *a*	*the* *a*
+特定性	88% 4%	22% 77%
−特定性	80% 14%	4% 93%

表3　冠詞の不適切使用が多かった場面

	+定性	−定性
+特定性		✓
−特定性	✓	

　さらに、Ionin et al.（2008）では、母語の冠詞の有無が第二言語の使用に影響を及ぼすかどうかを調べるため、同様の調査をロシア語話者とスペイン語話者に対して行った。その結果、統制群の英語母語話者はほぼすべての場面で冠詞を適正に使用したのに対し、ロシア語話者は［＋定性、−特定性］の場面の14%で不定冠詞を選び、［−定性、＋特定性］の場面の23%で定冠詞を選択した。これは、Ionin et al.（2004）で示された誤用の割合より低いものの、パターンは一致している。一方、母語に冠詞をもつスペイン語話者は、同様の場面での誤用が0.8%と1.7%とかなり低かった。さらに、第二言語の習熟度レベルによる影響をみたところ、スペイン語話者が、習熟度が上がるにつれて［±定性］の場面で定・不定冠詞を適切に使用するようになるが、ロシア語話者の適正使用率に習熟度の影響はみられなかった。

　このように、スペイン語話者は、英語母語話者と同様に英語の定・不定冠詞の使用が正確だったことから、母語の冠詞に関する知識が第二言語習得においても有効に働き、英語の定・不定冠詞の使用が［±定性］に基づいて決定されるという言語知識をもつと解釈できる。一方、ロシア語話者は、英語の定・不定冠詞の基準に関する知識が「定性」と「特定性」のあいだで揺れ

てしまっていた。しかし、大事なことは、その基準が自然言語で許されるものであり、UG によって提示されるオプションの範囲内のものであるということである。それが、結果として、第二言語には合わないものであったということである。

Hawkins (2008) が指摘するように、このような結果を受けて、言語の生得性を否定する立場が説明しなければならないのは、冠詞をもたない言語を母語とする第二言語学習者が、第二言語の冠詞使用に関して、「定性」とともに、なぜ「特定性」という基準に基づくのか、ということである。英語の冠詞が「定性」を標示することは入力から判断できるが、標示されない「特定性」を基準とするのはなぜだろうか。共起する名詞のタイプや冠詞の文中の位置など、冠詞使用に際して他にも基準になりそうな特性はある。しかしながら、学習者は、このような学習メカニズムによって学ぶことのできる特性ではなく、自然言語で許される冠詞選択のパターンに関与する特性に基づいた冠詞使用をするのである。Ionin et al. (2008) が述べるように、第二言語学習者の冠詞選択のパターンは、言語入力の統計的学習のみからでは説明できるものではないといえよう。それを説明するためには、学習者が、自然言語で可能とされる特性に関する知識をもつと考えなければ難しいのである。

4.4　まとめ

本節では、冠詞を意味的普遍特性から捉えることで、言語に可能である特性に関する知識に注目した。そして、子どもや第二言語学習者の冠詞使用が、そのような知識によらなければうまく説明できないことをみた。次節では、UG が、ミニマリスト・プログラムではどのように捉えられているか、それに言語獲得研究ではどのように対応していくべきか、その方向性について考察する。

5.　ミニマリスト・プログラムと言語獲得研究

1.3 節でも触れた Yang (2002, 2004) の「変異モデル」(Variational Model) は、1980 年代の原理とパラメータの枠組みを利用したものであるが、言語

入力のパラメータに関する証拠とその頻度に基づいて学習メカニズムが機能し、母語獲得が可能になると想定する。「頻度に基づく」とは、言語入力のなかで、より豊富な言語証拠があるものの方が、少ないものよりも早い時期に獲得されるということである。ヤンは、子どもの脳内に UG の豊かな選択肢があると想定し、母語文法に収束させていく際にそれらを淘汰する過程において、統計的学習が必要性であるという考えを新しく導入した。この提案は、UG を想定しながら、言語入力の頻度も最大限に重視するものであり、生得性と環境の両方をあわせて言語獲得を捉えようという点で、興味深いモデルである。

　しかし、最近のミニマリスト・プログラムでは、それ以前には言語固有であるとされていた特性のほぼすべてを、UG には属さない（言語に固有ではない）第三要因から導くことが期待されている（藤田 2014）。言語機能とその他の認知機能との関係を考慮することで、UG の複雑さを最小化する試みがなされている。これは、言語進化の説明にも必要なことである。なぜなら、言語の固有性が多く、UG の果たす役割が大きいほど、その進化の説明がより難しくなるからである（Chomsky 2005）。ヤンのモデルでは、パラメータは母語獲得に必須であって、獲得の最初から利用できるとするので、子どもの脳内に複数の異なる文法が共存し、競合することを想定する必要が生じる。しかし、この考え方は、ミニマリスト・プログラムの指針と合致しない。藤田（2013）は、ヤンのモデルについて、「UG の簡素化が促進されているといえばそうでなく、むしろ必要とされる生得的言語知識は増大してしまっている点が、この変異モデルの大きな問題となる」（2013: 103）と指摘している[10]。言語獲得のために豊かな UG を想定する必要があるヤンらのモデルは、ミニマリスト・プログラムが目指す UG の最小化と親和性がないということである[11]。

　この UG 観の違いは、1980 年代の原理とパラメータのモデルから、ミニマリスト・プログラムへの変更によるものである[12]。「言語獲得を説明するためには、どれだけを UG に帰さなければならないか」という問いに答えるためのトップダウンアプローチと、ミニマリスト・プログラムが目指すボトムアップアプローチ[13]（Chomsky 2007: 4）との問題設定の違いであるとも

いえる。郷路（2013: 46）は、言語獲得研究としてはこれまで通りトップダウン式の問いを検証し続けていくことが必要性であるとし、「UG が言語獲得で果たす役割を縮小できる見込みがあるのであれば、トップダウンのアプローチが『極小の UG』に近づいていく可能性が生まれる」として、最終的には両者の収束が見込まれることを示唆している。

　このように、それ以前では、複雑で豊かなものとされた生得的言語知識が、ミニマリスト・プログラム以降の言語習得研究では、縮小化された UG でもって言語獲得の「説明的妥当性」を満たしていかねばならなくなっている。UG やパラメータに関する理論が変化し、これまでの研究を再考するべき必要性も生じるが、ミニマリスト・プログラムの導入によって、素性、インターフェイス、言語入力の役割など、新しい視点を取り込んだ言語獲得研究が可能となっている（遊佐 2010）。そのような研究の結果として、想定すべき UG が縮小化されていくことになれば、望ましいと思われる。

6.　おわりに

　これまで述べてきたような知見において、言語獲得で用法基盤アプローチが証明しようと試みるものは、それ自体が UG を否定するものにはならない。むしろ、今後の生得的アプローチの言語獲得研究は、言語経験、インターフェイスの問題、言語入力の頻度の影響、統計的学習を取り込んだ言語獲得・習得が中心となっていくだろう[14]。これまでの議論で明らかなように、言語獲得のすべてを生得性に委ねるということはありえないが、しかし、（それが言語固有のものでないかもしれないが）生得的な何かを想定しなければ、言語獲得を説明できないであろう。

　第二言語習得研究においても、1.3 節で触れたように、「生得的言語知識がどの程度第二言語習得を説明できるのか」という問いが、「生得的言語知識を排除したメカニズムが第二言語習得をどこまで説明できるのか」という問いへシフトしている。Hawkins（2009）は、第二言語には最終的に習得がどうしても難しい領域があるという従来の見解を保持しつつ[15]、その領域を適切に学ぶために、統計的学習が一定の役割を果たすとしている。この見解

も、言語習得に、ミニマリスト・プログラムにおける UG の最小化と統計的学習の機能を取り込んだものであると解釈できる[16]。

これに対し、用法基盤アプローチによって言語の生得性を否定することは相当に難しいことであろう。Valian（2014: 89–90）が論じるように、「言語獲得に生得的知識を想定する必要がない」との主張を実証することは、生得性の存在を実証するより難しいことである。生得的知識の有無を示すためには、それを想定しなければ獲得ができないような項目を 1 つでも示せば実証できるのに対し[17]（存在に関する主張：an existential claim）、そのような知識が存在しないことを主張するためには、すべての項目が、言語経験だけに基づいて獲得されることを示さなければいけないからである（普遍性に関する主張：a universal claim）。

脳神経科学の技術が進歩し、脳内言語処理の研究も増えている。このような学際的研究は生得的な言語知識の存在を示すものが多い。生後 2 日から 5 日の新生児が、音節構造に関する制約（聞こえ度配列原理：Sonority Sequencing Principle）に関する知識をすでにもっていることを示す脳活動の研究は（Gómeza, Berentc, Benavides-Varelaa, Bionf, Cattarossig, Nespor, and Mehler 2014）、その一例である。Yusa, Koizumi, Kim, Kimura, Uchida, Yokohama, Miura, Kawashima, and Hagiwara（2011）は、磁気共鳴機能画像法（functional magnetic resonance imaging, fMRI）を用いて、遺伝的要因（構造依存性の原理）と環境要因（言語入力に基づく訓練）の相互作用によって、入力以上の知識の獲得が可能であるかどうかを調べたものであるが、第二言語習得においても、このような脳機能からの研究がはじまっている。理論言語学が、進化言語学（evolutionary linguistics）や生物言語学（biolinguistics）として展開している現在、生物学、物理学、脳神経科学、遺伝学など、人間や他の動物の認知に関わる研究領域との高い学際性がみられる。言語獲得研究も、今後さらに周辺分野との学際性を帯びてくる領域であり、研究へのアプローチは、ますます多様化していくであろう。しかしながら、各アプローチは、想定するものや目的こそ異なれど、どのような生得性が言語獲得に関わり、説明的妥当性をもつのかということについて、実証的に探っていくことが今後も重要であり続けるだろう。

注

1 「母語」とは、子どもが生まれ育つ環境で、周囲の人たちが使用することばをもとに、自然に身につけるようになる言語のことである。

2 「獲得」は acquisition を訳した用語である。第二言語に関しては acquisition を「習得」と訳すことが多い。日本語では、母語の場合は「獲得」という用語を使用し、第二言語かそれ以降の言語(例：第三言語、第四言語)の場合は「習得」という用語を慣例的に使用している。

3 第二言語習得研究では、このような発達途中の学習者文法を、「中間言語」(interlanguage)という、独自の体系をもった、自然言語の1つであると捉える(Selinker 1972)。したがって、成人母語話者が産出しないような「間違えた」表現は、自然言語から逸脱した表現というよりむしろ、言語の発達過程の1つの段階で現れる表現であると捉えている。

4 何をもって第二言語習得の「成功」と定義すべきか、という問題があることを付記しておく。

5 1980年代後半から2000年代の初めまで、母語獲得で想定される言語獲得の仕組みが第二言語習得においても適用できるかどうかということが盛んに議論された(Clahsen and Muysken 1986, Hawkins 2001, Schachter 1988, Tsimpli and Roussou 1991, White 2003、他)。特に、UGへのアクセス可能性、機能範疇の役割、統語素性の習得可能性、第一言語の影響など、習得過程にみられる現象が広く研究された(Eubank 1994, Grondin and White 1996, Schwartz and Sprouse 1996, Vainikka and Yong-Scholten 1994)。近年では、統語、意味、形態のインターフェイスの問題や第二言語の最終到達度(ultimate attainment)に関する議論が多くなっている(Lardiere 2007, Sorace 2003、他)。

6 言語獲得において、周囲からの言語入力の役割を最も重視する用法基盤アプローチは、認知言語学、機能言語学、構造言語学(Bybee 1995, Croft 2000, Goldberg 1995, Langacker 1987)などを基盤とする言語獲得モデルであり、インプットの頻度の影響(Legate and Yang 2007, Ellis 2002)、コネクショニズム(Elman 2005)、創発主義アプローチ(O'Grady 2003, 2008)などの考え方と共通点が多い。

7 生後8か月の乳児が、音節間の遷移確率(ある特定の音の直後に別の特定の音が現れる確率)を手がかりにして、連続する音の切れ目がわかることを示した研究である。乳児が音入力の統計的規則性を抽出しているということを示している。

8 英語においては、特定性は談話から決定される。特定性を標示する言語としてはサモア語が挙げられる。

9 代名詞主語の解釈を決定する「顕在的代名詞の制約」(Kanno 1997, Perez-Leroux

and Glass 1999) は、第二言語習得研究において「刺激の貧困」の問題が存在する証拠として広く提示されてきた。これは、代名詞主語省略言語 (pro-drop language) において、束縛変項 (bound variables) としての顕在的代名詞とゼロ代名詞 (音声を伴わない代名詞) の解釈が異なることに関する制約である。

10　Snyder (2007) も、はじめからパラメータが利用できるのであれば、子どもの回避現象 (たとえば、前置詞句から wh 句を取り出すときに子どもが前置詞随伴および残留のどちらも取らない段階があること) を説明することが難しいことなどを挙げ、ヤンのモデルを支持していない。

11　ミニマリスト・プログラムでも、言語獲得はパラメータの設定と捉えている (遊佐 2014)。また、言語間変異の出現のためにはパラメータは必要だと思われる。

12　原理とパラメータのモデルでは、個別言語の多様性に対応するため、各言語に固有の情報がパラメータとしてあらかじめ UG 内にあると想定し、幼児が言語入力に基づいて選択していくとされていた。このようなパラメータは、ボトムアップ式の問題設定をするミニマリスト・プログラムでは、起源・進化の過程のなかで説明できる可能性は低く (藤田 2013)、生物学的実体としての UG のなかに読み込まれていない。

13　UG がすでに生得的に与えられているところから出発するトップダウン式の問いと、UG の創発に関するボトムアップ式の問いのことである。

14　この意味において、先に挙げた Yang (2002, 2004) の「変異モデル」は、想定する生得性の範囲に再検討を加えることで、言語入力や統計情報を利用した言語獲得モデルとして、注目すべきであろう。

15　表示欠陥仮説 (Representation Deficit Hypothesis, RDH) (Hawkins and Chan 1997, Hawkins and Liszka 2003) のことである。

16　ミニマリスト・プログラムがもたらす第二言語習得研究の可能性について、遊佐 (2010) を参照されたい。

17　ヴェイリアンは、一連の研究で、限定詞が生得的に備わった知識であることを示すことで、母語獲得における言語の生得性を実証しようとしている (Valian 2009, Valian et al. 2009, Valian 2013)。

さらに研究を進めるために

1.　Hawkins, Roger. (2001) *Second Language Syntax*. Oxford: Wiley-Blackwell.
　　出版されて 15 年以上たつが、生成言語学の枠組みにおける第二言語の統語習得に関する最良の入門書である。文法形態素、語順、名詞句、wh 移動、動詞繰り上げなどを扱っている。

2.　White, Lydia. (2003) *Second Language Acquisition and Universal Grammar*. Cambridge:

第 4 章　母語獲得と第二言語習得　145

Cambridge University Press.

UG の原理とパラメータの枠組みにおける第二言語習得研究の良書である。UG が第二言語学習者の言語知識をどのように制約しているのか、さまざまな言語項目を扱って、議論している。

3. Rowland, Caroline. (2014) *Understanding Child Language Acquisition*. London: Routledge.

子どもの母語獲得において、言語環境の役割が大きく影響するという立場をとる筆者による入門書であるが、言語の生得性を前提にした研究にもバランスよく触れている。英語の獲得だけでなく、さまざまな言語の母語獲得にも言及している良書である。

4. 辻幸夫・野村益寛・出原健一・菅井三実・鍋島弘治朗・森吉直子訳 (2008)『ことばをつくる―言語習得の認知言語学的アプローチ』慶應義塾大学出版 (原著：Tomasello, Michael. (2003) *Constructing a Language: A Usage-based Theory of Language Acquisition*. Cambridge, MA: Harvard University Press.)

ラネカーの認知文法で提唱されている「用法基盤モデル」を枠組みに、認知科学や発達心理学における言語獲得研究のデータをもとに、子どもの言語獲得のプロセスを解明しようと試みた原書の訳書である。訳書として読みやすい。

5. 鈴木孝明・白畑知彦 (2012)『ことばの習得―母語習得と第二言語習得』　くろしお出版

母語獲得と第二言語習得のこれまでの研究成果をもとに、両分野を 1 冊にまとめており、言語獲得について包括的に学ぶことができる。平易に書かれており、データが豊富で読みやすい。日本語で書かれた言語獲得の入門書として最適である。

参考文献

Ambridge, Ben and Elena V. M. Lieven. (2011) *Child Language Acquisition: Contrasting Theoretical Approaches*. Cambridge: Cambridge University Press.

Balcom, Patricia. (1997) Why is this happened? Passive morphology and unaccusativity. *Second Language Research* 13(1): pp. 1–9.

Berwick, Robert C., Paul Pietroski, Beracah Yankama and Noam Chomsky. (2011) Poverty of the Stimulus Revisited. *Cognitive Science* 35: pp. 1207–1242.

Bley-Vroman, Robert. (1989) What is the logical problem of foreign language learning? In Susan M. Gass and Jacquelyn Schachter (eds.) *Linguistic Perspectives on Second Language Acquisition*, pp. 41–68. New York: Cambridge University Press.

Bley-Vroman, Robert. (2009) The evolving context of the fundamental difference hypothesis.

Studies in Second Language Acquisition 31: pp. 175–198.

Brown, Roger. (1973) *A First Language.* Cambridge, MA: Harvard University Press.

Bybee, Joan. (1995) Regular morphology and the lexicon. *Language and Cognitive Processes* 10 (5): pp. 425–455.

Chomsky, Noam. (1965) *Aspects of the Theory of Syntax.* Cambridge, MA: The MIT Press.

Chomsky, Noam. (1971) *Problems of knowledge and Freedom.* New York: Pantheon Books.

Chomsky, Noam. (1975) *Reflections on Language.* New York: Pantheon Books.（井上和子・神尾昭雄・西山佑司訳(1979)『言語論—人間科学的省察』大修館書店）

Chomsky, Noam. (1986) *Knowledge of Language: Its Nature, Origin and Use.* New York: Praeger.

Chomsky, Noam. (1995) *The Minimalist Program.* Cambridge, MA: The MIT Press.

Chomsky, Noam. (2005) Three factors in language design. *Linguistic Inquiry* 26: pp. 1–22.

Chomsky, Noam. (2007) Approaching UG from below. In Uli. Sauerland and Hans-Martin Gärtner (eds.) *Interfaces + Recursion = Language? Chomsky's Minimalism and the View from Semantics*, pp. 1–29. Berlin & New York: Mouton de Gruyter.

Clahsen, Harald and Pieter Muysken. (1986) The availability of universal grammar to adult and child learners: a study of the acquisition of German word order. *Second Language Research* 2: pp. 93–119.

Clark, Alexander and Shalom Lappin. (2011) *Linguistic Nativism and the Poverty of the Stimulus.* Oxford: Wiley-Blackwell.

Crain, Stephen and Mineharu Nakamaya. (1987) Structure dependence in grammar formation. *Language* 63 (3): pp. 522–543.

Croft, William. (2000) *Explaining Language Change: An Evolutionary Approach.* London: Longman.

Croker, Steve, Julian M. Pine, and Fernand Gobet. (2000) Modelling Optional Infinitive Phenomena. *Proceedings of the 3rd International Conference on Cognitive Modelling*, pp. 78–85. Veenendaal, Netherlands: Universal Press.

DeKeyser, Robert M. (2000) The robustness of critical period effects in second language acquisition. *Studies in Second Language Acquisition* 22: pp. 499–533.

de Villiers, Jill and Peter de Villiers. (1973) A cross-sectional study of the acquisition of grammatical morphemes in child speech. *Journal of Psycholinguistic Research* 2: pp. 267–278.

de Villiers, Jill and Thomas Roeper. (2011) *Handbook of Generative Approaches to Language Acquisition.* Dordrecht: Springer Verlag.

Eisenbeiss, Sonja. (2009) Generative approaches to language learning. *Linguistics* 47: pp. 273–310.

Ellis, Nick C. (2002) Frequency-based accounts of SLA. In Susan M. Gass and Alison Mackey (eds.) *The Routledge Handbook of Second Language Acquisition*, pp. 193–210. New York: Routledge.

Ellis, Nick C. (2003) Constructions, chunking, and connectionism: The emergence of second language structure. In Catherine Doughty and Michael H. Long (eds.) *Handbook of Second Language Acquisition*, pp. 33–68. Oxford: Blackwell.

Ellis, Nick C. (2008) Usage-based and form-focused language acquisition: The associative learning of constructions, learned-attention, and the limited L2 endstate. In Peter Robinson and Nick C. Ellis (eds.) *Handbook of Cognitive Linguistics and Second Language Acquisition*, pp. 372–405. London: Routledge.

Ellis, Nick C. and Diane Larsen-Freeman. (2006). Language emergence: Implications for Applied Linguistics - Introduction to the special issue. *Applied Linguistics,* 27 (4) : pp. 558–589.

Ellis, Nick C. and Matthew B. O'Donnell. (2012) Statistical construction learning: Does a Zipfian problem space ensure robust language learning? In Patrick Rebuschat and John N. Williams (eds.) *Statistical Learning and Language Acquisition*, pp. 265–304. Berlin: Mouton de Gruyter.

Elman, Jeffrey L. (1999) Origins of language: A conspiracy theory. In Brian MacWhinney (ed.) *Emergence of Language,* pp. 1–28. Hillsdale, NJ: Lawrence Erlbaum Associates.

Elman, Jeffery L. (2005) Connectionist models of cognitive development: Where next? *Trends in Cognitive Sciences* 9 (3): pp. 111–117.

Eubank, Lynn. (1994) Discussion paper: Towards an explanation for the late acquisition of agreement in L2 English. *Second Language Research* 10: pp. 84–93.

藤田耕司 (2013)「生成文法から進化言語学へ」池内正行・郷路拓也編著『生成言語研究の現在』pp. 95–123. ひつじ書房

藤田耕司 (2014)「生物言語学のこれまでとこれから」藤田耕司・福井直樹・遊佐典昭・池内正幸編『言語の設計・発達・進化―生物言語学探究』pp. 1–7. 開拓社

Goad, Heather and Lydia White. (2008) Prosodic structure and the representation of L2 functional morphology: A nativist approach. *Lingua* 118: pp. 577–594.

Goldberg, Adele E. (1995) *Constructions: A Construction Grammar Approach to Argument Structure.* Chicago: University of Chicago Press. (河上誓作・早瀬尚子・谷口一美・堀田優子訳(2001)『構文文法論―英語構文への認知的アプローチ』研究社)

郷路拓也 (2013)「ミニマリストプログラムと言語獲得研究」池内正行・郷路拓也編著『生成言語研究の現在』pp. 41–65. ひつじ書房

148　II　生成言語学の関連領域

Grondin, Nathalie and Lydia White. (1996) Functional categories in child L2 acquisition of French. *Language Acquisition* 5: pp. 1–34.

Guasti, Maria T. (2002) *Language Acquisition*. Cambridge MA: The MIT Press.

Guasti, Maria T. and Anna Gavarró. (2003) Catalan as a test for hypotheses concerning article omission. In *Proceedings of the 27ᵗʰ Annual Boston University Conference on Language Development*, pp 288–298. Somerville, MA: Cascadilla.

Guasti, Maria T., Anna Gavarró, Joke de Lange, and Claudia Caprin. (2008) Article omission across child languages. *Language Acquisition* 15 (2): pp. 89–119.

Guasti, Maria T., Joke de Lange, Anna Gavarró, and Claudia Caprin. (2004) Article omission: across child languages and across special registers. In *Proceedings of GALA 2003*, Vol. 1, pp. 199–210. Utrecht: LOT Occasional Series.

Hawkins, Roger. (2001) *Second Language Syntax*. Oxford: Wiley-Blackwell.

Hawkins, Roger. (2008) The nativist perspective on second language acquisition. *Lingua* 118: pp. 465–477.

Hawkins, Roger. (2009) Statistical learning and innate knowledge in the development of second language proficiency: Evidence from the acquisition of gender concord. In Alessandro G. Benati (ed.), *Issues in Second Language Proficiency*, pp. 63–78. London: Continuum.

Hawkins, Roger and Cecilia Y.-H. Chan. (1997) The partial availability of Universal Grammar in second language acquisition: the 'failed functional features hypothesis'. *Second Language Research* 13: pp. 187–226.

Hawkins, Roger and Sarah Liszka. (2003) Locating the source of defective past tense marking in advanced L2 English speakers. In Roeland van Hout, Aafke Hulk, Folkert Kuiken and Richard Towell (eds.) *The Interface Between Syntax and Lexicon in Second Language Acquisition*, pp. 21–44. Amsterdam: John Benjamins.

Hawkins, Roger, Saleh Al-Eid, Ibrahim Almahboob, Panos Athanasopoulos, Rangsiya Chaeng-chenkit, James Hu, Mohammad Rezai, Carol Jaensch, Yunju Jeon, Amy Jiang, Yan-kit Ingrid Leung, Keiko Matsunaga, Martha Ortega, Ghisseh Sarko, Neal Snape and Kalinka Velasco-Zárate. (2006) Accounting for English article interpretation by L2 speakers. In Susan H. Foster-Cohen, Marta M. Krajnovic and Jelena M. Djigunović (eds.) *EUROSLA Yearbook* 6, pp. 7–25. Amsterdam: John Benjamins.

Heim, Irene. (1988) *The Semantics of Definite and Indefinite Noun Phrases*. New York: Garland.

Hickmann, Maya and Henriëtte Hendriks. (1999) Cohesion and anaphora in children's narratives: A comparison of English, French, German, and Mandarin Chinese. *Journal of Child Language* 26: pp. 419–452.

Hirakawa, Makiko. (2001) L2 acquisition of Japanese unaccusative verbs. *Second Language Research* 23(2): pp. 221-245.

Hyams, Nina. (1996) The underspecification of functional categories in early grammar. In Harald Clahsen (ed.) *Generative Perspectives on Language Acquisition*, pp. 91–127. Amsterdam: John Benjamins.

Ionin, Tania. (2006) *This* is definitely specific: specificity and definiteness in article systems. *Natural Language Semantics* 14: pp. 175–234.

Ionin, Tania, Heejeong Ko and Kenneth Wexler. (2003) Specificity as a grammatical notion. Evidence from L2-English article use. In G. Garding and M. Tsujimura (eds.) W*CCFL 22: Proceedings of the 22nd West Coast Conference on Formal Linguistics*, pp. 245–258. Somerville, MA: Cascadilla Press.

Ionin, Tania, Heejeong Ko and Kenneth Wexler. (2004) Article semantics in L2-acquisition: the role of specificity. *Language Acquisition* 12: pp. 3–69.

Ionin, Tania, Heejeong Ko, and Kenneth Wexler. (2007) The role of semantic features in the acquisition of English articles by Russian and Korean speakers. In Juana Liceras, Helmut Zobl and Helen Goodluck (eds.) *The Role of Formal Features in Second Language Acquisition*, pp. 226–268. London. Routledge.

Ionin, Tania, Maria L. Zubizarreta and Salvador B. Maldonado. (2008) Sources of linguistic knowledge in the second language acquisition of English articles. *Lingua* 118: pp. 554–576.

Ionin, Tania, Maria L. Zubizarreta and Vadim Philippov. (2009) Acquisition of article semantics by child and adult L2-Englsih learners. *Bilingualism: Language and Cognition* 12: pp. 337–361.

Kanno, Kazue. (1997) The acquisition of null and overt pronominals in Japanese by English speakers. *Second Language Research* 13: pp. 265–287.

Langacker, Ronald W. (1987) *Foundations of Cognitive Grammar: Theoretical Prerequisites*, Vol.1. Stanford, CA: Stanford University Press.

Lardiere, Donna. (2004) Knowledge of definiteness despite variable article omission in second language acquisition. In A. Brugos, L. Micciulla and C. E. Smith (eds.) *Proceedings of the 28th Annual Boston University Conference on Language Development*, pp. 328–339. Somerville, MA: Blackwell.

Lardiere, Donna. (2007) *Ultimate Attainment in Second Language Acquisition: A Case Study*. Mahwah, NJ: Lawrence Erlbaum Associates.

Lardiere, Donna. (2012) Linguistic approaches to second language morphosyntax. In Susan M.

Gass and Alison Mackey, (eds.) *The Routledge Handbook of Second Language Acquisition*, pp. 106–126. London: Routledge.

Legate, Julie A. and Charles Yang. (2002) Empirical re-assessment of stimulus poverty arguments. *The Linguistic Review* 19: pp. 156–162.

Legate, Julie A. and Charles Yang. (2007) Morphosyntactic learning and the development of tense. *Language Acquisition* 14 (3): pp. 315-344.

Lewis, John D. and Jeffery L. Elman. (2001) A connectionist investigation of linguistic arguments from the poverty of the stimulus: Learning the unlearnable. In J. D. Moore and K. Stenning (Eds.) *Proceedings of the 23rd Annual Conference of the Cognitive Science Society*, pp. 552–557. Mahwah, NJ: Lawrence Erlbaum Associates.

Lightfoot, David. (2005) Plato's problem, UG, and the language organ. In James McGilvray (ed.) *The Cambridge Companion to Chomsky*, pp. 42–59. Cambridge: Cambridge University Press.

Lust, Barbara C. (2006) *Child language: Acquisition and Growth.* Cambridge: Cambridge University Press.

Lynos, Christopher. (1999) *Definiteness.* Cambridge: Cambridge University Press.

MacWhinney, Brian. (2000) *The CHILDES Project: Tools for Analyzing Talk.* Mahwah, NJ: Lawrence Erlbaum Associates. Inc.

MacWhinney, Brian and Catherine Snow. (1985) The child language data exchange system. *Journal of Child Language* 12: pp. 271–295.

Marcus, Gray F. (1993) Negative evidence in language acquisition. *Cognition* 46: pp. 53–85.

Gómeza, David M., Iris Berentc, Silvia Benavides-Varelaa, Ricardo A. H. Bionf, Luigi Cattarossig, Marina Nespor, and Jacques Mehler. (2014) Language universal at birth. *Proceedings of the National Academy of Science of the United States of America* 111(16): pp. 5837–5841.

Meisel, Jürgen M. (1997) The acquisition of the syntax of negation in French and German: contrasting first and second language acquisition. *Second Language Research* 13: pp. 227–263.

Mintz, Toben H. (2003) Frequent frames as a cue for grammatical categories in child directed speech. *Cognition* 90: pp. 91–117.

Newport, Elissa L. and Richard N. Aslin. (2004) Learning at a distance I. Statistical learning of non-adjacent dependencies. *Cognitive Psychology* 48: pp. 127–162.

O'Grady, William. (2003) The radical middle: Nativism without Universal Grammar. In Catherine Doughty and Michael H. Long (eds.) *Handbook of Second Language Acquisition*, pp. 43–62. Oxford: Blackwell.

O'Grady, William. (2008) Innateness, universal grammar, and emergentism. *Lingua* 118: pp.

620–631.

Ortega, Lourdes.（2009）*Understanding Second Language Acquisition*. London: Hodder Arnold.

Pérez-Leroux, Ana T. and William R. Glass.（1999）Null anaphora in Spanish second language acquisition: probabilistic versus generative approaches. *Second Language Research* 14: pp. 220–249.

Pinker, Steven.（1989）*Learnability and Cognition: The Acquisition of Argument Structure*. Cambridge, MA: The MIT Press.

Pinker, Steven.（2007）*The Stuff of Thought: Language as a Window into Human Nature*. New York: Viking Penguin.（幾島幸子・桜内篤子訳（2009）『思考する言語』日本放送出版協会）

Pullum, Geoffrey K. and Barbara C. Scholz.（2002）Empirical assessment of the stimulus poverty argument. *The Linguist Review* 19: pp. 9–50.

Radford, Andrew.（1990）*Syntactic Theory and the Acquisition of English Syntax*. Oxford: Basil Blackwell.

Radford, Andrew.（1996）Towards a structure-building model of acquisition. In Harald Clahsen （ed.）*Generative Perspectives on Language Acquisition*, pp. 43–89. Amsterdam: John Benjamins.

Reali, Florencia and Morten H. Christiansen.（2005）Uncovering the richness of the stimulus: Structure dependence and indirect statistical evidence. *Cognitive Science* 29: pp. 1007–1028.

Reali, Florencia, Morten H. Christiansen and Padraic Monaghan.（2003）Phonological and distributional cues in syntax acquisition: Scaling up the connectionist approach to multiple-cue integration. In Richard Alterman and David Kirsh （eds.）*Proceedings of the 25th Annual Conference of the Cognitive Science Society*, pp. 970–975. Mahwah, NJ: Lawrence Erlbaum Accociates.

Redington, Martin, Nick Charter and Steven Finch.（1998）Distributional information: A powerful cue for acquiring syntactic categories. *Cognitive Science* 22: pp. 425–469.

Robertson, Daniel.（2000）Variability in the use of the English article system by Chinese learners of English. *Second Language Research* 16（2）: pp. 135–172.

Robinson, Peter and Nick C. Ellis.（2008）. Conclusion: Cognitive linguistics, second language acquisition and L2 instruction - issues for research. In Peter Robinson and Nick C. Ellis （eds.）, *Handbook of Cognitive Linguistics and Second Language Acquisition*, pp. 489–546. London: Routledge.

Saffran, Jenny R.（2003）Statistical language learning: Mechanisms and constraints. *Current Di-*

rections in Psychological Science 12: pp. 110–114.

Saffran Jenny R., Richard N. Aslin and Elissa L. Newport. (1996) Statistical learning by 8-month-olds infants. *Science* 274: pp. 1926–1928.

Sampson, Geoffrey. (2002) Exploring the richness of the stimulus. *The Linguistic Review* 19: pp. 73–104.

Saxton, Matthew. (1995) *Negative Evidence Versus Negative Feedback: A Study of Corrective Input in Child Language Acquisition.* Unpublished doctoral dissertation, University of Oxford.

Saxton, Matthew. (2010) *Child Language: Acquisition and Development.* London: Sage Publications.

Schachter, Jacquelyn. (1988) Second language acquisition and its relationship to universal grammar. *Applied Linguistics* 9 (3): pp. 219–235.

Schafer, Robin J. and Jill de Villiers. (2000) Imagining articles: What *a* and *the* can tell us about the emergence of DP. In *Proceedings of the 24th Annual Boston University Conference on Language Development,* pp. 609–620. Somerville, MA: Cascadilla Press.

Schaeffer, Jeannette and Lisa Matthewson. (2005) Grammar and pragmatics in the acquisition of article system. *Natural Language and Linguistic Theory* 23: pp. 53–101.

Schütze, Carson T. and Kenneth Wexler. (1996) Subject case licensing and English root infinitives. In Andy Stringfellow, Dalia Cahana-Amitay, Elizabeth Hughes and Andrea Zukowski (eds.) *Proceedings of the 20ᵗʰ Annual Boston University Conference on Language Development,* pp. 670–681. Somerville, MA: Cascadilla Press.

Schwartz, Bonnie and Rex A. Sprouse. (1996) L2 cognitive states and the 'full transfer/full access model. *Second Language Research* 12: pp. 40–72.

Selinker, Larry. (1972) Interlanguage. *IRAL* 10 (3): pp. 209–231.

白畑知彦・若林茂則・村野井仁(2010)『第二言語習得研究：理論から研究法まで』研究社

Snape, Neal. (2006) *The Acquisition of the English Determiner Phrase by Japanese and Spanish Learners of English.* Doctoral dissertation, University of Essex.

Snyder, William. (2007) *Child Language: The Parametric Approach.* Oxford: Oxford University Press.

Sorace, Antonella. (2003) Near-nativeness. In Catherine Doughty and Michael H. Long (eds.) *Handbook of Second Language Acquisition,* pp. 130–151. Oxford: Blackwell.

Thompson, Susan P. and Elissa L. Newport. (2007) Statistical learning of syntax: The role of transitional probability. *Language Learning and Development* 3: pp. 1–42.

Tomasello, Michael. (2000a) Do young children have adult syntactic competence? *Cognition* 74: pp. 209–253.

Tomasello, Michael. (2000b) The item-based nature of children's early syntactic development. *Trends in Cognitive Science* 4 (4): pp. 156–163.

Tomasello, Michael. (2003) *Constructing a Language: A Usage-based Theory of Language Acquisition*. Cambridge, MA: Harvard University Press. (辻幸夫・野村益寛・出原健一・菅井三実・鍋島弘治朗・森吉直子訳 (2008)『ことばをつくる―言語習得の認知言語学的アプローチ』慶應義塾大学出版)

Tomasello, Michael. (2006) Acquiring linguistic constructions. In Deanna Kuhn and Robert S. Siegler (eds.) *Handbook of Child Psychology*, pp. 255–298. New York: Wiley.

Tomasello, Michael and Kirsten Abbot-Smith. (2002) A tale of two theories: response to Fisher. *Cognition* 83: pp. 207–214.

Tsimpli, Ianthi M. and Anna Roussou. (1991) Parameter resetting in L2? *UCL Working Papers in Linguistics* 3: pp. 149–169.

Vainikka, Anne and Martha Young-Scholten. (1994) Direct Access to X'-Theory: Evidence from Turkish and Korean adults learning German. In Bonnie Schwartz and Teun Hoekstra (eds.) *Language Acquisition Studies in Generative Grammar*, pp. 265–316. John Benjamins, Amsterdam.

Valian, Virginia. (2009) Abstract linguistic representations and innateness: the development of determiners. In William. D. Lewis, Simin Karimi, Heidi Harley and Scott O. Farrar (eds.) *Time and Again: Theoretical Perspectives on Formal Linguistics*, pp. 189–206. Amsterdam: John Benjamins.

Valian, Virginia. (2013) Determiners: an empirical argument for innateness. In Montserrat Sanz, Itziar Laka and Michael K. M. Tanenhaus (eds.) *Language Down the Garden Path: the Cognitive and Biological Basis for Linguistic Structure*, pp. 272–279. New York: Oxford University Press.

Valian, Virginia. (2014) Arguing about innateness. *Journal of Child Language*, 41 (S1): pp. 78–92.

Valian, Virginia, Stephanie Solt and John Stewart. (2009) Abstract categories or limited-scope formulae? The case of children's determiners. *Journal of Child Language* 26: pp. 743–778.

Wexler, Kenneth. (1994) Optional infinitives, head movement and the economy of derivations. In David Lightfoot and Nobert Hornstein (eds.) *Verb Movement*, pp. 305-350. Cambridge: Cambridge University Press.

Wexler, Kenneth. (1998) Very early parameter setting and the unique checking constraint: a new explanation of the optional infinitive stage. *Lingua* 106: pp. 23–79.

White, Lydia. (2003) *Second Language Acquisition and Universal Grammar*. Cambridge: Cambridge University Press.

Williams, John N. and Chieko Kuribara. (2008) Comparing a nativist and emergenist approach to the initial state of SLA: An investigation of Japanese scrambling. *Lingua* 118: pp. 522–553.

Yang, Charles. (2002) *Knowledge and Learning in Natural Language*. Oxford: Oxford University Press.

Yang, Charles. (2004) Universal grammar, statistics or both? *Trends in Cognitive Science* 8 (10): pp. 451–456.

遊佐典昭 (2010)「第二言語獲得」遊佐典昭編『言語と哲学・心理学』pp. 193–218. 朝倉書店

遊佐典昭 (2014)「言語の発達：研究の展望」藤田耕司・福井直樹・遊佐典昭・池内正幸編『言語の設計・発達・進化』pp. 122-127. 開拓社

Yusa, Noriaki, Masatoshi Koizumi, Jungho Kim, Naoki Kimura, Shinya Uchida, Satoru Yokoyama, Naoki Miura, Ryuta Kawashima and Hiroko Hagiwara. (2011) Second-language instinct and instruction effects: nature and nurture in second-language acquisition. *Journal of Cognitive Neuroscience* 23: pp. 2716–2730.

Zehler, Annette M. and William F. Brewer. (1982) Sequence and principles in article system use: An examination of a, the, and null acquisition. *Child Development* 53: pp. 1268–1274.

Zdorenko, Tatiana and Johanne Paradis. (2008) The acquisition of articles in child L2 English: Fluctuation, transfer, or both? *Second Language Research* 24: pp. 227–250.

Zdorenko, Tatiana and Johanne Paradis. (2011) Articles in child L2 English: When L1 and L2 acquisition meet at the interface. *First Language* 32 (1-2): pp. 36–62.

Zobl, H. (1989) Canonical typological structures and ergativity in English L2 acquisition. In Susan M. Gass and Jacquelyn Schachter (eds.) *Linguistic Perspectives on Second Language Acquisition*, pp. 203–221. Cambridge: Cambridge University Press.

Zyzik, Eve. (2009) The role of input revisited: Nativist versus usagebased models. *L2 Journal*, Vol. 1: pp. 42–61.

謝辞

本研究は日本学術振興会の科学研究費補助金（基盤研究 C: 15K02756）の助成を受けたものである。

第5章

文処理

澤崎宏一

　私たちは毎日、何かを読んだり誰かと話をしたりして、多くの文に接している。たいした苦労もなく、あたり前のように文の意味を理解しているが、文を理解するとは、どのような作業なのだろうか。頭の中では、どのような計算が行われているのだろうか。このような、頭の中で行う作業や計算のことを「処理」といい、実験などを通して文を理解するしくみを解明しようとする研究領域が、文処理（または文理解）である。

　例えば、次のような文をみてみよう。どちらの文も、2通りの意味に解釈できる曖昧文として、よく取り上げられる例である。

（1）　ここをおすとめすのネコが通り抜けていくのが見えるはずだ。

（2）　昨夜ドラマに出ていた女性アイドルの弟が今度歌手デビューするらしい。

(1)は、「ここを押すと、メスのネコ…」と読むか、「ここを、オスとメスのネコが…」と読むかで解釈が異なる。(2)の場合は、「ドラマに出ていた」のは「女性アイドルの弟」なのか「女性アイドル」なのかで解釈が変わる。それぞれ2通りの意味がある中で、私たちはどちらか一方の解釈を好む傾向があるのだろうか。それとも、読む人によって解釈は全く異なるのだろうか。このことについて調査した研究がある。類似した文を使って実験を行ったところ、(1)は「ここを押すと、メスのネコが…」という解釈に偏る傾向がみ

られた (Tokimoto 2004)[1]。また、(2) では、「ドラマに出ていた」のは「女性アイドルの弟」と理解される傾向があった (Kamide and Mitchell 1997)[2]。

　この結果は、私たちが文を解釈する際、ある一定の方向性や規則のようなものがあり、無意識にそれに従っていることを示唆している。それゆえ、曖昧文であっても、一定の解釈に沿って処理される傾向がみられるのである。では、そのような方向性や規則とは具体的に何なのだろうか。なぜそのような規則が存在するのだろうか。さらに、日本語以外の言語でも同じ規則が働くのだろうか。いろいろな疑問が湧きあがるが、文処理とは、言語学、心理学、そして認知科学などといった視点からこのような疑問に答えようとするものであり、実験技術の進歩とともにこの 20–30 年の間に特に発展した、比較的新しい研究領域である。

　本章では、日本語文の処理について、これまで研究例が比較的多い「読む」行為に比重を置きながら、先行研究やその背景にある考え方を示す。具体的には、1 節で、まず文処理の代表的な研究方法を紹介する。続く 2 節では、文処理の大原則とも考えられる「即時処理」について述べ、文末を待たずに文の処理が行われていくことを示す。3 節では、日本語では即時処理が難しいとされる関係節を含む文の処理について、これまでの研究を紹介する。4節では、2 節と 3 節では触れられなかった文処理研究について簡単に言及し、5 節でまとめを述べる。

　なお、文処理は言語学、例えば生成言語学などの言語理論に根ざしたもののみにとどまらない、学際的な研究領域である。本章では、特定の理論に偏ることはせず、日本語文処理の研究成果を広く概観していく。

1. 文処理の研究方法

　本節では、代表的な文処理の研究方法について、実際の研究例を示しながら概略する。文処理研究は、実験データをもとに、文処理の方略について考察していくものが多い。実験手法は、技術の発達とともに多様になってきており、誰でも行える簡易なものから、高額で特殊な機材が必要なものまでさまざまである。文処理実験がどのように行われるかを理解しておくことは、

第 5 章　文処理　157

次節以降を読み進むためにも有益といえる[3]。

1.1　実験文

　文処理実験は、実験参加者が実験文を読んで(聞いて)、所定の課題を行った際の反応を数値化し、分析するという流れで行われる。実験を行う上で大切なことは、調べたいことに対して仮説を立て、その仮説が正しいかどうかがわかるような実験文を作ることである。

　例文 (3) と (4) は、澤崎 (2015: 234) で使われた実験文で、各文の自然度を点数で答えるという課題が与えられた。この実験の目的は、「無生名詞は省略されにくい」という仮説 (Nariyama 2003: 242、成山 2009: 100) にもとづき、有生目的語(えらそうな部長)と無生目的語(大好きなたばこ)の省略のされやすさを検証することであった。

(3)a. なまいきな社員がえらそうな部長を会議で無視した。
　　　 b. なまいきな社員が＿＿＿＿＿＿＿＿＿会議で無視した。
(4)a. 病気の友達が大好きなたばこを健康のためにやめた。
　　　 b. 病気の友達が＿＿＿＿＿＿＿＿＿健康のためにやめた。

(3) と (4) の a 文は、主語と目的語が揃った完全文である。一方、b 文は、a 文から目的語が抜かれており、a と b は目的語の有無という条件の違いがある[4]。さらに、(3) の動詞「無視した」は、人や動物などの有生名詞を目的語にとることができるが、(4) の動詞「やめた」は、無生名詞しか目的語にとることができない。つまり、上記実験文には、「目的語の有無」と「動詞がとりうる有生性の違い」という 2 つの条件が組み込まれている。「無生名詞は省略されにくい」という仮説が正しければ、有生目的語の省略が考えられる (3b) と、無生目的語の省略しか考えられない (4b) を較べた場合、(4b) の方が自然度が低いはずである。

　さて、実験を行うときは、同じ条件の実験文をなるべく多く用意して、確かめたい反応が、複数の実験文で観察できることを示す必要がある。さらに、実験の目的を悟られないようにするため、実験文とは性質の異なる攪乱

文(フィラー文)を混ぜ込み、文が読まれる順番もばらばらにした上で実験参加者に提示するのが一般的である[5]。

　実験後は、集まったデータ(各条件文の自然度の平均値)を統計にかけ、仮説が正しかったかどうかを検証する。この場合、(3)と(4)のb文同士を較べたいところだが、語彙が全く異なる2文を直接比較することには問題がある(注10参照)。そこで、(3a)と(3b)の自然度の違いと(4a)と(4b)の自然度の違いが較べられた。その結果、(3a)と(3b)の自然度の判断には、統計的な差はみられなかったが、(4a)と(4b)の間には統計的な差が確認され、これは(4b)の自然度の低さが原因であった。このような統計的に認定された違いを「有意差」と呼ぶ。(4a)と(4b)の間にだけ有意差がみられたことから、無生目的語の省略は自然度が低い(省略されにくい)という仮説は、支持されたといえる。

1.2　実験手法：オフライン実験とオンライン実験

　1.1節では、実験文の組み立てに関する大まかな考え方を示した。しかし、同じ実験文であっても、どのような形で参加者に読んでもらうか(聞いてもらうか)によって、実験の性格は大きく変わる。そこで本節では、実験文の提示方法(実験方法)について説明する。

1.2.1　オフライン実験

　文処理の実験手法は、オフライン実験とオンライン実験の2つに大きく分けることができる。オフライン実験とは、文を読み(聞き)終えた後で所定の課題を参加者に行ってもらい、その反応を実験結果として分析するものである。代表的なものに、文の文法性、難易度、自然度などを判断するアンケート調査があり、1.1節で挙げた澤崎(2015)の自然度判断課題もその一例といえる。

　この実験手法の最大の利点は、準備の簡易さであろう。アンケート用紙などを作成するだけで誰でも実施が可能で、さらに、一度に多くのデータを集めることができる。他方、この手法の弱点は、文を読んでいる最中にどのような処理が行われているのかがわからないことである。同じ文の文末でも、

第 5 章　文処理　159

文末直後と文末から 2 秒後では文の解釈が変わるという研究報告もあり
(Nagata 1993)、文頭から文末まで、どのように文処理の過程が変わってい
くのか、他に調べる方法が必要となる。

1.2.2　オンライン実験

　前節で述べたオフライン実験に対して、文を読んだり聞いたりしているま
さにその瞬間の反応を調べようとする実験を、オンライン実験と呼ぶ。その
手法は、読み時間や視線の流れを計測するもの、文を聞いている途中に課さ
れる作業の遂行時間(反応時間)や正答率をみるもの、そして脳波や脳血流を
測定するものなどさまざまである。いずれも、専用のソフトウェアや機材・
設備が必要となる。以下では、これらの内、移動窓の読み実験、視線計測実
験、脳波を用いた事象関連電位(Event-Related Potentials, ERPs)の測定実験
について簡単に紹介する。

　まず、移動窓の読み実験(読文実験とも呼ばれる)とは、モニター上に現れ
る文を文節(または任意のまとまり)ごとに読み進めていき、各文節の読み時
間をミリ秒単位で計測していくものである。図 1 は、「これが移動窓の読み
実験です」という文を読む場合のイメージである。モニター上には、各文節
の長さに応じた「.....」が初期画面として表示される。参加者が所定のキー
を押すと、文頭の文節(第 1 領域)が文字化される。もう一度キーを押すと、
第 1 領域は「.....」に戻り、第 2 領域が文字化される。読み進めるごとに、
文字化領域がどんどん右に移動していくことから「移動窓」と呼ばれ、窓が
次の領域に移るまでの時間が記録されていく。この場合、参加者が自分のペ
ースで文を読み進めるため、これを「自己ペースの読み手法(Self-paced
Reading Technique)」と呼ぶ。

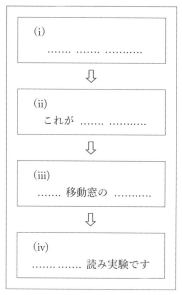

図1　移動窓の読み実験のイメージ（澤崎 2013: 230）

　実験で得られたデータは、読み時間の長さを比較するために使われる。読み時間が遅い場合は、何らかの理由で処理にかかる負荷が大きくなった（難しい）と解釈できる。読み時間が遅いというとき、絶対的な速さではなく、何かと較べて遅いか速いかを観察することになる。例えば(5)は、Miyamoto (2002: 328)で用いられた実験文の一例である。

(5) a. おばあさんが / よぼよぼの / 年寄りを / 偶然に / 交差点で / 見た..
　　b. おばあさんが / よぼよぼの / 年寄りが / 偶然に / 交差点で / 見た..
　　c. よぼよぼの / 年寄りを / おばあさんが / 学生が / 交差点で / 見た..

(5)は、3つとも不完全な文で、実際の実験では、「おばあさんがよぼよぼの年寄りを偶然に交差点で見た女の子に急いで声をかけた」などのように、「見た」の後も文が続く。上の(5a)をみた限りでは、文がそのまま続くかどうかわからない。しかし、(5b)と(5c)ではどうだろうか。二度目に「が」格が現れたときに、文が単文では終わらないことがわかるのではないだろうか。

Miyamoto（2002）は、「が」格は新しい節の始まりを予告する傾向が強く、これが処理負荷の増大につながると考えた。

　このことを検証するため、(5)の□で囲んだ領域の読み時間を比較したところ、(5b)の読み時間が、他の2つに較べて有意に遅かったのである（参加者23人）。(5b)では、「年寄りが」は二度目の「が」格である。つまり、ここで、全体文の中に新しい節を挿入する必要がある。しかし、(5a)の「年寄りを」では節挿入の必要はない。また、(5c)の「おばあさんが」は「が」格ではあるものの、一度目の「が」格なので、全体文の中に新しい節を挿入する必要はない。これらの違いが(5b)で処理負荷を生み、読み時間の遅れとなって現れたと考えることができる。

　このように、移動窓の読み実験は、文中のどの部分で処理負荷が高まるかを特定しやすいという利点がある。また、他のオンライン実験に較べて、データ分析が容易でもある。その一方で、この手法は、読み終えた領域が非文字化されていくため、読み返しができず、自然な読みとはいえないという弱点がある。私たちが実際に文を読むときは、注視点が飛んだり戻ったりすることがわかっており（Kamide 2006: 251–252）、移動窓の手法は、この点をデータに反映させることができない。また、人によりキーの打ち進め方にくせがあり、そのため読み時間の現れ方にも個人差が生まれるという指摘もある。

　上の問題を解決できる手法として、視線計測実験がある。視線計測実験では、例えば、モニター上に提示された(5)のような実験文の全文を、参加者はまるごと読んでいけば良い。図2は、実際に文を読む前に行う、キャリブレーションと呼ばれる事前調整作業の様子である。アイカメラが図中のモニター下部に設置されており、目の位置などの個人差を読み取り、計測のための調整を行う。以前は、bite barと呼ばれる噛み板を口にくわえるなどして頭を固定させていたが、最近の機材はその必要がなくなっている。また、キャリブレーション調整が不要な装置も開発されてきている。

162　II　生成言語学の関連領域

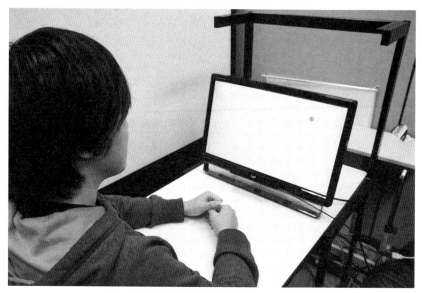

図2　視線計測実験の様子(準備風景)[6]

　視線計測実験から得られるデータは、特定の領域を読むのに費やされた時間と、注視点が置かれた頻度の2つに大きく分けることができる。それらはさらに、(i)初読みのときの読み時間、(ii)読み返しを行ったときの読み時間と注視の頻度、(iii)初読みと読み返しの合計読み時間と注視の頻度というように、データを細分化して検討することができる。通常、初読みのデータは初期解釈を反映し、読み返しのデータは初期解釈の調整や修正処理を反映しているといわれる。
　このように視線計測実験は、複数のデータが得られるので、移動窓の読み実験ではみえてこない、自然な状態での文処理の実態に迫ることができる。しかし、その分データ分析が複雑になり、また研究により結果の提示の仕方にばらつきがおこることなどが、弱点ともいえる。
　移動窓の読み実験や視線計測実験は、読み時間や注視位置などから、文処理のしくみに光をあてている。これに対して、ERP実験は、脳内で観測される脳波を使って文処理を解明しようとする実験手法である。ERP実験では、たくさんの電極がついた電極帽を装着し、その状態で文を読む(図3)。

第 5 章 文処理　163

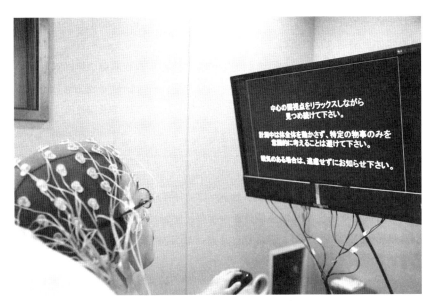

図 3　脳波実験の様子（準備風景）

目から入った言語情報を脳内に取り入れる際、神経細胞が活性化され、事象に関連した電位が作り出されるが、その電位は、正または負方向の変化（ERP 成分）という形で可視的に観察できるのである。

　先行研究から、ERP 成分と言語情報との関連性が少しずつ明らかになってきている。例えば、語彙選択の間違いなどからおこる意味的な違反文では N400 という成分が観察され、統語的な違反文では P600 という成分が観察されることがわかっている。N や P というのは Negative（負）と Positive（正）のことで、電極の方向を指している。400 や 600 というのは、効果が現れるまでの時間を意味し、違反情報が取り込まれてから 400/600 ミリ秒後に大きな反応がみられるということである。つまり、N400 とは、意味的な逸脱情報を読んで約 400 ミリ秒後にみられる負の電位変化で、P600 とは、統語的な逸脱情報を読んで約 600 ミリ秒後に観察される正の電位変化といえる。N400 や P600 以外にも、LAN（Left Anterior Negativity）と呼ばれる、左脳前頭葉付近で観察される負の電位なども、記憶の負荷や形態・統語情報と関連があるといわれている。このように ERP 研究では、電極の方向、時間、

電位差の大きさ、観察部位といった観点から ERP 成分を特定し、言語情報との関係が検証されている。

ERP 成分がどのように観察されるかを示した実験がある。例文(6)は、Nishiwa, Nakao, and Miyatani（2007: 313）による ERP 実験で用いられた実験文である。日本語母語話者 16 人が実験に参加した。

(6)a. 太郎が / 冷蔵庫を / 食べた。（語彙選択の違反：意味的逸脱文）
　　b. 太郎が / りんごに / 食べた。（格の違反：統語的逸脱文）
　　c. 太郎が / りんごを / 食べた。（通常文：統制文）

(6a)は、太郎が冷蔵庫を食べるのは意味的におかしいので、意味的逸脱文である。(6b)は、動詞「食べた」は「に」格ではなく「を」格をとるため、統語的逸脱文である。最後に(6c)は、意味的にも統語的にも逸脱がみられない文であり、他 2 文と比較するための統制文となる。実験では、各領域が順番に 500 ミリ秒ずつモニター中央に提示された。自己ペースによる読み実験と異なり、決められた時間(500 ミリ秒)で読み進める実験者ペースの読み手法である。実験の結果、「食べた」の提示後に、(6a)では N400 と思われる電位変化が観察され、(6b)では P600 と思われる電位変化が確認された。しかし、(6c)は N400 も P600 も観察されなかった。

ERP 実験の強みは、実際に脳がどのような活動を行っているかを垣間みることができることである。逆に弱点は、脳波が刺激に敏感すぎることである。頭を少し動かしたり、まばたきをするだけでも、電位は変動する。そのため、文の理解とは直接関係のないノイズが生じてしまうことが多く、そのようなデータは削除しなければならない。データが削除されるのを見越して、実験文を多く作る必要があり、その分実験時間が長くなる。また、頭に装着させる電極の数(観察点)が限られているため、反応位置の特定に限界があるともいわれている。なお、脳内活動という点では、脳内の血流量が視覚的に観察できる fMRI（Functional Magnetic Resonance Imaging）を使った実験などもあるが、ここでは詳しくは立ち入らない。

以上、オンライン実験の代表的なものを、実験例とともに紹介した。実験

の種類によって、読み時間や注視の時間と頻度、脳波であったりと、分析の
対象となるデータは異なる。しかし、これらオンライン実験の結果が指し示
すのは、私たちは文を読みながら、文中の情報にすばやく反応して処理を進
めているということである。これを「即時処理」または「漸次処理」といい、
文処理の大原則とみなされている。次節では、日本語における即時処理につ
いてさらに詳しく説明する。

2. 文処理の即時性

　私たちは、文を理解する際、文末まで待つことなく、文中の情報にすばや
く反応して処理を始めており、それを即時処理(漸次処理)と呼ぶことは前節
で触れた。文処理の即時性については、英語などを対象にした研究で、早く
から指摘されていた。例えば(7)は、Frazier and Rayner (1982: 209) の視線
計測実験で使われた文である(参加者 16 人)。

(7)a. The new city council argued their position was immoral.

　　　b. They say the city council argued their position forcefully.

どちらの文も、動詞 argue が使われているが、その目的語が 2 つの文で異な
る。(7a) では argue の目的語が節 their position was immoral なのに対して、
(7b)では名詞句 their position をとっている。1 文字あたりの平均注視時間を
2 つの文で比較したところ、(7a)の方が(7b)よりも注視時間が有意に長いこ
とがわかった。Frazier and Rayner (1982) はこの結果を、なるべく簡単な構
造が解釈として好まれるためだと主張する(ミニマル・アタッチメントの原
則)。つまり、他動詞 argue の後に名詞句が続けばそれで文は終了するが、
新たな文(挿入節)が続くと統語構造がより複雑になるため、読み手は前者
(名詞句)を好み、後者(挿入節)を嫌うのである。argue を読んだ時点で、節
ではなく名詞句が次に続くと予期するなら、(7a)ではその予測は外れ、その
結果読み時間が遅くなる。反対に(7b)は予測通りなので処理が促進される。
このように、argue が許す統語構造の中から、読んでいる文がどのように続

くかについて、常に一定の予測が行われることを、Frazier and Rayner（1982）は示した。

　ただし、この結果には違う見方もある。それは、動詞と目的語の繋がりの強さによって、文処理が影響を受けるという考えである（下位範疇の選好性：subcategorization preference）。例えば、動詞 observe は名詞句を目的語にとることが多く、一方、動詞 insist は節を目的語にとることが多いといわれる。このように、名詞と節のどちらが後続句になりやすいかは動詞によって異なるので、動詞ごとの語彙情報に応じて文処理が進むと考えるのである（Trueswell, Tanenhaus, and Kello 1993）。いずれにせよ、英語では、動詞（述部）の情報に頼ることで、即時処理がなされているといえる。

　しかし、英語と違い動詞が文末に置かれる日本語では、英語のように動詞（述部）情報にいつも頼っていると、即時処理ができなくなる可能性がある。例えば（8）をみてみよう。

（8）　<u>友達が犬に</u>　<u>追いかけられた</u>　<u>などということはない</u>。
　　　　　①　　　　　　　②　　　　　　　　　　③

下線①まで読んだ限りでは、「友達が犬に対して何かした」という解釈が可能である。ところが、下線②まで読むと、友達が何かをしたのではなく、逆に「犬が友達に対して何かをした（追いかけた）」のだとわかる。しかし、下線③の文末にきて、それまでの事実関係が否定されてしまう。つまり、読み進めるほどに当初の解釈の修正を余儀なくされる可能性が生じるわけで、これは、SOV 語順である日本語の宿命ともいえる。

　このような背景から、日本語でも即時処理が行われるのかということについて、研究者の間で議論が巻きおこったことがある（Nakayama 1999: 404–406）。今日では、格助詞や語句間の呼応関係など、さまざまな情報を有効に活用して、日本語でも即時処理が行われることがわかっており、これは文処理の基本的な考え方の 1 つとなっている。そして、具体的にどのように即時処理が進められるのかということや、どういったときに処理の負荷が増減するのかについて、関心が集まるようになってきた。以下では、これらについて先行研究を振り返りながら、詳しく確認していきたい。

2.1　格助詞の情報を利用した即時処理

　日本語では、動詞の前に主語や目的語が置かれるが、格助詞を読み取ることで、次にくるべき動詞をある程度特定できるのだろうか。このことを検証するため、Yamashita (1997: 172)は次のような実験を行った。

（9）a. かわいい女の子が若い先生においしいお茶を
　　 b. 若い先生にかわいい女の子がおいしいお茶を

　　　　　　　　　　　　　　　　 1.　出した　2.　飲んだ

　この実験では、(9)のように「〜が〜に〜を」または「〜に〜が〜を」と続く文の一部が、移動窓の手法で、句ごとに一定間隔でモニターに自動表示された(実験者ペースの読み実験)。そして、「お茶を」が表示された後、モニター右下に目的語を2つとる三項動詞(出した)、または目的語を1つだけとる二項動詞(飲んだ)のいずれかが現れ、参加者はこの動詞が日本語の語彙として存在するかどうかをそれぞれ Yes/No で判断したのである。このような、ある語が日本語の語彙かどうか判断することを、「語彙判断課題(Lexical Decision Task)」と呼ぶ。実験では、上のような有意味語文の他に、無意味語が提示される刺激文もフィラーとして用意されたが、分析対象は有意味語に対する反応時間である。つまり、三項動詞と二項動詞との間で反応時間の違いがあるかに注目する。

　「〜が〜に〜を」にせよ「〜に〜が〜を」にせよ、そのあとに「出した」が続けば、1つの文として完結するが、「飲んだ」だとそのままでは非適格文となる。このことから、「〜が〜に〜を」という情報をみているときに、「出した」のような三項動詞がくることをもしも読み手が予見できるなら、三項動詞に対する語彙判断の反応時間は速くなると考えられる(逆に、予測とは異なる二項動詞に対する語彙判断は遅くなる)。実験では、48人の反応速度が分析された。

　その結果、予測通り、三項動詞(出した)の反応時間が、二項動詞(飲んだ)の反応時間に較べて有意に短いことがわかった。この結果は、私たちは文末動詞を待たずに、格情報にすばやく反応して、まだ見ぬ動詞の絞り込みを行

っている可能性を示唆する。なお、Yamashita（1997）の実験では,（9b）のような、主語と目的語が逆転した実験文も用いられたが、結果は同じであった。このため、格助詞が現れる順番に関係なく、即時処理が行われると結論づけている[7]。

　ところでこの実験では、（9）に続く動詞として「出した」が「飲んだ」よりも適切であると述べたが、「飲んだ」がまったく非適格かというと、実はそうではない。（10b）のような文として続くことも可能である。

(10)a. かわいい女の子が若い先生においしいお茶を出した。
　　 b. かわいい女の子が若い先生においしいお茶を飲んだか尋ねた。

しかし、語彙判断の反応は「出した」の方が速く、（10b）のように文が続くことは可能であっても、読み手が真っ先に連想するものではないことがわかる。つまり、読み手は、（10b）のような挿入節を含む文をわざわざ最初から思い浮かべることはせず、（10a）のように単一節からなる文構造をまず想定しているといえる（Frazier and Rayner 1982, Mazuka and Itoh 1995, Miyamoto 2002, Nagata 1993）。

　上の結果は、予想と異なる動詞が現れたために「飲んだ」での処理負荷が増した例と考えられるが、予想と異なる格が現れたために処理負荷が増すという例もある。（11）は Miyamoto（2002: 316–317）の実験文からの引用である。

(11)a. オフィスで / 職員が / 係長に / お茶を / 出した / 女性を / 丁寧に / 紹介した。
　　 b. オフィスで / 職員が / 係長を / お茶を / 出した / 女性に / 丁寧に / 紹介した。

動詞「出した」までを読むと、（11a）は単一節として解釈できるが、（11b）は単一節として理解することができない。これは、1つの節に「を」格が2つ以上あってはならないという「二重ヲ格制約」（Harada 1973, Kuroda 1992）

第 5 章　文処理　169

に、(11b) は違反しているからである。例えば (12a) や (12b) のように、「言語学を」も「勉強を」も単独でなら「を」格が可能だが、(12c) のように、双方ともに「を」格をつけると、二重ヲ格制約に違反するため非適格文となる (Shibatani 1990: 310)。

(12) a. 学生が<u>言語学を</u>勉強する。

　b. 学生が言語学の<u>勉強を</u>する。

　c. *学生が<u>言語学を</u><u>勉強を</u>する。

同様に、(11b) も、「出した」の前に「を」格名詞句が 2 つあるため、二重ヲ格制約により、単一節としての解釈ができないことになる。

　Miyamoto (2002) は、移動窓の読み実験を行い、□□□の「お茶を」の読み時間を比較した (参加者 23 人)。その結果、(11a) に較べて、(11b) の読み時間が有意に遅くなることがわかった。この結果について、Miyamoto (2002) は、参加者は (11b) を単一節であると思って読み始めたが、二度目の「を」格が現れた時点でこれが間違いであることに気づき、再解釈を余儀なくされた結果、「お茶を」の読み時間が遅くなったと述べる。(11a) では、「お茶を」の時点では単一節として考えることに問題がないので、再解釈の必要はなく、読み時間が長くなることもない。

　Yamashita (1997) と Miyamoto (2002) の結果は、格情報をもとに、次にくるべき動詞や名詞句について、絞り込みが行われることを示している。これは、私たちが積極的に即時処理を行っていることの証拠といえる。さらに、Kamide, Altmann, and Haywood (2003) や Kamide (2006) は、視覚世界パラダイム (Visual-world Paradigm) という手法を用いて、格情報に加え、私たちがもつ世界知識もまた、後続語句を絞り込むのに役立つ可能性を示した。

図 4　視覚世界パラダイムの実験例 (Kamide et al. 2003: 148)[8]

(13) a. ウェイトレスが客に 楽しげに ハンバーガーを運ぶ。
　　 b. ウェイトレスが客を 楽しげに からかう。

　視覚世界パラダイムとは、1.2.2 節で示した視線計測実験の一種であるが、視線を向ける先は文ではなく、図や模型である。実験参加者 (22 人) は、(13) のような実験文を聞きながら、図 4 の絵を眺めるように指示された。(13a) は「～が～に～を＋三項動詞」と続き、(13b) は「～が～を＋二項動詞」と続く。実験の目的は、□□の「楽しげに」を聞いているときに、参加者の視線が図 4 のどこに向けられるかを検証することであった。(13a) のように、「ウェイトレスが客に楽しげに」と続いた場合、図 4 の中で最も意味がつながり易いものは「ハンバーガー」である。「が」格のウェイトレスを動作主、「に」格の客を受け手とみなすと、ウェイトレスから客に受け渡されるものとして最適なのは、「ゴミ箱」ではなく「ハンバーガー」だからだ。ここか

ら、(13a)の「楽しげに」を聞いているときに、まだ聞こえてきていない「ハンバーガー」に視線が集まることが予測できる。しかし、(13b)では、「ウェイトレスが客を楽しげに」と続くため、この後に「に」格を予測するよりも、そのまま動詞につなげる方が簡単である。仮に「に」格を連想したとしても、「ウェイトレスが客をハンバーガーに…」は、自然なつながりとはいいにくいので、「ハンバーガー」に視線が集まることはあまり期待できない。

　実験の結果、予測のとおり、「ハンバーガー」という単語を聞く前に「ハンバーガー」に向けられた視線の頻度は、(13b)よりも(13a)の方が有意に多いことがわかった。つまり、格情報だけでなく、レストランでおこるべきことといった世界知識も駆使して、即時処理が行われた可能性が示されたのである。[9]

2.2　語と語の呼応関係を利用した即時処理

　前節では、格情報や世界知識をもとに即時的に文処理がなされうることを示したが、特定の語句の呼応(依存)関係が即時処理を助けるという事例もある。Miyamoto and Takahashi (2002b: 66) は、(14)のような対の条件文を用い、移動窓の読み実験を行った。疑問詞「どんな」と疑問の終助詞「か」・「の」との関係について調査したのである。

(14)a. 専務が / どんなパソコンを / 使っていると / 係長が / 言ったの？（ミス
　　　　マッチ文）
　　b. 専務が / どんなパソコンを / 使っているか / 係長が / 聞いたの？

(14)の条件文は、どちらも疑問詞「どんな」を含む適格文である。ただし、「どんな」に対応する疑問の終助詞が、(14a)では文末(全体文の動詞)で初めて現れるのに対し、(14b)では文中(埋め込み節の動詞)で初めて現れている。この実験の目的は、疑問詞「どんな」のあと最初に出現する動詞に、疑問の終助詞が付くことを読み手が予測しているかどうかを調べることであった。もし、疑問詞と疑問の終助詞との依存関係を、なるべく早く完結させたいと思うならば、最初の動詞「使っている」において、疑問の終助詞「か」

が現れる（14b）は期待通りである。しかし、疑問の終助詞が現れない（14a）では、期待と異なるために処理負荷が高まり、読み時間も遅くなると予測できる（ミスマッチ効果）。

　実験の結果、（14a）の「使っていると」は、（14b）の「使っているか」に比べて読み時間が有意に遅くなることが確認された。さらに、Miyamoto and Takahashi（2002b）では、（14）から「どんな」を除いた文でも実験を行っている。すると今度は、「使っているか」の方が「使っていると」よりも読み時間が遅くなった。つまり、通常は肯定形よりも疑問形の方が処理に時間がかかるが、「どんな」との呼応関係が発生する（14）では、「使っているか」の方が速く処理されたのである。

　上の実験では、疑問詞が文中のどこに呼応するかの予測が、動詞領域で裏切られて読み時間の増大につながることを示した。同様の効果は、動詞が現れる前の領域でもおこりうる。Aoshima, Phillips, and Weinberger（2004: 34）は、（15）のような実験文を用いて、移動窓の読み実験を行った。

(15)a. どの社員に / 専務は / 社長が / 会議で / 課長に / 昇級を / 約束したと / 言いましたか？

　　b. どの社員が / 専務に / 社長が / 会議で / 課長に / 昇級を / 約束したと / 言いましたか？

(15)では、疑問詞「どの」が文頭に置かれ、「どの社員」に呼応するのは全体文の動詞「言いました」に限られる。しかし、このことが判明するタイミングが2つの文で異なっている。まず（15a）では、文の中ほどで現れる「課長に」が「約束した」に係るので、「どの社員に」は文末の動詞にしか係ることができない。このことは、「課長に」を読んだとき明らかになる。次に（15b）では、疑問詞が全体文の主格名詞に付いているので、埋め込み節の動詞にかかることができない。このことは、「が」格が二度目に現れる「社長が」を読んだとき明らかになる。

　実験では、「課長に」の読み時間を（15a）と（15b）で比較している。Miyamoto and Takahashi（2002b）の結果が示したように、疑問詞「どの」との呼

応関係を早く完結させたいと思うのであれば、最初に現れる動詞に終助詞「か」が付くことを予測するはずである。しかし、上述した理由により、埋め込み節の動詞（最初の動詞）に「どの」がかからないことが、(15a)では「課長に」で明らかになり、(15b)では「課長に」以前で既にわかっている。もし、これら全ての情報を使って即時処理を行うならば、「課長に」で予測と現実のギャップがおこる(15a)の方が、(15b)よりも読み時間が遅くなると考えられる。実験の結果、やはり(15a)の「課長が」の読み時間の方が有意に遅くなっていた。この結果は、「どの社員」の呼応先が埋め込み節内にはないことが、動詞「約束した」を待つことなくわかったことを示唆しており、私たちが即時処理を行っていることを示す強い証拠と言えるだろう。

　なお、ここで示した Miyamoto and Takahashi（2002b）と Aoshima et al.（2004）の 2 つの研究は、なぜ疑問詞との呼応関係が即時処理を生むのかという説明が若干異なる。Miyamoto and Takahashi（2002b）は、呼応関係が満たされないまま疑問詞を記憶に留めておくことは、認知的な負荷を高めると説明する。さらに、LF 移動や Null Operator（空演算子）といった概念を用いて、生成文法の枠組みからの説明も試みている。一方、Aoshima et al.（2004）では、疑問詞の名詞句（どの社員）がもつ意味役割（例：受け手、動作主）が一番早く満たされるような場所を求めた結果、即時処理が促進されたのだと説明している。

　以上、2 節では、私たちが即時処理を行っていることを示した実験をいくつか紹介した。これらの結果からいえることは、格情報、疑問詞との呼応関係、世界知識といった、言語・非言語情報を駆使して即時処理がなされるということである。SOV 語順である日本語は、英語などのように述部の情報をいち早く読み取ることはできない。しかし、日本語は日本語なりの情報を有効活用して、即時処理を行っているのである。これは別段驚くことではないかも知れないが、漠然と正しいと感じることが、必ずそうであるかどうかはわからないのと同じで、殆ど無意識に行われる文処理は、実証的なデータがなければ、その知見を積み上げていくことができない。ここで取りあげた研究は、日本語も英語などと同じように即時処理を行っているということ

を、実際に数値で示したという点で、その意義は大きい。

3. 関係節を含む文の処理

　本節では、次のような関係節を含む文の処理について考える。（日本語学では、名詞修飾節や連体修飾節などと呼ぶこともあるが、ここでは関係節という名称で統一する。）

（16）　[＿＿＿ 言語学を勉強する] 学生

（16）において、[ ] で括られた部分を関係節、「学生」を主要部（head）と呼ぶ（文処理研究ではフィラーと呼ばれることもある）。関係節内の下線部を空所と呼び、空所と主要部は同じものを意味する。

　2節で述べた即時処理という観点からすると、日本語関係節は即時処理とは相性の悪い構造である。なぜなら、関係節動詞「勉強する」を読んでも、そこで文が終わるのか、さらに続くのかが、わからないからである。日本語は、連体形と終止形が同形であることに加え、英語の which にあたる関係詞もないため、関係節を読んでいる間は、それが関係節構造であるかどうかの判断ができない。しかし、関係節は世界の言語に広くみられる構造であり、関係節特有の文処理方法も指摘されている。日本語の関係節は、日本語以外の関係節と同じように処理されるのか、日本語特有の問題があるのかなど、注目すべき点は多く、これまでに一定数の研究成果が積み上げられている。以下では、その中から特に主語関係節と目的語関係節の非対称性（主語関係節の優位性）、有生性の問題、そして袋小路文の問題を取り上げ、具体的に先行研究をみていきたい。

3.1　主語関係節と目的語関係節

　主語関係節と目的語関係節とは、（17）のような構造のことをいい、関係節内の空所の位置が異なる。まず（17a）は、主要部「記者」が関係節内の主語にあたるので、主語関係節と呼ばれる。同様に（17b）は、主要部が関係節内

の目的語にあたるので、目的語関係節と呼ばれる。

(17)a. [＿＿＿ 新任の議員を非難した] 記者には 長年の相棒がいた。(主語関
　　係節)
　 b. [新任の議員が＿＿＿ 非難した] 記者には 長年の相棒がいた。(目的語
　　関係節)

Ueno and Garnsey (2007: 290) は、(17) の文を用いて移動窓の読み実験と事
象関連電位 (ERPs) の実験を行った。移動窓の読み実験 (参加者 40 人) では、
＿＿＿ で囲まれた主要部領域「記者には」の読み時間が両文で比較された。
その結果、(17a) の方が (17b) よりも読み時間が有意に短いことがわかった。
同じ文節の読み時間を較べているにもかかわらず有意差がみられたというこ
とは、主語関係節と目的語関係節とでは、処理負荷が異なり、主語関係節の
方が処理しやすいということを示唆している。次に行った ERP 実験 (参加者
33 人) でも、類似の効果が観測された。
　このような、主語関係節の方が処理が易しいという結果は、Ueno and
Garnsey (2007) 以外の日本語文処理実験でも報告されている (カフラマン
2011, Miyamoto and Nakamura 2003、于 2015 等)。また、日本語以外の言語
からも同様の報告が数多くなされており、主語関係節の優位性が、言語を問
わず普遍的な現象として説明されることが多い (英語：King and Just 1991, 中
国語：Lin and Bever 2006, トルコ語：カフラマン 2011, 韓国語：Kwon, Po-
linsky, and Kluender 2006, 等)。

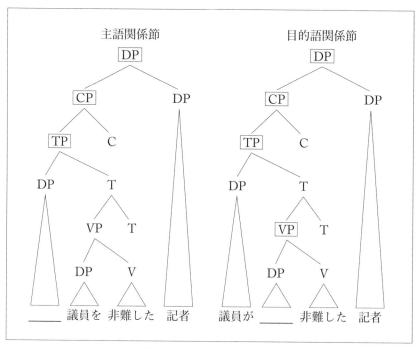

図5　主語関係節と目的語関係節の統語構造(簡略図)

　この理由として、文処理研究でよく挙げられるのが、構造的距離仮説(Structural Distance Hypothesis)である(O'Grady 1999, 2001)。構造的距離仮説では、空所と主要部の構造的な距離が、主語関係節と目的語関係節では異なるために、処理負荷に違いが生じると考える。図5に示すように、主語関係節では、空所と主要部の間に接点(node)が3つ介在している(TP、CP、DP)。一方、目的語関係節では、空所と主要部の間の接点は少なくとも4つある(VP、TP、CP、DP)。つまり、目的語関係節の方が空所と主要部の間に介在する接点の数が多く、その分だけ構造的な距離が遠くなるため、処理負荷が生じるとするのである。

　構造的距離仮説の他には、Keenan and Comrie(1977)による名詞句近接度階層(Noun Phrase Accessibility Hierarchy, NPAH)の考え方がある。Keenan and Comrie(1977: 66-75)は、類型言語学の視点から、約50言語のデータをもとに、関係節の主要部を(18)のように分類し、序列化(階層化)した。この

第 5 章　文処理　177

6 種類は、主要部が関係節内の空所として、どのような文法機能をとること
ができるかを示している。（本節で問題としている、主語関係節は SU にあ
たり、目的語関係節は DO にあたる。）

(18)　名詞句近接度階層（NPAH）
　　　a. 主語（SU）　　　　　　　　　　　　　　　　　　　　　　　高

　　　　　the student that [＿＿ saw the woman]

　　　b. 直接目的語（DO）

　　　　　the book that [John gave ＿＿ to Mary]

　　　c. 間接目的語（IO）

　　　　　the woman that [John gave the book to ＿＿]

　　　d. 斜格名詞句（OBL）

　　　　　the knife with which [the man killed the chicken ＿＿]

　　　e. 属格名詞句（GEN）

　　　　　the man whose [＿＿ dog is smart]

　　　f. 比較級の目的語（OCOMP）

　　　　　the man that [Mary is taller than ＿＿]　　　　　　　　　低

これら 6 種類は、全ての言語に等しく存在するという訳ではなく、階層の上
（主語）にいくほど多くの言語に分布し、階層の下（比較級の目的語）にいくほ
ど観察されづらいという。さらに、例えばある言語に、(18c) の「間接目的
語」タイプの関係節が観察された場合、それより階層の上部にあるタイプの
関係節は必ず存在するという関係も同時に表している。その上で、Keenan
and Comrie (1977) は、子供の発話繰り返し課題や大人を対象にした自然度
判断課題といった、先行研究での調査の結果も考慮に入れながら、階層の高
い関係節ほど理解が簡単であるという可能性を示している。

　O'Grady の構造的距離仮説も、Keenan and Comrie の NPAH も、文処理
における主語優位性を示す際によく引用される説明である。ただし、NPAH
は、関係節が世界の言語にどのように分布するかという、言語類型論の知見
をもとに導かれた仮説である。なぜ (18) のような階層が存在するのかという

理由については、主語を伴う述語の数は直接目的語を伴う述語の数よりも多いといった、述語の普遍的特徴に関連づけた説明がなされている。他方、構造的距離仮説は、母語獲得、第二言語習得等における知見をもとに導かれた仮説であり、主語関係節の習得が易しい理由を統語的に説明しようとしたものである。これら2つの仮説の他にも、主語関係節と目的語関係節の処理を説明する仮説がいくつか提案されており、Hsiao and Gibson (2003) では諸説が対比されている。

以上、主語関係節の優位性について述べたが、反対に、目的語関係節の方が処理が容易とされる事例も少数ではあるが報告されている。そのような結果を説明できる考えとして、線的距離仮説がある (Gibson 2000, Wanner and Maratsos 1978)。線的距離仮説とは、簡単にいうと、空所と主要部の間に介在することばの数によって処理の難易度が決まるとする考え方である。例えば、図5では、空所と主要部の間に介在する単語の数が、主語関係節は2語（「議員を」と「非難した」）であるのに対して、目的語関係節は1語だけ（「非難した」）なので、目的語関係節の方が介在単語数が少なく、処理も易しいと考える。

この線的距離仮説は、英語関係節にあてはめると、目的語関係節ではなく主語関係節の優位性を支持する。

(19) a. the reporter who ___ criticized the senator（主語関係節）
    b. the reporter who the senator criticized ___（目的語関係節）

(19) からわかるように、日本語と違って英語では、主要部の the reporter と空所の線的距離は主語関係節の方が短い。この理由は、日本語は関係節が主要部の前に置かれる関係節前置型であるのに対し、英語は関係節が主要部の後に置かれる関係節後置型であるため、主要部と空所の線的距離が前置型と後置型とでは反対になってしまうことによる。（構造的距離仮説では、関係節前置型と後置型の違いにかかわらず、主語関係節がいつも優位となる。）

もともと、英語などの関係節後置型の言語を対象とした研究では、構造的距離仮説と線的距離仮説のどちらも主語関係節の優位性を説明できていた。

そこへ、日本語のような関係節前置型言語を研究対象とすることで、どちらの仮説が妥当であるのかを検証しようという流れがおこり、日本語の関係節処理研究に拍車がかかったということがあった。その結果、主語関係節の優位性を示す結果が大半を占めたのである。しかしながら、少数ではあるが、主語関係節の優位性を否定する結果もあった。これらは、日本語（Kahraman, Sato, Koide, Uno, Takemura, and Sakai 2009）、 中 国 語（Hsiao and Gibson 2003）、韓国語（Kim, Yano, Tateyama, and Sakamoto 2014）といった、関係節前置型の言語からの報告であり、大変興味深いことといえる。

　主語関係節の優位性を示す多数の研究に混じって、なぜこのような反例がみられるのかの、充分な説明は特に提示されていない。実験の方法に問題があったという可能性もあるが、関係節の処理は、実はそれほど単純ではないことを示唆しているのかも知れない。ただ、わかっていることもあり、主語関係節の優位性が崩れると思われる条件が、いくつか報告されている。上で示した反例はこれにはあてはまらないが、次節では、主語関係節の優位性が働かなくなる条件について詳しくみてみたい。

3.2　主語関係節の優位性が崩れるとき：有生性の問題と袋小路文

　前節で述べたように、主語関係節の優位性は、日本語を含む多くの言語で観察される、比較的強固な文処理の傾向である。しかし、ある条件が加わると、主語関係節の優位性がみられなくなることがある。その条件の 1 つに、有生性の問題がある。有生性とは、ある名詞句が有生物であるか無生物であるかを指す。

　佐藤（2011）は、約 3000 件の関係節が含まれる書き言葉のコーパス（文章データ）を用いて、関係節内の主語・目的語と有生性の関係について調査した。その結果、関係節の多く（75%）が、有生名詞を主語に、無生名詞を目的語にとっていた。そしてそのような組み合わせの場合、目的語関係節が現れる頻度が主語関係節に較べて有意に高いことがわかったのである。ところで、前節の文例(17)をみると、関係節内の主語と目的語は、どちらも有生名詞であり（「議員」と「記者」）、他の先行研究も殆どこの組み合わせで実験文が作られている。しかし、佐藤（2011）の調査では、このような組み合わせ

は、関係節全体の 10% 未満しかなく、しかもその場合は主語関係節の現れる頻度が高かった。つまり、次の(20)のように、有生名詞と無生名詞の組み合わせをもつ関係節の方が、実際の文章データでは多いが、研究の対象にはあまりなってこなかったのである[10]。

(20) a. [＿＿＿ 改革を語った] 大統領は 来月外遊を予定している。（主語関係節）

　　 b. [大統領が ＿＿＿ 語った] 改革は 来月実施を予定している。（目的語関係節）

(佐藤 2011: 46)

　そこで佐藤 (2011) は、(20) の実験文を用いて、移動窓の読み実験を行った (参加者 35 人)。すると、主要部領域において (「大統領は」と「改革は」)、主語関係節の優位性はみられなかった。つまり、これまでに指摘されてきた主語関係節の優位性は、関係節内の主語と目的語がどちらも有生名詞をとる時に、典型的に現れた効果である可能性がある。興味深いことに、似たような事例は、英語 (Traxler, Morris, and Seely 2002) やオランダ語 (Mak, Vonk, and Schriefers 2002) などでも報告されており、有生性の影響は日本語に限ったことではない。

　佐藤 (2011) によると、名詞の有生性によって主語関係節の優位性が崩れる理由は、私たちの言語経験にある。コーパスデータでは、目的語に無生名詞をとる関係節が圧倒的に多く、その場合目的語関係節の発生頻度が高かったが、これは、実生活の言語でも同じであると想定できる。つまり、私たちは言語経験に敏感で、頻繁に接する関係節 (無生名詞を主要部にとる目的語関係節) を読むときは、頻繁には接しない関係節よりも、経験値が大きい分だけ処理負荷が小さくなり、読み時間も速くなることを示唆している。

　名詞の有生性に関する問題の他に、主語関係節の優位性を崩す要因として、袋小路文 (garden path sentences) が挙げられる。袋小路文とは、(22a) のような文をいう。

（21）　主要部＝全体文の主語

　　　　a. [＿＿＿ 母親を待っている] 女の子が 駅でおじさんを手伝った。

　　　　b. [母親が ＿＿＿ 待っている] 女の子が 駅でおじさんを手伝った。

（22）　主要部＝全体文の目的語

　　　　a. おじさんが [＿＿＿ 母親を待っている] 女の子を 駅で手伝った。

（袋小路文）

　　　　b. おじさんが [母親が ＿＿＿ 待っている] 女の子を 駅で手伝った。

（于 2015, 于・澤崎 2015）

（21）は、全体文の主語が関係節の主要部となる文で、これまで例文で挙げてきた関係節と同じ形である。それに対して（22）は、全体文の目的語が関係節の主要部となっており、文冒頭の「おじさんが」は関係節には属さない。即時処理が行われると、（22a）では、「おじさんが母親を待っている」という間違った解釈を文途中まで行うことになる。文を読み続ければ、「おじさんが母親を待っている」のではなく「女の子が母親を待っている」とわかるのだが、（22a）ではまず誤った解釈を行い、主要部で修正（再解釈）して正しい理解にいたると予測できる。このような文を袋小路文と呼び、路地に入り込んで行き止まりにぶつかってしまったため、来た道を戻って別の道を選び直すという行為になぞらえている。このような袋小路文は、主要部を読むまで関係節構造であることが明白でない日本語には特有の構造である。袋小路文は再解釈が必要な分、処理負荷が大きくなり、通常文と較べると処理が困難だと考えられる。

　ところで、再解釈が必要という意味では、（21）も再解釈と無縁ではない。日本語は主語や目的語の省略が可能なので、「母親を待っている」や「母親が待っている」で文が終わるという解釈ができるが、次の句を読むと、文がまだ続くという再解釈が必要となる。しかし、このような例は、再解釈が軽微で、処理負荷の増大を感じることもないため、通常袋小路文とは呼ばない（Mazuka and Itoh 1995）。ここでは、何らかの処理負荷が引きおこされる場合に、袋小路文と呼ぶことにする。

　さて、（22a）で再解釈が必要になるのは、主要部「女の子を」においてで

ある。(22b)は袋小路文ではないので、(22a)のような再解釈はおこらない。つまり、「女の子を」の読み時間は再解釈が必要な(22a)の方が遅いと予測できる。しかし同時に、(22a)は主語関係節文でもあり、それに対して(22b)は目的語関係節文である。主語関係節の優位性から考えると、逆に、(22a)の「女の子を」の方が(22b)よりも処理速度が速くなるとも考えられる。果たして、(22a)は読み時間が遅いのだろうか、速いのだろうか。于(2015)と于・澤崎(2015)は、(21)と(22)のような実験文を用いて移動窓の読み実験を行った(参加者20人)。その結果、袋小路文とは関係のない(21)では、先行研究と同じように主語関係節の優位性がみられた。しかし、袋小路文を含む(22a)と含まない(22b)を較べたところ、主語関係節の優位性はみられなかったのである。つまり、(22a)では、袋小路文がもたらす処理負荷により、「女の子を」において通常なら現れる主語関係節の優位性が、打ち消されたといえるだろう。

3.3 関係節と袋小路効果の大きさ：SR文とSOR文

前節では、(21)のような文は、再解釈が軽微であるために処理負荷は増大せず、従って袋小路文とは呼ばないと述べた。しかし、何をもって袋小路文とするかについては、一致した見解がある訳ではない。再解釈が難しいという場合、難しさの定義や、何と較べて難しいのかによって、その度合いが異なるからである。例えば(23)をみてみよう。(23a)は、3.2節で紹介した袋小路文(22a)とよく似た構造である。

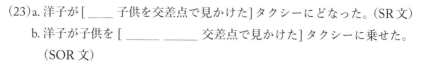

(Hirose 2002: 32, Mazuka and Itoh 1995: 305)

(23b)は、空所が2つあるようにみえるが、最初の空所は任意の主語が省略されたもので、2番目の空所(目的語)が主要部「タクシー」を指す。この2つの文を較べると、(23a)からは再解釈の困難さが感じられないという指摘

がある (Mazuka and Itoh 1995: 306)。

　(23) は、どちらも「洋子が子供を交差点で見かけた」までを読む限りは、単文として解釈ができる。しかし、文末まで読むと、(23a) 文は「洋子がタクシーにどなった」と再解釈を迫られる。最初は「見かけた」の主語だった「洋子」を、全体文の動詞「どなった」の主語として解釈し直すので、主語再解釈文 (Subject Reanalysis, SR) と呼ばれる (Hirose and Inoue 1998)。一方、(23b) 文では、「洋子が子供をタクシーに乗せた」という解釈に修正を迫られる。つまり、「見かけた」の主語と目的語であった「洋子」と「子供」を、全体文の動詞「乗せた」の主語と目的語として解釈し直すので、主語目的語再解釈文 (Subject and Object Reanalysis, SOR) と呼ばれる。Mazuka and Itoh (1995) は、主語だけが再解釈の対象となる SR 文は問題なく理解できるが、主語も目的語も再解釈の対象となる SOR 文は理解困難な袋小路文だと指摘する。この指摘を支持する研究報告もあり (Miyamoto 2002, Tokimoto 2004)、文頭から処理を始める即時処理の考えからすると、これは理にかなっているように思える。

　しかし、他の実験データをみると、SOR 文の方が難しいという結果ばかりとはいえない。Hirose and Inoue (1998: 80) は、(24) のような文を使って移動窓の読み実験を行った (参加者 45 人)。

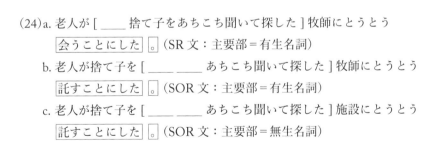

　(24a, b) は、(23a, b) と同じ構造の SR 文と SOR 文である。まず、(24a, b) について、文構造の違いが明らかになる ☐ の文末領域を比較したところ、読み時間に有意差はみられなかった (「。」も単独で 1 領域として読み時間が比較された)。しかし、(24c) のように、関係節主要部を「牧師」から「施設」

に変えたところ、読み時間に違いが現れた。主要部が無生名詞の SOR 文
(24c)は、有生名詞の SOR 文(24b)よりも、□□□領域で読み時間が有意に速
くなったのである。つまり、SR 文と SOR 文の構造の違い自体は処理負荷
に影響を与えないが、関係節主要部の有生性の違いが、処理負荷に影響した
ということになる。Hirose and Inoue(1998)はこの結果を、有生名詞(牧師)
は意味役割が行為者と主題の間で曖昧であるのに対し、無生名詞(施設)は意
味役割が主題に限られるため、処理しやすくなったと説明している。

　名詞の有生性が袋小路文の難しさに影響を与える事例は、SOR 文だけで
なく SR 文でも報告されている。(25)は、どちらも SR 文だが、関係節内の
目的語の有生性が異なる(「母親」と「煙草」)。

(25)a. 少女が [＿＿ 母親を捜した] 少年を 見つけた。(有生目的語文)

　　 b. 学生が [＿＿ 煙草を吸った] 友人を 注意した。(無生目的語文)

読み時間から 2 つの文を分析したところ、□□□の主要部領域において、有
生目的語文(25a)で袋小路化が確認されたという(伝・井上 1997、井上
1998: 82–84、井上・伝 1997)。(25b)が袋小路化しないのは、無生目的語は
後続動詞との共起パターンが限られているため、単文としての解釈と関係節
としての解釈の両方を、同時に想定しておけるためと説明されている。(有
生目的語は、後続動詞との共起パターンが多いため、単文で終わる解釈しか
想定しておけない。)

　さらに、SOR 文の方が SR 文よりも処理が易しいことを示唆する報告も
ある。(26)は、ERP 実験(参加者 20 人)に使われたもので、(26a)が SR 文、
(26b)が SOR 文に相当する。

(26)a. 大臣が [＿＿ 本部に集まった] 裏金を盗んだ。(SR 文)

　　 b. 大臣が本部に [＿＿ 集まった] 裏金を預けた。(SOR 文に相当)

　　　　　　　　　　　　　　(Oishi, Yasunaga, and Sakamoto 2007: 370)

ERP 計測の結果、統語的な違反の場合に現れるとされる P600 成分が、SR

文でより顕著に観察された。このことから、SOR 文の方が処理負荷が低く、より好まれるとしている (Oishi, Yasunaga, and Sakamoto 2007)。

このように、関係節文における袋小路効果の大きさについて、先行研究からは一致した見解が得られていない。再解釈の難しさは、統語的な複雑さに加え、表記・意味・語用論・韻律などの情報が影響するという指摘があり (Mazuka and Itoh 1995: 323)、複数の要因が絡み合う。ここでは、統語的複雑さと名詞の有生性が袋小路文に影響を与える例を紹介したが、それ以外の要因に範囲を広げた今後の研究が望まれる (cf., Kahraman and Sakai 2015)。

以上、3 節では、関係節を含む文の処理について概観した。他の言語と同じく、日本語においても主語関係節の優位性がみられるが、無生名詞や袋小路文がその優位性を打ち消す力があることを述べた。また、SR 文や SOR 文は袋小路文になり易いものの、名詞の有生性によってその効果が弱まることも確認した。

3 節で取り上げた項目以外にも、冒頭 (2) に示した「ドラマに出ていた女性アイドルの弟」のような、主要部が「女性アイドル」なのか「弟」なのかという曖昧性の問題も、関係節処理に関する研究対象の 1 つである。また、「ラーメンを食べたおつり」のような、空所を伴わない「外の関係」といわれる関係節 (寺村 1992: 192–205) について、通常の関係節とは処理が異なることを示した研究もみられる (Currah 2002, Sawasaki 2014)。

最後に、関係節を「聞く」場合の文処理研究を 1 つ紹介しておきたい。これまで、関係節は即時処理との相性が悪いことを前提に議論してきた。しかし、音の長さや高さなどの韻律情報から、日本語でも即時処理が可能であることを示した報告がある。Venditti and Yamashita (1994：376) は、録音された (27) のような文から「白書」以降の音声を削除し、どちらの文も「読んだ」で終わるように加工した。実験では、加工処理された音声を参加者 13 人が聞き、その文が「読んだ」で終了すると思うか継続すると思うかを判断したのである。

(27) a. マリが　　読んだ。

b. [マリが＿＿＿ 読んだ] 白書は重かった。

結果は、94% 以上の正解率で、文が継続するかどうかの判断ができていた。音声ファイルを分析したところ、「読んだ」において、(27a) は (27b) よりも音が長く、小さく、そして低く発音されていたことがわかった。つまり、聞くことに限れば、話者は文が終了するか継続するかを表現し分けており、聞き手もその違いを理解することができるのである。

4.　その他の文処理研究

　ここまで、即時処理と関係節処理に絞って先行研究を紹介してきた。この他に、紙幅の都合上詳しく紹介できなかったものの中から、「が」格連続文とワーキングメモリの問題について、簡単に触れておきたい。
　「が」格連続文とは、例えば(28a)に示すような、全体文の中に節が幾重にも埋め込まれた文のことを指す。中央埋め込み文とも呼ばれ、このような文は処理が難しい。

(28) a. <u>佐藤さんが</u> [高橋さんが [その人が山根さんを告訴したと] 思ったと] 言った。
　　 b. <u>佐藤さんは</u> [高橋さんが [その人が山根さんを告訴したと] 思ったと] 言った。

（Uehara 1997, Uehara and Bradley 2002: 280）

「が」格連続文が難しい説明として、「が」が節と節の境界を区切る役割を担うために統語上の複雑さが生じること（Mazuka and Itoh 1995, Miyamoto 2002）、埋め込みの数と動詞の前に現れる項（主語や目的語）の数からくる難しさがあること（Babyonyshev and Gibson 1995, 1999）、同じタイプの情報が連続すると認知的な難しさが生まれること（Lewis and Nakayama 2002）など、いくつかの理由が提案されている。
　特筆すべきは、(28a) の最初の「が」を「は」に替えて(28b)にすると、

処理が目にみえて簡単になることである。Uehara（1997）らは、アンケート方式による文の難易度調査（参加者 32 人）を行い、「が」格が 3 連続する（28a）の方が、（28b）よりも有意に難しいと感じることを示した。また、この他にも、名詞句の 1 つを無生名詞に替えて名詞の意味役割を明確にすると、文処理の難しさが軽減されるという報告もある（坂本・安永 2009）。このように、どのような要素が処理負荷を作り出すのかを考える際に、「が」格連続文は興味深い情報を提供してくれる。

　次に、ワーキングメモリ（WM）について、文処理に特化した WM の研究を展開する Daneman and Carpenter（1980）や Just and Carpenter（1992）らの主張を紹介したい。彼女らよると、文処理とは、取り入れた情報を一時的に記憶しつつ意味処理を進めていく、いわば情報の「保持」と「処理」を同時に行う作業であり、WM という記憶資源を使ってそれが行われるという。しかし、WM の容量には個人差があり、容量が小さいと、情報の保持と処理を効率的に行うことができなくなる。

　WM の容量を測るため、Daneman and Carpenter（1980）は英語リーディングスパンテスト（RST）を開発し、WM の個人差が英語の文処理に及ぼす影響が報告された（Just and Carpenter 1992, King and Just 1991 等）。その後、英語 RST を応用して日本語 RST（苧坂 2002）などが作られ、日本語における WM の影響も議論されるようになった。これまで、WM の個人差の影響が確認されているものの中に、かき混ぜ文の理解（Nakano, Felser, and Clahsen 2000）、SOR 関係節文の理解（Tokimoto 2004）、「が」格連続文の理解（澤崎 2009）などがある。このような先行研究からわかるのは、たとえ母語話者であっても、皆が全く同じように処理を行っているとは限らないということである。また、近年では、母語における WM 研究を応用して、第二言語習得と WM の関係についても研究が進んでいる（Kashiwagi 2011, Sawasaki and Kashiwagi-Wood 2015 等）。

　以上、本節では、「が」格連続文と WM が文処理に与える影響についてごく簡単に紹介した。

5. 本章のまとめと文処理理論：結びにかえて

　本章は、文処理研究で用いられる手法と、日本語の文処理研究がこれまで明らかにしてきたことを、即時処理と関係節処理に焦点をあてて紹介した。日本語では、英語と異なり動詞が文末までわからないが、動詞以外の情報を積極的に取り込むことで、早い段階から即時処理を可能にしていることがわかった。これは、処理の具体的な方法は言語間で異なっても、即時処理が行われるという点では一致しているということである。さらに、日本語では即時処理との相性が悪いといわれる関係節処理に関して、袋小路文が生まれやすいという日本語特有の問題があることを指摘した。しかしその一方で、主語関係節の優位性や、名詞の有生性によって処理負荷が変わることなど、日本語以外の言語でもみられる共通の傾向もある。つまり、言葉の違いを越えて、共通の原理が文処理には働いていることを、これらのことは指し示しているといえる。

　表1は、本章で紹介した研究の知見をまとめたものである。表をみると、統語情報から世界知識まで、幅広い要因が文処理に影響を与えていることがわかる。多くの情報を頼りに文が処理されていくことには疑う余地がないが、これらの要因が具体的にどのように文処理に係わるのかについては、研究者の間で意見が分かれている。その中の代表的な考え方として、ガーデンパスモデル（Garden-path Model: Ferreira and Clifton 1986, Frazier and Rayner 1982 等）と制約依存モデル（Constraint-based Model: MacDonald, Pearlmutter, and Seidenberg 1994, Trueswell, Tanenhaus and Kello 1993 等）がある。

第 5 章　文処理　189

表 1　本章で紹介した研究知見の一覧

研 究 項 目	処理に影響を与える要因	節番号	例文番号
即時処理に係わる研究			
・目的語と動詞の統語的・意味的違反が脳波に現れる	統語・語彙情報	1.2.2	(6)
・格情報から新しい節の始まりを予測する	統語情報	1.2.2, 2.1	(5) (11)
・格情報の組み合わせから動詞を予測する	統語情報	2.1	(9)
・格情報と世界知識から動詞を予測する	意味役割、世界知識	2.1	(13)
・疑問詞などから呼応する語句を予測する	認知的制約、意味役割	2.2	(14)(15)
関係節に係わる研究			
・主要部範囲の選好性が言語により異なる	統語情報、発生頻度		(2)
・主語関係節に優位性がある	統語情報、言語の普遍性	3.1	(17)
・無生名詞が主語関係節の優位性を弱める	発生頻度	3.2	(20)
・袋小路効果が主語関係節の優位性を弱める	統語情報	3.2	(21)(22)
・SR 文と SOR 文は再解釈の困難さが異なる	統語情報	3.3	(23)(26)
・無生名詞が SOR 文の袋小路効果を弱める	意味役割	3.3	(24)
・無生名詞が SR 文の袋小路効果を弱める	語句の共起頻度	3.3	(25)
・「外の関係」は通常の関係節とは処理が異なる	有標性、読書経験	3.3	なし
・韻律情報が関係節の即時処理を可能にする	韻律情報	3.3	(27)
その他			
・有生名詞(目的語)の省略は理解されやすい	言語の普遍性	1.1	(3) (4)
・「が」格の連続が処理負荷を増大させる	統語情報、意味役割、認知的制約	1.2.2, 4	(5) (28)
・ワーキングメモリの個人差が文処理に影響を与える	認知的制約	4	なし

　ガーデンパスモデルとは、最初に文の解釈を決定するのは統語情報であり、その他の情報は、解釈の修正や確認をする際に二次的に活用されるという考え方で、情報の使われ方には一定の順番があるとする。この考えに沿う典型例として、3.2 節の例文(22)で示した、「おじさんが母親を待っている女の子を駅で手伝った」が挙げられる。統語情報に従い、「待っている」で文が完結すると想定してしまうがために、「女の子を」でガーデンパス(袋小路)現象がおこるのである。

　これに対して、制約依存モデルでは、文を構成する語彙の情報に重きをおく。語彙情報には、統語知識も含まれ、例えば「おじさんが」を読んだ場合、主語(統語情報)であることや行為者(意味役割)であることに加え、どういっ

た語彙と共起しやすいか（発生頻度）といった情報が同時に天秤にかけられ、総合的に判断された上で一番適した文解釈が採用される。統語情報を優先させるガーデンパスモデルとは異なり、制約依存モデルでは多様な情報が並列的に処理され、より制約（結びつき）の強い情報が優先されていくことになる。

　上の2つの理論は、心理言語学系の文献で比較的多く見受けられるものである。この他にも、WMと文処理の関係に焦点をおく理論や、文処理を単純に脳内の神経回路が活性化する現象と捉え、規則としての言語知識は想定しない理論などもある。内容はそれぞれ異なるが、どの理論も、文処理に関する共通の原理やメカニズムを解明しようとしている点では変わらない。また、その先には、ヒトは外から入ってくる情報をどのように認識するのかという、より高次元の問いがある。文処理の理論を構築し、強固なものにしていくことで、そのような問いに対する答えに、一歩でも近づこうとしているのである。

　そのような中で、これまで比較的多く研究の対象とされてきたのは、英語を初めとする欧米の言語であった。類型的に英語などとは大きく異なる日本語からの研究成果は、主に欧米系の言語をもとに構築されてきたこれまでの文処理理論に対して、大きな後押しとも試練ともなりうる（Sakamoto 2015）。この点で、日本語文処理研究は、今後の貢献が期待されているといえよう。

注

1　これに対して、「おすとめす」がひらがな表記であることから、「押すと、めす」ではなく「おすとめす」という解釈になりやすいという指摘もある（Mazuka and Itoh 1995）。

2　関係節の修飾範囲は、言語により選好性に違いがあることがわかっている。例えば、日本語と同じく「弟」を指す傾向があるのは韓国語、オランダ語、スペイン語などで、逆に英語などは、「女性アイドル」を指す傾向が強いとされる（Han 2011 によるまとめより）。

3 興味のある読者は、郡司・坂本 (1999) をあわせて読まれたい。実験データを扱う言語学の基本事項が、ていねいに説明されている。

4 実際には、主語が省略された文がもう 1 つの条件として使われたが、説明を簡略化するためにここでは省略した。以後も、同様の理由で実験文や条件を簡略化して示すことがあるが、実験の主旨を大きく変えることにならない限り、付記説明は省略する。

5 同じ参加者が、語彙が重複する a 文と b 文の自然度判定をする場合、最初に読んだ文での判断が記憶に残り、次の文の判断に影響を与えてしまうことがある。これを避けるため、(3a) を読んだ人は (3b) を読まないというように、参加者を 2 つのグループに分け、同じ語彙が現れる文を二度読まないような実験文の割り振りをすることがよくある。澤崎 (2015) でもそのような操作が行われている。

6 図 2 と図 3 の写真撮影にあたり、須田孝司氏と富山県立大学工学部知能デザイン工学科知的インターフェイス工学講座の協力を得た。また、視線計測実験と ERP 実験の説明については、酒井 (2010)、Sakamoto (2015) や、須田孝司氏からの情報を参考とした。

7 日本語の基本語順は SOV だが、OSV といった語順で現れる文を「かき混ぜ文」と呼ぶ。Yamashita (1997) や Nakayama (1995) は、かき混ぜの有無は処理に影響がないとしている。しかし最近は、かき混ぜ文は処理負荷を高めるという報告も多い (Mazuka, Itoh, and Kondo 2002, Miyamoto and Takahashi 2002a 等)。また小泉 (2010) は、先行文脈がかき混ぜ文の理解に与える影響を指摘している。

8 上出由紀氏と Elsevier 社の許可を得て画像を掲載した。

9 Kamide et al. (2003) では、ウェイトレスが客に「ゴミ箱」ではなく「ハンバーガー」を手渡す理由として、とりたてて世界知識が強調されているわけではない。しかし、Kamide et al. (2003) や Kamide (2006) を読むと、言語外情報や世界知識が処理に深く関与する可能性が記されているのがわかる。

10 (17) のような例文が実験文として好まれてきたのは、比較をする場合に都合が良いからである。(17) で、「記者には」を主語関係節と目的語関係節との間で比較し、同じ語彙間で何らかの違いが出たならば、関係節構造が違いの理由だと特定しやすい。しかし、(20) では、比較する主要部が異なる語彙であるため、結果に違いが出ても、その原因が (17) と較べて特定しづらいという問題がある。(20) の問題を軽減するために、比較する語彙の使用頻度や親密度、さらに文字数・モーラ数を同等に揃えるといった操作などが考えられるが、最近は、同じ語彙同士を比較するように実験文を組み立てることが一般的となっている。

さらに研究を進めるために

1. 坂本勉「文の理解」(連載記事)『月刊言語』第30巻(9号から13号)大修館書店(2000年)
   日本語文処理について、日本語で書かれた入門書が乏しい中で、やさしく説明されている連載記事である。雑誌は休刊となったが、大学等の図書館ではバックナンバーがみつかるはずである。

2. Nakayama, Mineharu (ed.) (2015). *Handbook of Japanese Psycholinguistics.* Berlin: De Gruyter Mouton.
   日本語の心理言語研究について、複数の分野からこれまでの研究の経緯や最新の動向が報告されている。全18章のうち、8章が文処理に係わる内容である(第二言語の文処理研究を含む)。文処理を専門に勉強したい人に適した解説書である。

3. Nakayama, Mineharu, Reiko Mazuka, and Yasuhiro Shirai (eds.) (2006). *The Handbook of East Asian Psycholinguistics, Volume II: Japanese.* Cambridge: Cambridge University Press.
   日本語の心理言語研究が44の項目に分けられ、それぞれ10ページ前後で説明されている。12項目が文処理に係わる内容である。文処理を専門に勉強したい人に便利な解説書である。

参考文献

Aoshima, Sachiko, Colin Phillips, and Amy Weinberg. (2004). Processing filler-gap dependencies in a head-final language. *Journal of Memory and Language* 51: pp. 23–54. Amsterdam: Elsevier.

Babyonyshev, Maria and Edward Gibson. (1995). Processing overload in Japanese. *MIT Working Papers in Linguistics* 26: 1–5.

Babyonyshev, Maria and Edward Gibson. (1999). The complexity of nested structures in Japanese. *Language* 75: 423–450.

Currah, Satomi. (2002). *Processing Japanese Adnominal Structures: An Empirical Study of Native And Non-native Speakers' Strategies.* Ph.D. Dissertation, University of Alberta.

Daneman, Meredyth and Patricia A. Carpenter. (1980). Individual differences in working memory and reading. *Journal of Verbal Learning and Verbal Behavior* 19: pp. 450–466. Amsterdam: Elsevier.

伝康晴・井上雅勝 (1997)「予測可能性に基づく曖昧性解消—日本語ガーデンパス現象を証拠に—」日本認知科学会第14回大会.

Ferreira, Fernanda and Charles Clifton, Jr. (1986). The independence of syntactic processing.

Journal of Memory and Language 25: pp. 348–368. Amsterdam: Elsevier.

Frazier, Lyn and Keith Rayner. (1982). Making and correcting errors during sentence comprehension: Eye movements in the analysis of structurally ambiguous sentences. *Cognitive Psychology* 14: pp. 178–210. Amsterdam: Elsevier.

Gibson, Edward. (2000). The dependency locality theory: A distance-based theory of linguistic complexity. In A. Marantz, Y. Miyashita, and W. O'Neil (eds.), *Image, Language, Brain: Papers from the First Mind Articulation Project Symposium*, pp. 95-126. Cambridge: MIT Press.

郡司隆男・坂本勉(1999)『言語学の方法』岩波書店.

Han, Ho. (2011). Preferences in ambiguity resolution of relative clauses. *Proceedings of The 16th Conference of Pan-Pacific Association of Applied Linguistics*, pp. 288–289. Seoul: Pan-Pacific Association of Applied Linguistics.

Harada, Shin-ichi. (1973). Counter equi NP deletion. *Annual Bulletin of the Research Institute of Logopedics and Phoniatrics* 7: pp. 113–147. University of Tokyo.

Hirose, Yuki. (2002). Resolution of reanalysis ambiguity in Japanese relative clauses: Early use of thematic compatibility information and incremental processing. In M. Nakayama (ed.), *Sentence Processing in East Asian Languages*, pp. 31–52. Stanford: CSLI.

Hirose, Yuki and Atsu Inoue. (1998). Ambiguity of reanalysis in parsing complex sentences in Japanese. In H. Dieter (Ed.), *Syntax and Semantics 31: A Crosslinguistic Perspective*, pp 71–93. New York: Academic Press.

Hsiao, Franny and Edward Gibson. (2003). Processing relative clauses in Chinese. *Cognition* 90: pp. 3–27. Amsterdam: Elsevier.

井上雅勝(1998)「ガーデンパス文の読みと文の理解」苧坂直行編『読み—脳と心の情報処理』pp. 72–89. 朝倉書店.

井上雅勝・伝康晴(1997)「名詞の有生性が日本語ガーデンパス現象に及ぼす影響—self-paced reading 法による実験的検討—」日本認知科学会第 14 回大会.

Just, Marcel A. and Patricia A. Carpenter. (1992). A capacity theory of comprehension: Individual differences in working memory. *Psychological Review* 99 (1): pp. 122–149. Washington D.C.: American Psychological Association.

カフラマン, バルシュ (2011)『日本語及びトルコ語における「空所と埋語の依存関係」の処理—文処理に逐次性をめぐって—』広島大学博士論文.

Kahraman, Bariş and Hiromu Sakai. (2015). Relative clause processing in Japanese: Psycholinguistic investigation into typological differences. In M. Nakayama (ed.), *Handbook of Japanese Psycholinguistics*, pp.423–455. Berlin: De Gruyter Mouton.

Kahraman, Barış, Atsushi Sato, Mariko Koide, Mariko Uno, Miwa Takemura, and Hiromu Sakai. (2009). Processing Japanese subject and object relative clauses by advanced learners: Comparison with native speakers by a whole-sentence reading experiment. *Technical Report of IEICE: Thought and Language* 109 (140): pp. 57–62. The Institute of Electronics, Information and Communication Engineers.

Kamide, Yuki. (2006). Incrementality in Japanese sentence processing. In M. Nakayama, R. Mazuka and Y. Shirai (eds.), *The Handbook of East Asian Psycholinguistics, Volume II: Japanese*, pp. 249–256. Cambridge: Cambridge University Press.

Kamide, Yuki and Don C. Mitchell. (1997). Relative clause attachment: Nonderteminism in Japanese parsing. *Journal of Psycholinguistic Research* 26 (2): pp. 247–254. New York: Springer.

Kamide, Yuki, Gerry T. M. Altmann, and Sarah L. Haywood. (2003). The time-course of prediction in incremental sentence processing: Evidence from anticipatory eye-movements. *Journal of Memory and Language* 49, pp. 133–156. Amsterdam: Elsevier.

Kashiwagi, Akiko. (2011). *Processing Relative Clauses in First And Second Language: A Case Study.* Ph.D. Dissertation, The Ohio State University.

Keenan, Edward L. and Bernard Comrie. (1977). Noun phrase accessibility and universal grammar. *Linguistic Inquiry* 8: pp. 63–99. Cambridge: MIT Press.

Kim, Yaon, Masataka Yano, Yuki Tateyama, and Tsutomu Sakamoto. (2014). Processing of pre-nominal relative clauses in Korean. Paper presented at the 149th Meeting of the Linguistic Society of Japan held at Ehime University, Matsuyama.

King, Jonathan and Marcel A. Just. (1991). Individual differences in syntactic processing: The role of working memory. *Journal of Memory and Language* 30: pp. 580-602. Amsterdam: Elsevier.

小泉政利 (2010)「かき混ぜ文理解における文脈の影響の認知科学的研究」『科学研究費補助金研究成果報告書　課題番号 19320056 (2007-2009)』<https://kaken.nii.ac.jp/d/p/19320056/2009/8/ja.ja.html > 2015.1.16.

Kuroda, Sige–Yuki. (1992). *Japanese Syntax and Semantics: Collected Papers.* Dordrecht: Kluwer Academic Press.

Kwon, Nayoung, Maria Polinsky, and Robert Kluender. (2006) Subject preference in Korean. In D. Baumer, D. Montero and M. Scanlon (eds.), *WCCFL 25 Proceedings*, pp. 1–14. Somerville: Cascadilla.

Lewis, Richard L. and Mineharu Nakayama. (2002). Syntactic and positional similarity effects in the processing of Japanese embeddings. In M. Nakayama (ed.), *Sentence Processing in*

East Asian Languages, pp. 85–110. Stanford: CSLI.

Lin, Chien-Jer C. and Thomas G. Bever. (2006). Subject preference in the processing of relative clauses in Chinese. In D. Baumer, D. Montero and M. Scanlon (eds.), *WCCFL 25 Proceedings*, pp. 254–260. Somerville: Cascadilla.

MacDonald, Maryellen C., Neal J. Pearlmutter, and Mark S. Seidenberg. (1994). Lexical nature of syntactic ambiguity resolution. *Psychological Review* 101: pp. 676-703. Washington D.C.: American Psychological Association.

Mak, Willem M., Wietske Vonk, and Herbert Schriefers. (2002). The influence of animacy on relative clause processing. *Journal of Memory and Language* 47: pp. 50–68. Amsterdam: Elsevier.

Mazuka, Reiko and Kenji Itoh. (1995). Can Japanese speakers be led down the garden path? In R. Mazuka and N. Nagai (eds.), *Japanese Sentence Processing*, pp. 295–329. Hillsdale: Lawrence Erlbaum.

Mazuka, Reiko, Kenji Itoh, and Tadahisa Kondo. (2002). Costs of scrambling in Japanese sentence processing. In M. Nakayama (ed.), *Sentence Processing in East Asian Languages*, pp. 131–166. Stanford: CSLI.

Miyamoto, Edson T. (2002). Case marker as clause boundary inducers in Japanese. *Journal of Psycholinguistic Research* 31(4): pp. 307–347. New York: Springer.

Miyamoto, Edson T. and Michiko Nakamura. (2003). Subject/object asymmetries in the processing of relative clauses in Japanese. In B. Garding and M. Tsujimura (eds.), *WCCFL 22 Proceedings*, pp. 342–355. Somerville: Cascadilla.

Miyamoto, Edson T. and Shoichi Takahashi. (2002a). Sources of difficulty in processing scrambling in Japanese. In M. Nakayama (ed.), *Sentence Processing in East Asian Languages*, pp. 167–188. Stanford: CSLI.

Miyamoto, Edson T. and Shoichi Takahashi. (2002b). The processing of wh-phrases and interrogative complementizers in Japanese. In N. Akatsuka and S. Strauss (eds.), *Japanese/Korean Linguistics* (*vol. 10*), pp. 62–75. Stanford: CLSI.

Nagata, Hiroshi. (1993). Unimmediate construction of syntactic structure for garden path sentences in Japanese. *Journal of Psycholinguistic Research* 22(3): pp. 365–381. New York: Springer.

Nakano, Yoko, Claudia Felser, and Herald Clahsen. (2000). Antecedent priming at trace positions in Japanese long-distance scrambling. *Essex Research Reports in Linguistics* 31: pp. 45–76.

Nakayama, Mineharu. (1995). Scrambling and probe recognition. In R. Mazuka and N. Nagai (eds.), *Japanese Sentence Processing*, pp. 257–273. Hillsdale: Lawrence Erlbaum.

Nakayama, Mineharu. (1999). Sentence processing. In N. Tsujimura (ed.), *The Handbook of Japanese Linguistics*, pp. 398–424. Malden: Blackwell Publishers.

Nariyama, Shigeko. (2003). *Ellipisis And Reference Tracking in Japanese.* Amsterdam: John Benjamins.

成山重子(2009)『日本語の省略がわかる本』明治書院.

Nishiwa, Hitomi, Mizuki Nakao, and Makoto Miyatani. (2007). Intention between semantic and syntactic processing in Japanese sentence comprehension. In T. Sakamoto (ed.), *Communicating Skills of Intention*, pp. 311–318. Hituzi Syobo Publishing.

O'Grady, William. (1999). Toward a new nativism. *Studies in Second Language Acquisition* 21: pp. 621–633. Cambridge: Cambridge University Press.

O'Grady, William. (2001). A linguistic approach to the study of language acquisition. *Journal of the Pan-Pacific Association of Applied Linguistics* 5: pp. 57–71. Seoul: Pan-Pacific Association of Applied Linguistics.

Oishi, Hiroaki, Daichi Yasunaga, and Tsutomu Sakamoto. (2007). Revision process in Japanese sentence processing: Evidence from event-related brain potentials. In T. Sakamoto (ed.), *Communicating Skills of Intention*, pp. 367–381. Tokyo: Hituzi Syobo Publishing.

苧坂満里子(2002)『脳のメモ帳ワーキングメモリ』新曜社.

酒井弘(2010)「ことばについて脳を調べてわかること・わからないこと―言語認知神経科学への招待―」『第二言語としての日本語の習得研究』13: pp.147–160. 凡人社.

Sakamoto, Tsutomu. (2015) Processing of syntactic and semantic information in the human brain: Evidence from ERP studies in Japanese. In M. Nakayama (ed.), *Handbook of Japanese Psycholinguistics*, pp.457–510. Berlin: De Gruyter Mouton.

坂本勉・安永大地(2009)「ガ格三連続文の処理に有生性が及ぼす影響について」『日本言語学会第138回大会予稿集』pp. 276–281.

佐藤淳(2011)『日本語関係節の処理負荷を決定する要因の検討―コーパスにおける使用頻度の影響を中心に―』広島大学博士論文.

澤崎宏一(2009)「名詞項連続と『が』格連続の難易度とメモリースパンの関係」『Ars Linguistica』16: pp. 15–31. 日本中部言語学会.

澤崎宏一(2013)「L1日本語文処理研究とL2日本語文処理研究―即時処理の観点から―」『第二言語としての日本語の習得研究』16: pp.229–247. 凡人社.

Sawasaki, Koichi. (2014). Role of reading experience in construing Japanese gapless relative clauses. In Editorial Committee for the Research Papers Celebrating the 50th Anniversary of the Foundation of the Department of English, Tsuru University (ed.), *Linguistics,*

Literature And Beyond, pp. 81–109. Tokyo: Hituzi Syobo Publishing.

澤崎宏一（2015）「日本語の目的語省略における有生性の影響—量的データからの考察—」深田智・西田光一・田村敏広編『言語研究の視座』pp. 220–234. 開拓社.

Sawasaki, Koichi and Akiko Kashiwagi-Wood. (2015). Issues in L2 Japanese sentence processing: Similarities/differences with L1 and individual differences in working memory. In M. Nakayama（ed.）, *Handbook of Japanese Psycholinguistics*, pp.511–544. Berlin: De Gruyter Mouton.

Shibatani, Masayoshi. (1990). *The Languages of Japan.* Cambridge: Cambridge University Press.

寺村秀夫（1992）『寺村秀夫論文集Ⅰ—日本語文法編—』くろしお出版.

Tokimoto, Shingo. (2004). Reanalysis costs in processing Japanese sentence with complex NP structures and homonyms: Individual differences and verbal working memory constraints.『テクニカルレポート』53. 日本認知科学会. <http://www.jcss.gr.jp/contribution/technicalreport/ > 2015.3.29.

Traxler, Matthew J., Robin K. Morris, and Rachel E. Seely.（2002）. Processing subject and object relative clauses: Evidence from eye movements. *Journal of Memory and Language* 47: pp. 69–90. Amsterdam: Elsevier.

Trueswell, John C., Michael K. Tanenhaus, and Christopher Kello.（1993）. Verb-specific constraints in sentence processing: Separating effects of lexical preference from garden-path. *Journal of Experimental Psychology: Learning, Memory, and Cognition* 19（3）: pp. 528–553. Washington, D.C.: American Psychological Association.

Uehara, Keiko. (1997). Judgments of processing load in Japanese: The effect of NP-ga sequences. *Journal of Psycholinguistic Research* 23（2）: pp. 255–263.

Uehara Keiko and Dianne C. Bradley.（2002）. Center-embedding problem and the contribution of nominative case repetition. In M. Nakayama（ed.）, *Sentence Processing in East Asian Languages*, pp. 257–287. Stanford: CSLI.

Ueno, Mieko and Susan M. Garnsey.（2007）. Gap-filling vs. filling gaps: Event-related brain indices of subject and object relative clauses in Japanese. In N. H. McGloin and J. Mori（eds.）, *Proceedings of the 15th Japanese-Korean Linguistics Conference*, pp. 286–298. Stanford: CSLI Publications.

于鋒（2015）「第一、第二言語における関係節の処理難度—中国語と日本語の比較—」静岡県立大学修士論文.

于鋒・澤崎宏一（2015）「L2日本語関係節処理における袋小路効果の検証—中国語を母語とする学習者が文目的語を修飾する関係節文を読むとき—」日本第二言語習得学会第15回年次大会.

Venditti, Jennifer J. and Hiroko Yamashita. (1994). Prosodic information and processing of complex NPs in Japanese. *MIT Working Paper in Linguistics* 24: pp. 375–391. Cambridge: MIT Press.

Wanner, Eric and Michael Maratsos. (1978). An ATN approach to comprehension. In M. Halle, J. Bresnan, and G. A. Miller (eds.), *Linguistic Theory and Psychological Reality*, pp. 119-161. Cambridge: MIT Press.

Yamashita, Hiroko. (1997). The effect of word-order and case marking information on the processing of Japanese. *Journal of Psycholinguistic Research* 26 (2): pp. 163–188. New York: Springer.

謝辞

本稿の執筆にあたり、今井隆先生、斎藤伸治先生及び査読者から多くの助言を頂きました。また、中山峰治先生、須田孝司先生、近藤隆子先生、正路真一先生には、草稿の段階で有益なコメントを数多く頂きました。心より感謝いたします。

第**6**章

認知意味論

安原和也

　伝統的な言語学においては、意味について研究する分野は、一般に意味論（semantics）の領域と語用論（pragmatics）の領域に大別される。意味論とは、語や文などの言語単位そのものが有している意味、すなわち文脈（context）から独立して規定していくことができる意味について研究する分野のことである。一方で、語用論とは、語や文などの言語単位についてそれらが使用される文脈の中で生じてくる意味について研究する分野のことである。一般に、意味論の領域で取り扱われるレベルの意味は意味論的意味（semantic meaning）、語用論の領域で取り扱われるレベルの意味は語用論的意味（prag-matic meaning）と呼ばれる。

　しかしながら、本章で議論の対象とする認知意味論（cognitive semantics）と呼ばれる研究プログラムにおいては、意味の研究を進めるうえで暗黙の内に仮定されてきた、このような意味論と語用論の分割について、それを認めない立場を採用している。その最大の理由としては、文脈から独立した形で語や文などの言語単位の意味を規定していくことは、経験的に考えてもほぼ不可能に近いと考えられるからである。例えば、幾何学の基礎概念として知られる「底辺」という語の意味は、『広辞苑第六版』（岩波書店）によれば「三角形の頂点に対する辺」として定義してあるが、この場合でさえも、「三角形」という文脈を喚起させることで「底辺」の意味が規定されてくることが理解できる。伝統的な言語学において仮定される、文脈なしで規定できるとされる意味論的意味とは、「底辺」という語の場合、果たしてどのような意

味のことを言うのか、あるいは「三角形」という文脈なしで「底辺」という
語の意味を規定できたとして、その意味の内実とは一体どのようなものなの
か、経験的に考えてもその答えにたどり着くことは難しそうである[1]。

　本章では、このような意味論と語用論の分割に否定的な立場をとる認知意
味論の基本的な考え方を概観しながら、ことばの意味とは何なのかについて
考察を加えてみたい。具体的には、認知意味論研究の重要概念となりうる 5
つのキーワード、すなわち(a)プロミネンス(1 節)、(b)視点(2 節)、(c)メタ
ファー(3 節)、(d)メトニミー(4 節)、(e)概念ブレンディング(5 節)につい
て、その基本的な考え方を紹介する。

1．プロミネンスの意味論

　認知意味論について語るうえで最重要とされる鍵概念の 1 つに、プロミネ
ンス(prominence)と呼ばれる認知能力が挙げられる (cf. Langacker 1987,
1990, 1991, 2000, 2008, 2009, 2013)。プロミネンスとは、簡単に言えば、認
知的な際立ちのことで、一般には、認識上の非対称性を構造化する概念プロ
セスの一種として知られている。例えば、サッカーの試合を観戦しにサッカ
ー場に行った場合、サッカーの試合はフィールドで行われ、その周囲には観
客で埋め尽くされた観客席があり、そしてその 1 つに座って観戦をしている
と仮定してみよう。このとき、特定の選手の動きのみに関心をとられた場
合、その選手のみにフォーカスが向いているという意味で、その選手はサッ
カー場全体を背景として認知的に際立っていると考えることができる。ま
た、反対側の観客席で応援をしている奇抜な衣装の観客に目が釘付けになっ
た場合、その観客のみにフォーカスが向かっているという点で、その観客は
サッカー場全体を背景として認知的に際立っていると解釈することができ
る。このように、我々が何らかの出来事あるいは事態を認識する際に、何か
を背景として、その何かの中にある特徴的なものにフォーカスを与えようと
する知覚能力は、我々の日常生活の中で往々にして見られる、きわめて汎用
性の高い認知能力であると理解していくことができる。プロミネンスとは、
まさにこの認知能力のことを意味している。

一般に、このようなプロミネンスの認知能力は、ことばの意味を把握していく際にも機能的に働いていると考えることができる。先述の「底辺」という語の意味では、「三角形」という文脈を背景として「三角形の頂点に対する辺」(『広辞苑第六版』)という特徴的な部分にフォーカスを付与することで、「底辺」の意味が構造化されていると言える(図1参照)。

図1　「底辺」の意味

　同様のことは、「半径」という語の意味を把握する際にも、当てはまる。『広辞苑第六版』(岩波書店)によれば、「半径」という語には(1)のような定義が与えられている。

(1)　半径：円・球の中心から、その円周・球面上の点に至る線分。また、その長さ。　　　　　　　　　　　　　　　　(『広辞苑第六版』)

したがって、「半径」という語の意味は、「円」または「球」の文脈を背景として、「円・球の中心から、その円周・球面上の点に至る線分」または「その長さ」(『広辞苑第六版』)という特徴的な部分にフォーカスを付与することで、その意味が形成されていることが理解できる(図2参照)。

図2　「半径」の意味(円の場合)

認知意味論の枠組みでは、一般に、「底辺」や「半径」などの意味を特徴づける際の背景知識となりうる文脈のことをベース (base)、また「底辺」や「半径」などの意味を最終的に決定づけていく働きを担う、ベース上に付与されるフォーカスのことをプロファイル (profile) と呼んでいる (cf. Langacker 1987, 1990, 1991, 2000, 2008, 2009, 2013)。このようなベースとプロファイルの認知的特徴づけを利用すれば、「夫」「妻」「夫婦」という3つの語の間に存在しうる意味上の相違は、きわめて簡潔に説明していくことができる。まず、この3語すべてにおいてベースとなりうる意味の構造は、「一組の男女が婚姻関係の間柄にある」という文脈のはずである（図3参照：M＝男性、F＝女性、二重線＝婚姻関係）。そして、このベースとなりうる意味構造を背景として、男性をプロファイルした場合が「夫」（図4参照）、女性をプロファイルした場合が「妻」（図5参照）、そして男性と女性を同時にプロファイルした場合が「夫婦」（図6参照）の意味を形成することになる。

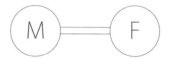

図3　「夫」「妻」「夫婦」のベース (Langacker 2009: 7 [一部改変])

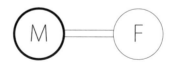

図4　「夫」の意味 (Langacker 2009: 7)

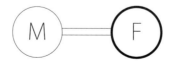

図5　「妻」の意味 (Langacker 2009: 7)

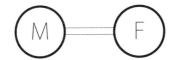

図6 「夫婦」の意味 (Langacker 2009: 7 [一部改変])

このような意味的特徴づけは、(2)に示されるように、辞書の定義とも完全に合致している。

（2） 夫：　配偶者である男性。
　　　 妻：　配偶者である女性。
　　　 夫婦： 婚姻関係にある男女の一組。　　　　　　　（『大辞泉』小学館）

　ここまでの事例では、「底辺」「半径」「夫」「妻」「夫婦」といった語レベルにおけるベースとプロファイルの概念化(conceptualization)について見てきたが、同様の意味現象は文レベルにおいても観察することができる。例えば、以下の(3)の事例について考えてみよう。

（3）a. John melted the ice cube using a burner.
　　　 （ジョンはバーナーを使ってその角氷を溶かした。）
　　b. A burner melted the ice cube.
　　　 （バーナーがその角氷を溶かした。）
　　c. The ice cube melted.
　　　 （その角氷が溶けた。）

一般に、これらの文の背景にある意味構造(すなわちベース)としては、ある特定の同じ状況を記述しているものと考えられる。すなわち、「ジョン」という人物が「バーナー」という道具を使って「角氷」という物体を「溶かす」という行為が、ある過去の時点において行われたことを言及している。その際、「溶かす」という行為に関しては、「ジョン」から「バーナー」へ、「バーナー」から「角氷」へ、そして「角氷」が溶け出すという順序で、図7に

示されるようなエネルギーの自然な流れが認識されてくるはずである（なお、図7のPATIENT内の矢印は、「角氷の融解」を示している）。認知意味論では、このようなエネルギーの流れを図式化した図7のような認知モデルは、一般にアクション・チェーン（action chain）として知られている（cf. Langacker 1990: Ch. 9, 1991: Chs. 7 & 8）。

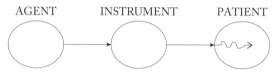

図7　(3)のベース(Langacker 1991: 217［一部改変］)

　(3)の背景にあるベースとしての意味構造を図7のように規定していくと、(3)に示された各々の文が備える意味は、プロファイルとの関係で、次のように解釈していくことができる。まず、(3a)の文は、図7のアクション・チェーン全体をプロファイルしていると理解することができる（図8参照）。すなわち、そのエネルギーが、動作主（agent）としての「ジョン」から、「バーナー」という道具（instrument）を介して、被動作主（patient）としての「角氷」に伝達されていることが分かる。これに対して、(3b)と(3c)の文では、図7のアクション・チェーンの一部のみがプロファイルの付与を受けていると理解することができる（図9と図10を参照）。(3b)の文では、「バーナー」という道具（instrument）から被動作主（patient）としての「角氷」に熱が伝達されるという部分にプロファイルが付与され、(3c)の文では、被動作主（patient）としての「角氷」の部分のみにプロファイルが付与されている。

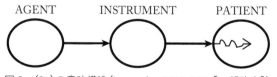

図8　(3a)の意味構造(Langacker 1991: 217［一部改変］)

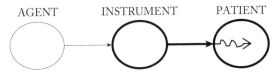

図9　(3b)の意味構造(Langacker 1991: 217 [一部改変])

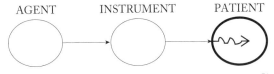

図10　(3c)の意味構造(Langacker 1991: 217 [一部改変])

　ここで注意を要するのは、(3b)の文を理解する際にも、(3c)の文を理解する際にも、図7のアクション・チェーンにおいてプロファイルされていない部分も、これらの文が備える意味構造を把握するうえでは、そのベースとして関与的に機能しているという点が挙げられる。例えば、(3b)の文では、動作主の部分が言語化されていないが、バーナーが角氷を溶かすためには、誰か(動作主)がバーナーに火をつけなければならないはずである。また、(3c)の文においては、被動作主しか言語化されていないわけであるが、実のところ角氷が溶け出すためには、その前提として、熱を放出する何か(道具)がその周囲に存在している必要性があり、またその熱を放出させることを仕掛けた誰か(動作主)が、さらにその背後に存在している可能性も考えられる。一般に、認知意味論の研究領域では、生じている出来事をベースとして把握したうえで、その全体もしくはその一部にプロファイルを付与する形で意味の構築が行われるわけであるが、言語化の対象となりうるのは基本的にプロファイルされた部分のみであると言うことができる。

　ここまでの事例では、「まずベースがあってその上にプロファイルを付与する」というベースとプロファイルの概念化について紹介してきたが、文レベルに適用されたベースとプロファイルの概念化は、さらに興味深い事実を提供してくれる。ここでは、そのうちの2つについて取り上げてみたい。

　まず、1つ目の現象として、(4)に示されるような能動態(active)と受動態(passive)の意味的な対比関係について検討してみよう。

(4) a. Mary kicked the ball.
　　　（メアリーはそのボールを蹴った。）
　　b. The ball was kicked by Mary.
　　　（そのボールはメアリーによって蹴られた。）

(3)の場合と同様に、(4)のいずれの文も、基本的には同じ状況を記述しているものとして一般には解釈することができる。すなわち、ある過去の時点に、動作主としての「メアリー」が被動作主としての「ボール」に対して「蹴る」という行為を行ったということが記述されている。この状況は、アクション・チェーンの認知モデルを利用すれば、図11のように図式化することができる（なお、図11内の破線矢印は、「PATIENTが動き出すこと」を意味している)[2]。

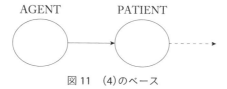

図11　(4)のベース

しかしながら、(4a)と(4b)とでは、図11のような客観的な状況は完全に同じであったとしても、このような状況について言語としてどのように切り出して表現していくかという点において、差異が感じられるはずである。すなわち、「メアリーがボールを蹴る」というベースとしての文脈に対して、どのようにプロファイルを与えていくかという点において、意味的な対比が見られると言える。(4a)の能動文では、動作主としての「メアリー」の観点からその状況が言及されているので、「メアリー」から「ボール」へのエネルギーの伝達が自然な経路に沿ってうまくプロファイルされている（図12参照）。これに対して、(4b)の受動文では、「メアリーがボールを蹴る」という行為における被動作主としての「ボール」の観点から、その状況が記述されているので、エネルギー伝達の自然な流れに逆行する形で、すなわち「ボール」から「メアリー」へとさかのぼる形でプロファイルが付与されている（図

13 参照)。

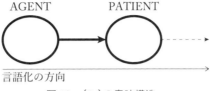

図 12　(4a)の意味構造

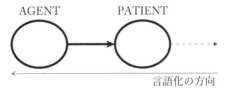

図 13　(4b)の意味構造

　このように考えてくると、これまではプロファイルという術語をベースとの対比で単にフォーカスが当たる部分として同質の概念として提示してきたが、実際にはプロファイルにも段階性があることに気がつくはずである。この点は、サッカー場にサッカーの観戦に行き、AとBという2人の選手に注目をしていたとして、突然Bの選手が素早い動きを見せた場合には、Aへのフォーカスよりも B へのフォーカスの方がより強くなるという知覚経験からも、容易に理解できる。(4) の例文からも読み取れるように、文レベルの意味現象においても、まさにこれと同様のことが生じている。すなわち、(4a) の能動文では、「メアリー」と「ボール」の双方をプロファイルしているが、プロファイルの度合いとしては「メアリー」の方が高いと言える。これに対して、(4b) の受動文では、(4a) と同じく「メアリー」と「ボール」の双方をプロファイルしているものの、プロファイルの度合いについては (4a) とは逆で、「ボール」の方が高くなっている。認知意味論の枠組みでは、プロファイルの度合いに関して、プロファイルが最も高い要素のことはトラジェクター (trajector)、プロファイルがその次に高い要素のことはランドマーク (landmark) として一般に区分されている (cf. Langacker 1987, 1990, 1991, 2000, 2008, 2009, 2013)。したがって、(4a) では、「メアリー」がトラ

ジェクター、「ボール」がランドマークとして解釈されることになる。これに対して、(4b)では、「ボール」がトラジェクター、「メアリー」がランドマークとして理解されることになる。

　一般に、このようなトラジェクターとランドマークの認知様式は、プロファイルの構造化の一面を浮き彫りにしていると考えられるが、この概念プロセスは、言語の意味現象においては、さらなる一般化を推し進める重要な基盤となりうる。これまでの議論を踏まえたうえで、(4)の例文を再考すると、トラジェクターとして認識されたものは主語(subject)の位置に生起しているのに対して、ランドマークとして認識されたものは主語以外の位置((4a)では目的語の位置、(4b)では前置詞句の位置)に生起している点に注意されたい。この点に気づくならば、生成文法に代表される伝統的な言語学において統語構造の観点から定義されてきた主語の概念は、意味論的に特徴づけていくことも可能であることが分かってくる。すなわち、主語は、プロファイルされた要素の中で最も際立ちが高い要素として、あるいはトラジェクターの認識を付与される要素として、一般に規定していくことができる。

　文レベルに適用されたベースとプロファイルの概念化に関わる2つ目の興味深い現象としては、以下の(5)に示されるような例文が挙げられる。

(5)a. Tom played the piano.

　　 b. Tom played the guitar.

　　 c. Tom played the flute.

　　 d. Tom played the drums.

(5)の例文は、演奏する楽器は各々の例文で異なるものの、そのすべてが「トムが何らかの楽器を演奏した」という状況を記述していると言える。したがって、これらの文に共通して認識できるベースとしての意味構造は、以下の図14のようにまとめることができる。

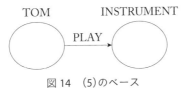

図 14　(5)のベース

　図 14 のベースを背景として、(5) の例文に先述のトラジェクターとランドマークの概念化を適用すれば、主語位置にある「トム」がトラジェクター、目的語位置にある各々の「楽器」がランドマークとして認識されていることが分かる。

　しかしながら、(5) の文に対して構築されうる意味解釈としては、トラジェクターやランドマークといったプロファイル概念をベース上に単に付与すればそれで終わりというわけではない。(5) の文がもちうる意味合いについてさらに詳しく吟味していった場合、「トム」や「ピアノ」などといった形で言語化 (すなわちプロファイル) されている部分は、その文脈との対比で、より特殊化された意味合いが生じてきているように思われる。(5a) では、「トムがピアノを演奏する」という文脈があるので、厳密に言えば「トムの両手がピアノの鍵盤をたたく」という意味合いをイメージすることができる。(5b) では、「トムがギターを演奏する」という文脈によって、厳密には「トムの片手がギターの弦をはじく」といったイメージが喚起できる。(5c) では、その文脈が「トムがフルートを演奏する」ということなので、厳密に解釈すれば「トムの口 (および口からの息) と両手によってフルートが吹かれる」といったイメージにつながっている。そして、(5d) では、「トムがドラムを演奏する」という文脈なので、厳密には「トムの手足 (さらに言えば手に握ったスティックやバスドラムのビーター) がドラムのヘッド (膜) (またはシンバル) をたたく」といったイメージを想起することができる。

　このように考えてくると、(5) の例文の解釈においては、「トム」や「ピアノ」などのように言語化 (すなわちプロファイル) された要素と、「トム」や「ピアノ」などの概念において楽器を演奏する際に中核的な役割を担ってくる部分 (例えば「両手」や「鍵盤」など) との間に、意味的な不一致 (あるいは意味的な差異) を観察していくことができる (図 15 参照)。認知意味論で

は、このような意味現象において、プロファイルされた要素内でさらにフォーカスが絞られてくる部分のことを一般に活性化領域 (active zone：図 15 では灰色の部分が活性化領域) と呼んでいる (cf. Langacker 1990: Ch.7)。したがって、(5a) の例で言うならば、「トム」の活性化領域は「(トムの) 両手」、「ピアノ」の活性化領域は「(ピアノの) 鍵盤」と解釈していくことができる。

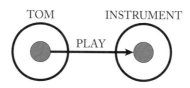

図 15　(5) の意味構造 (Langacker 1993: 31 [一部改変])

　一般に、このようなプロファイル内の活性化領域という捉え方は、例えばサッカー場にサッカー観戦に行って、ある特定の選手に注目していた場合、その選手がヘディングをすれば「(その選手の) 頭」に、またその選手がシュートをすれば「(その選手の) 足」にフォーカスが絞られてくるという知覚経験を念頭におけば、同様のことがことばの意味現象に反映されていたとしても何ら不思議なことではない。事実、このような意味現象は、普段は気づかないことも多いが、日常言語の中には豊富に存在している。例えば、本節でこれまでに見てきた以下の事例について、活性化領域の観点からもう一度考えてみよう。

(6) a. Mary kicked the ball. (= (4a))
　　　b. A burner melted the ice cube. (= (3b))

(6a) では、「メアリーがボールを蹴る」といった状況が言語化されているが、この場合、「メアリー」の活性化領域は「(メアリーの) 足」、「ボール」の活性化領域は「(ボールの) 表面の一部分」と理解していくことができる。同様に、(6b) においても、主語位置に生起している「バーナー」について、その活性化領域は「(バーナーから発せられる) 熱」と解釈していくことができる。

２．視点の意味論

　先述の(4)の例文((7)として以下に再掲)について、もう一度検討してみよう。

(7)a. Mary kicked the ball. (=(4a))
　　　b. The ball was kicked by Mary. (=(4b))

先述の議論で、(7a) の能動文は、「メアリーがボールを蹴る」という状況が動作主としての「メアリー」の観点から記述されていると主張した。すなわち、アクション・チェーンにおいて、「メアリー」から「ボール」へのエネルギーの伝達がそのままその順序で言語化されていると考えることができる。これに対して、(4b) の受動文については、「メアリーがボールを蹴る」という状況が被動作主としての「ボール」の観点から記述されていると議論した。すなわち、アクション・チェーンにおいてエネルギー伝達の自然な流れに逆行する形で、「ボール」から「メアリー」へとさかのぼって言語化が成されていると言える。

　認知意味論の枠組みでは、(7)の意味的な対比関係(すなわち言語化の方向性の相違)に見られるように、生じている事柄を我々(すなわち言語主体)がどこから見ているのかという意味での視点 (perspective) の問題がよく取り上げられる (cf. Talmy 1988a, 2000, 2003)。(7)の場合、記述されている客観的な状況は「メアリーがボールを蹴る」という全く同じ場面ではあるが、その状況が「メアリー」の視点から記述されるのか、あるいは「ボール」の視点から記述されるのかによって、最終的に結果づけられる言語化も異なれば、その言語化が背景にもつ意味合いも全く異なることになってしまう。この点は、(7a)が能動文であるのに対して、(7b)は受動文となっているところに、顕著に反映されている。認知意味論では、このように、同じ客観的状況に対して、視点やプロミネンスなどの概念プロセスを適用することにより、異なった意味づけを与えていこうとする認知能力のことを、一般に解釈能力 (construal) と呼んでいる (cf. Langacker 2008: Ch.3, 2013: Ch.3)。前節では、

プロミネンスと呼ばれる解釈能力が作り出す意味の世界について取り扱ってきたが、本節では、視点という解釈能力が作り出す意味の世界について、いくつか紹介してみたい。

まず、視点位置（perspectival location）に関わる意味現象として興味深い、(8)の例文について考えてみよう。

(8)a. The lunchroom door slowly opened and two men walked in.

b. Two men slowly opened the lunchroom door and walked in.

(Talmy 2000: 69)

視点位置とは、読んで字のごとく、視点が存在する位置のことである。(8)の例文は、見た目ではいずれも同じ状況を述べているのではないかと疑いたくなるかもしれないが、実際の解釈としては、(8a)と(8b)とでは視点位置の相違によりその意味合いは大きく異なっている。まず、(8a)の場合には、第1文で「ドアが開いた」ことが記述され、後続の第2文において「2人の男性が入ってくる」ことが記述されている。すなわち、(8a)の解釈においては、この状況を把握している視点位置が「部屋の内部」にあると推測することができる（図16参照：× ＝視点位置）。これに対して、(8b)の場合には、文の先頭（すなわち主語位置）で早くも「2人の男性」が言及されており、その後の述部において彼らが「ドアを開けて入った」ことが記述されている。したがって、(8b)の解釈においては、この状況を把握している視点位置が「部屋の外部」にあると推測することができる（図17参照：× ＝視点位置）。このように、視点位置を部屋の内部に取るかあるいは部屋の外部に取るかといった視点位置の取り方によって、言語化も言語解釈も大きく異なってくることが理解できる。とりわけ、(8a)と(8b)が述べている状況は客観的には同じであっても、その状況を把握する主体の視点位置の相違が、意味の上での違いを生み出しているという事実は、注目に値する。

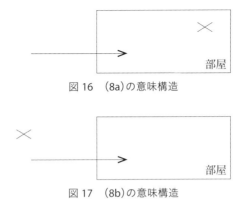

図 16　(8a)の意味構造

図 17　(8b)の意味構造

　一般に、先程議論した(7)の事例も、視点を「メアリー」に取るかあるいは「ボール」に取るかという点では、広い意味での視点位置の関わる問題として把握していくことができるかもしれない。しかしながら、より厳密な区分を与えるとすれば、(7)の事例は、視点がどこにあるかという問題よりも、言語化の方向性の相違を主として問題としている点で、視点方向(perspectival direction)に関わる意味現象として、一般には理解されることになる。次に、認知意味論の領域で視点方向に関わる意味現象として興味深い、(9)の事例について考えてみよう。

(9) a. John ran from Tokyo to Nagoya.
　　 b. John ran from Nagoya to Tokyo.

(9)の文は、いずれも「ジョンが東京―名古屋間を走った」という状況が客観的には記述されていると言える。しかしながら、東京―名古屋間をジョンが走った方向性の点では、(9a)と(9b)の意味解釈はまったく正反対となっている(図18と図19を参照)。すなわち、(9a)では東京から名古屋に向かって走ったのに対して、(9b)では名古屋から東京に向かって走ったと解釈することができる。このような単純な例においても、視点方向の相違が解釈の相違を生み出してくることがよりよく理解できる。

図 18　(9a)の意味構造

図 19　(9b)の意味構造

　それでは、(9)の事例に似通ってはいるが、以下の(10)の事例についてはどうであろうか。

(10) a. The road runs from Tokyo to Nagoya.
　　 b. The road runs from Nagoya to Tokyo.

これらの文も、(9)の事例と同様に、視点方向の相違が解釈の相違を生み出していることは確かである。すなわち、(10a)では東京から名古屋に向かって道が続いているのに対して、(10b)では名古屋から東京に向かって道が続いていると解釈することができる。しかしながら、(10)の例文は、(9)の例文とは明らかに異なっている側面がある。(9)の例文は、その主語が「ジョン」であり、東京―名古屋間を実際に走った人物として、一般に理解していくことができる。それに対して、(10)の例文は、その主語が「道路」であり、そもそも「道路」そのものが走ることは現実世界においては想定できない事実であると考えられる。それにも関わらず、(10)の例文は、英語母語話者にとって違和感のある英文とも考えられない、いたって自然な英文であると認識されている。

　(9)の例文と(10)の例文を理解するうえで重要となってくる視点としては、run という動詞によって言語化されているその移動がどのようなタイプの移動であるのかという点を考えていくことである。(9)の例文については、先述の通り、「ジョン」という人物が東京―名古屋間を移動するという出来事が現実世界において実際に存在したものと考えられる。しかし、「ジョン」の実際の移動を見ていたかどうかは不問として、(9)の文を理解しようとした人（専門的には概念主体 (conceptualizer) と呼ばれる）は、「ジョン」

が走って行った実際の移動を頭の中でも追跡すること(このプロセスは一般に心的スキャニング(mental scanning)と呼ばれる)で、「ジョン」の移動を理解しているはずである。この場合、「ジョン」の現実世界での実際の移動と、言語解釈者が頭の中で行う心的な移動とが、偶然にも完全に一致することになる(図20参照:実線矢印=実際の移動、破線矢印=心的な移動)。これに対して、(10)の例文の解釈では、東京―名古屋間を現実世界で実際に移動したものは何もなく、移動したものがあるとすれば、(10)の例文を理解しようとした人が、東京―名古屋間に敷設された道路を頭の中でたどるという意味での心的な移動のみである(図21参照:破線矢印=心的な移動)。認知意味論の領域では、(10)の解釈プロセスにあるように、現実世界では実際に移動する様子が一切見られず、頭の中でその経路を追跡するという意味での心的な移動のみが認められるような移動は、一般に仮想移動(fictive motion)と呼ばれている(cf. Talmy 1996; Langacker 1987; Matsumoto 1996; 松本 1997)[3]。したがって、(10)の例文が(9)の例文とは異なって見えるのは、仮想移動と呼ばれる特殊な概念プロセスが(10)の例文解釈の背景には潜んでいるからである。

図20　(9a)の意味構造

図21　(10a)の意味構造

　なお、(10)の仮想移動では、主語として「道路」が選択されているので、その移動は一般には線的なイメージで喚起されるものと考えられる。しかしながら、仮想移動はすべてが線的なイメージで捉えられるわけではない。例えば、以下の(11)の事例を考えてみよう。

(11)　The TV program ran from October 2012 to December 2013.

この文は、あるテレビ番組が 2012 年 10 月から 2013 年 12 月まで続いたという事実を述べたものであるが、「テレビ番組」それ自体は現実世界において移動することのできない実体であるので、この文を解釈する際にも仮想移動が認められるはずである。ただし、この場合の仮想移動は、(10)の「道路」のような物理的な実体を心的にたどるのではなく、2012 年 10 月から 2013 年 12 月までの時系列を心的にたどるといった感じである。また、この場合の仮想移動は、(10)のような線的なイメージでたどるのではなく、どちらかと言えば点的なイメージでたどると言う方が正しい。というのも、テレビ番組というのは、例えば水曜日の 20:00 から 20:50 までといった形で放送時間が決まっており、また 2012 年 10 月から 2013 年 12 月までの時系列上にその放送時間を配置していった場合、各回のテレビ番組は点の配列としてイメージされることになるからである。

3．メタファーの意味論

メタファー(metaphor)という研究トピックは、認知意味論における主要研究領域の 1 つとして広く知られている (cf. Lakoff & Johnson 1980, 1999; Lakoff 1987, 1996; Johnson 1987; Lakoff & Turner 1989; Turner 1996; Lakoff & Núñez 2000; Kövecses 2002; Dirven & Pörings 2003)。簡単に言えば、メタファーとは類似性(similarity)を利用した「たとえ」のことであり、以下の(12)に挙げられるような例がそれに該当する。

(12) a. 君は本当にカタツムリだね。

b. Anyway, he is a lion.

(12a) では、何をするにしても物事への取り組みが遅い人について、その様子がのろのろと歩むカタツムリのように見えたことから、このような発話に至ったものと考えられる。(12b) では、どのような状況下においても偉ぶった態度を貫く人がいたとして、その様子が百獣の王(the king of beasts)として知られるライオンに似ていると認識して、このような発話になったものと

思われる。

　しかしながら、認知意味論が取り扱うメタファーの領域は、(12)に挙げたような、言わば修辞学的な意味でのメタファーに限定されるわけではない。もちろん、(12)のようなメタファーもその研究対象の一部であることは確かであるが、認知意味論では、我々が言語を使用する際に暗黙の内に表出している、我々の概念体系の中に組み込まれたメタファーについても積極的に検討している。この種のメタファーは、(12)のような修辞学的なメタファーとは区別して、概念メタファー（conceptual metaphor）と呼ばれている（cf. Lakoff & Johnson 1980, 1999）。例えば、(13)の例を考えてみよう。

(13) a. 君の頭は絶対<u>壊れている</u>よ。
　　 b. やっと体が<u>動き始めた</u>気がするね。
　　 c. さっきから手が<u>止まっている</u>よ。
　　 d. この投手は現在<u>故障中です</u>。

これらの例は、一見しただけではメタファーとは全く感じられない類のものかもしれない。というのも、先にも述べたとおり、我々の概念体系の中にしっかりと組み込まれすぎていて（あるいは、我々の概念体系において定着の度合い（慣習化）が進みすぎていて）、「たとえ」という感覚さえも失っているからである。しかしながら、慎重に吟味すると、(13)の例文の背景には（気づきにくいとはいえ）確かにメタファーが存在している。(13)の例において下線が施された部分に注目してほしい。「壊れている」「動き始めた」「止まっている」「故障中です」といった表現は、その言葉だけを考えれば、機械のようなイメージを喚起させてくれるはずである。しかしながら、(13)の例文が述べているのは、機械のことについてではなく、すべて人間のことについてである。この点は、主語位置に生起している「君の頭」「体」「手」「投手」といった表現からも理解することができる。

　このように考えてくると、(13)の例文の背景には、「人間を機械にたとえるメタファー」あるいは「《人間は機械である》のメタファー」が潜んでいると、一般に主張することができる。先にも述べたが、認知意味論では、我々

の概念体系において慣習化されているために一見気づきにくいが、我々の思考過程や言語使用の背景で機能的に働いている、(13)の例文に潜んでいるようなメタファーのことを、一般に概念メタファーと呼んでいる。概念メタファーは、構造的に考えれば、ある特定の概念領域のことを、それとは別の概念領域の観点から理解していく慣習的な概念プロセスであると規定することができる。認知意味論では、たとえられる側の概念領域のことは目標領域(target domain)、たとえる側の概念領域のことは起点領域(source domain)と呼ばれている。したがって、(13)の例文に潜む「人間を機械にたとえるメタファー」は、目標領域としての「人間」の概念領域を、起点領域としての「機械」の概念領域の観点から理解していくメタファーであると定義することができる(図22参照)。そして、この概念メタファーが我々の言語使用の背景で暗黙の内に機能的に働いた結果として、(13)に挙げられるような発話が表出されてくると考えられている。

図22 《人間は機械である》

　認知意味論の領域においてメタファーが議論の対象となるのは、(12)や(13)のようなメタファーそのものを分析していこうとする研究に限定されるわけではない。認知意味論の領域では、メタファーはことばの多義性(polysemy)を動機づけてくれる一般原理としても広く知られている(cf. Lakoff 1987, Brugman 1988, Sweetser 1990, Goldberg 1995)。この点を示す好例として、以下の(14)の例文について考えてみよう。

(14) a. She is in the backyard.
　　　b. She is in the tennis club.

c. She is in a panic.

d. She is in good health.

(14)に挙げられた文は、すべて ［She is in X.］という構造をもち、大まかな
意味としては「彼女は X の中にいる」と理解することができる。すなわち、
(14a)では「裏庭」に、(14b)では「テニスクラブ」または「テニス部」に、
(14c) では「パニック」の中に、(14d) では「良好な健康状態」の中に、彼
女がいることが記述されている。しかしながら、(14a)と(14b-d)の間には、
意味論的に見て若干の差異が認められるように思われる。(14a)では、「彼女
は裏庭にいる」といった物理的な状況が記述してあるのに対して、(14b-d)
では、「彼女はテニスクラブ(またはテニス部)に所属している」「彼女はパニ
ック状態にある」「彼女は良好な健康状態にある」といった形で、非物理的
な状況が記述されている。

　一般に、認知意味論では、このような現象に遭遇した場合、(14)の例で一
貫して使用されている ［in］という語彙に多義性が認められるものとして判
断される。多義性とは、読んで字のごとく、語や文などの特定の言語形式が
多くの意味をもつことであるが、認知意味論では、多義性が形成される背景
の一部にはメタファーと呼ばれる概念プロセスが密接に関与していると考え
られている。(14) の例を用いて、この点を説明してみよう。まず、(14a)の
ような物理的な意味での IN の概念を構築するためには、「林檎が箱の中に
ある」「子供が部屋の中にいる」「猫が公園にいる」などの具体性の高い物理
的な事柄を、日常生活の中で身体的に経験していく必要性がある。そして、
このような IN の関係を多くの具体事例の中で経験していくうちに、図23(×
＝物体)に示されるような IN の抽象的なイメージ (一般にはイメージ・スキ
ーマ (image schema; cf. Johnson 1987, Lakoff 1987: Ch. 17) と呼ばれる)がどの
具体事例の中にも存在していることに気づくようになる。

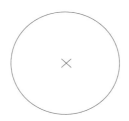

図 23　IN のイメージ・スキーマ（Johnson 1987: 23 ［一部改変］）

　この気づきの過程を経て、(14a) の背景にある物理的な IN のイメージが理解できるようになると、そのイメージが当てはまりそうな非物理的な事柄にも、この IN のイメージを適用させていこうとする衝動が生まれてくることになる。そしてその結果、(14b–d) に見られるように、非物理的な状況を記述する際にも、IN のイメージが利用できるようになる。

　以上のプロセスをまとめれば、身体経験を通して抽象化された物理的な IN の概念（またはイメージ）が、非物理的な事柄にも適用されてくることで、(14a) と (14b–d) の間に観察される意味的差異が生まれてくるものと考えられる。認知意味論では、このようなプロセスを通して多義性が生じてくることは、一般に意味の拡張 (extension) として知られている (cf. Lakoff 1987, Talmy 1988b, Sweetser 1990)。したがって、(14b–d) の事例は、抽象度の比較的高い非物理的な概念領域（目標領域）を、身体経験に基づいたなじみ深い物理的な概念領域（起点領域）の観点から理解しようとしている点で、メタファーを介した意味の拡張例として一般に理解していくことができる。すなわち、(14a) の背景にある IN のイメージ（または意味合い）が、(14b) では社会的な領域に、(14c) では心理的な領域に、(14d) では抽象的な領域に拡張しているものとして解釈していくことができる（図 24 参照）。

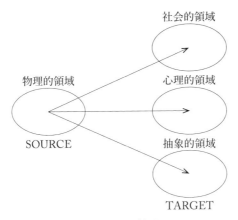

図24　INの拡張

4．メトニミーの意味論

　メトニミー（metonymy）とは、一般に、近接性（contiguity）に基づいて確立されてくる概念関係のことを意味している。例えば、以下の(15)の事例について考えてみよう。

(15) a. 頭はヘルメットで保護してください。
　　 b. その子供は、父親の頭を触った。
　　 c. 頭を洗うと、さっぱりするね。
　　 d. 君の頭を使えば、この問題は解けるよ。

これらの事例は、日常的に見てもきわめて卑近な例であると一般に考えられる。すなわち、日常言語において普通に使用される、何ら違和感を伴わない日本語であると考えられる。しかしながら、(15a)と(15b–d)の間には、下線を施された「頭」の解釈において、意味論的に差異が認められるはずである。(15a)の「頭」は、ヘルメットで覆われることになる頭のことを意味しており、字義通りの「頭」を指していると考えられる。これに対して、(15b–d)に登場している「頭」については、どうであろうか。(15b)の「頭」は、

文脈から考えると、「父親の頭の全体」というよりは、「父親の頭の一部」を指して用いられているように思われる。というのも、子供の手では、父親の頭全体に触るのはほぼ不可能であるからである。あるいは、別の解釈としては、さらに推し進めて、「父親の頭髪の一部」を指していると考えることも可能である。(15c)では、「頭を洗う」という慣用表現が生起しているが、これは通常「頭髪を洗う」ものとして解釈されるので、この場合の「頭」は「頭髪」のことを意味していると言える。そして、(15d)でも、「頭を使う」というのは慣用的に「頭脳を使う」ことを意味するので、この場合の「頭」は「頭脳」を指して使用されていると考えられる。このように、「頭」と表現されていても、実際には「頭」と近接的な関係にある「頭の一部」「頭髪」「頭脳」などを意味してしまうような概念関係のことが、一般にメトニミーと呼ばれている。

　認知意味論においては、メトニミーは様々な意味現象に関与している概念プロセスとして広く知られており、注目度合いの比較的高い研究トピックであると言える (cf. Lakoff & Johnson 1980, 1999; Dirven & Pörings 2003)。それでは、メトニミーという現象は、どのような一般認知能力によって裏づけられるのであろうか。認知意味論の枠組みでは、その答えを参照点能力 (reference-point ability) に求めることになる。参照点能力とは、何かをアクセス点として別の何かにアクセスする能力のことである (cf. Langacker 1993, 2000: Ch.6)。例えば、サッカー場でサッカー観戦をしていて、隣に座っている観客に「A選手はどこですか」と尋ねられ、「A選手はB選手の右側です」と答えたとすると、A選手の位置を提示するのに、B選手の位置を介してその提示が行われているところに、この参照点能力の働きを垣間見ることができる。この場合、A選手の位置を提示する際にアクセス点となっているB選手は参照点 (reference point)、B選手の位置を介して提示されるA選手はターゲット (target) と呼ばれる。そして、参照点を介してターゲットを探していく場のことは、ドミニオン (dominion) と呼ばれ、この例ではサッカーのフィールドがドミニオンになっているものと考えられる。このような参照点能力の基本構造は、一般に図25 (R＝参照点、T＝ターゲット、D＝ドミニオン、C＝概念主体 (conceptualizer)、破線矢印＝心的経路 (mental path))のように定式化することができる。

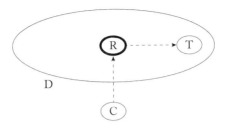

図25　参照点構造(Langacker 1993: 6)

　認知意味論の枠組みでは、一般に、メトニミーはこのような参照点能力が言語レベル(とりわけ意味レベル)に発現してきた1つの好例であると考えられている。メトニミーと参照点能力との関連性を確認する目的で、以下の(16)の事例についてここで考えてみよう。

(16) a. モーツァルトを聴くと、心が落ち着くね。
　　 b. その音楽ショップでモーツァルトを買ってきてね。
　　 c. 昨日はモーツァルトを読んでみたの。
　　 d. 今度はモーツァルトが観たいかも。
　　 e. モーツァルトがこっちを向いているよ。
　　 f. モーツァルトを貼って、投函してね。
　　 g. とにかくモーツァルトはとりにくいからね。

(16)では、いずれの例文においても、下線を施された「モーツァルト」の部分にメトニミーが関与している。(16a)では、「聴く」という動詞が後続していることから、「モーツァルト」が指すものは「モーツァルトの音楽作品」または「モーツァルトのCD(またはレコード)」であることが推測できる。(16b)では、「音楽ショップで買う」という文脈に基づけば、「モーツァルト」は「モーツァルトのCD(またはレコード)」を指していると考えられる。(16c)では、「読む」という動詞と共起しているので、この場合の「モーツァルト」は「モーツァルトが書いた手記」または「モーツァルトの伝記」を指

示していると解釈することができる。(16d) では、「観る」という動詞から推測すると、「モーツァルト」は「モーツァルトのオペラ作品」を指すと考えるのが自然である。(16e) の「モーツァルト」は、その文脈から判断して、例えば学校の音楽室に掲示してあるような「モーツァルトの肖像画」を指して使用されているものと推測できる。(16f) では、「貼る」や「投函する」といった動詞から考えて、この場合の「モーツァルト」は「モーツァルトの肖像画が印刷された切手」を指していると考えられる。そして、(16g) の「モーツァルト」は、「とりにくい」という文脈から判断すると、「モーツァルトのコンサートチケット」または「モーツァルトのオペラチケット」を指示しているものと考えられる。

　このように、「モーツァルト」というたった 1 つの語彙だけでも、それが生じる文脈によって、様々な意味合いが生まれてきていることが、(16) の考察から理解できる。認知意味論の枠組みでは、このようなメトニミーの柔軟性を支える一般認知能力として、参照点能力の関与を指摘しているが、参照点能力の観点から(16)の事例を検討すると、次のようになる。まず、参照点として選ばれるのは、言うまでもなく、「モーツァルト」である。そして、その参照点を介してターゲットを探索していく場を構成するドミニオンには、「モーツァルトの CD」「モーツァルトの伝記」「モーツァルトのオペラ作品」「モーツァルトの肖像画」など、「モーツァルト」と近接的な関係にある様々な要素が喚起されてくることになる。このような「モーツァルト」を参照点とするドミニオンにおいて、例えば(16d)の文脈が与えられたとすれば、ドミニオン内に存在する「モーツァルトのオペラ作品」という要素が、意味解釈としてのターゲットとして絞り込まれてくることになる(図 26 参照：M＝モーツァルト)。

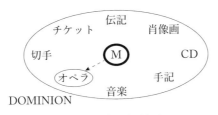

図 26　(16d)の意味解釈

したがって、(16e)などの別の文脈が与えられたとすれば、絞り込みのターゲットも切り替わり、(16e)であれば「モーツァルトの肖像画」が意味解釈としてのターゲットとして認識されてくることになる（図 27 参照：M＝モーツァルト）。

図 27　(16e)の意味解釈

5．概念ブレンディングの意味論

　概念ブレンディング（conceptual blending）と呼ばれる認知メカニズムは、認知意味論の領域では、創発的な意味構築の説明を得意とする認知モデルの1つとして広く知られている（cf. Fauconnier & Turner 1994, 2002, 2006; Grady, et al. 1999; Coulson 2001; Turner 2001, 2007, 2014）。このモデルの基本的主張としては、2つ以上の概念（または概念領域）を融合する意味構築には一般に創発的な側面があり、その結果生じてくる意味構造は単なる部分の総和以上のものになるという点が挙げられる。本節では、このような概念ブレンディングの認知プロセスについて、ことば遊び（language play）の一種として知られる「なぞなぞ（riddle）」現象から (17) の事例を借用して、その基本的な考

226　II　生成言語学の関連領域

え方を概観してみたい。

（17）　赤い帽子をかぶると、白いなみだを流すもの、なあに。
　　　　　［答え］ろうそく
　　　　（めぐろさぶろう『チャレンジ！なぞなぞ 2000』小学館, 1985 年, p. 344）

　（17）の「なぞなぞ」は、「ろうそくに火をつけると、ろうが垂れる」とい
う自然現象を、「赤い帽子をかぶると、白いなみだを流す」とたとえること
でその構造化がなされた、メタファーを利用した「なぞなぞ」である。一般
に、「なぞなぞ」は、その名称が示唆するように、質問文にあるような謎め
いた概念を構築するところにその趣があり、結果的に生じてくるこの種の概
念は、謎めいているという意味では、新規の特性を創発しているとも考えら
れる。したがって、このような性質を備える「なぞなぞ」は、ことばの意味
が生み出す創発構造（emergent structure）をうまく説明できる概念ブレンディ
ングの認知プロセスとは、きわめて相性が良いということになる（cf. 安原
2006, 2007）。本節では、概念ブレンディングの基本的な考え方を理解する
目的で、（17）の「なぞなぞ」、とりわけ質問文の謎めいた概念がどのような
認知プロセスを経て構築されてくるのかを、順を追って検討してみたい。
　まず、（17）の「なぞなぞ」が構造化されるためには、この場合、少なくと
も 3 種類の知識構造が喚起されなければならない。すなわち、答えを構成す
る「ろうそく」の知識（具体的には「ろうそくに火をつけると、ろうが垂れ
る」）、「帽子をかぶる」という動作の知識、そして「なみだを流す」という
動作の知識である。認知意味論では、このような慣習化された知識構造のこ
とは、一般にフレーム（frame）と呼ばれるが、概念ブレンディングの認知プ
ロセスは、このようなフレーム知識をメンタル・スペース（mental space）と
呼ばれる概念空間に取り込むことから始まる[4]。メンタル・スペースという
のは、進行中の思考や談話に合わせて構築される、情報整理のための短期的
な概念空間のことであり、ここでは、上記の 3 種類の知識がそれぞれ別のメ
ンタル・スペースに取り込まれることになる[5]。概念ブレンディングの枠組
みでは、この取り込みプロセスを経て構築されたメンタル・スペースは、一

般にインプット・スペース（input space）と呼ばれる。ここでは、インプット・スペースが結果的に3つ構築されるので、「ろうそく」の知識はInput 1に、「帽子」の知識はInput 2に、「なみだ」の知識はInput 3に取り込まれたものとして、区分しておきたい（図28参照）。

インプット・スペースが構築されると、次の段階では、スペース間写像（cross-space mapping）と呼ばれる認知プロセスが施されることになる。これは、簡単に言えば、インプット・スペース間で認識されうる概念上の対応関係を把握するプロセスのことである。(17)の「なぞなぞ」の場合、「ろうそく」知識を蓄えたInput 1と「帽子」知識を蓄えたInput 2の間では、「ろうそくに火をつける」という概念と「帽子をかぶる」という概念が、そのイメージ上の類似性に基づいて対応関係を築くことになる。また、「ろうそく」知識を蓄えたInput 1と「なみだ」知識を蓄えたInput 3の間でも、「ろうが垂れる」という概念と「なみだを流す」という概念が、同じくそのイメージ上の類似性に基づいて対応関係を築くことになる。

そして、スペース間写像と同時に進行していくのが、共通スペース（generic space）と呼ばれるメンタル・スペースの構築である。共通スペースとは、インプット・スペース間に設定された対応関係に基づいて、その間に共通して見られる抽象構造を取り込むためのメンタル・スペースのことである。(17)の「なぞなぞ」の場合、Input 1とInput 2の間では、「ろうそくに火をつける」ことと「帽子をかぶる」ことに共通する構造として、「何かが置かれる」といったイメージが共通スペースに投射されることになる。また、Input 1とInput 3の間でも、「ろうが垂れる」ことと「なみだを流す」ことに共通する構造として、「何かが下方向に流れる」といったイメージが共通スペースに投射されることになる。この場合にも、結果的に2つの共通スペースが構築されてくるので、Input 1とInput 2の間に構築される共通スペースをGeneric 1、Input 1とInput 3の間に構築される共通スペースをGeneric 2と呼んで、便宜的に区分しておきたい（図28参照）。

スペース間写像と共通スペースの構築により、いわゆる「たとえ」の対応関係が明確になると、次の段階では、最終プロセスとしてのブレンド・スペース（blended space）の構築が始まる。ブレンド・スペースとは、複数のイン

プット・スペースからの情報を取捨選択しつつ混ぜ合わせて、インプット・スペースには観察されない創発的な概念を生み出すためのメンタル・スペースのことである。(17)の「なぞなぞ」では、Input 2 からは「帽子をかぶる」という概念が、Input 3 からは「なみだを流す」という概念が、ブレンド・スペースへと投射される。くわえて、Input 1 からは、「○○すると、○○する」といった因果関係の構造、ろうそくの火の色である「赤い」という概念、垂れ出すろうの色である「白い」という概念、そしてろうそくが「もの」であるという概念が、ブレンド・スペースへと投射される。その結果、なぞなぞの質問文に対応する概念である「赤い帽子をかぶると、白いなみだを流すもの」といった謎めいた意味構造が、ブレンド・スペース内に構築されることになる(図28参照)。

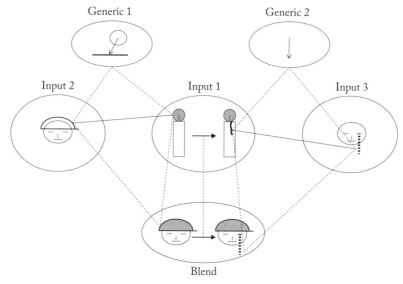

図28 (17)の概念ブレンディング

ここで注意したいのは、ブレンド・スペース内に構築された概念は、いずれのインプット・スペースによっても供給されえない、ブレンド・スペース独自の創発的な意味構造を備えているという点である。すなわち、(17)の「なぞなぞ」の概念形成において喚起されたどのインプット・スペースにお

いても、謎めいた意味構造として理解できるものは何ひとつないにも関わらず、ブレンド・スペース内では謎めいた意味構造が生じてきている点に、概念ブレンディングの認知プロセスが備える創発性の本質を垣間見ることができる。

6．まとめ

　本章では、認知意味論の基本的な考え方を紹介しつつ、認知意味論の考えることばの意味の世界について概観してきた。本章を締めくくるにあたって、最後に、ことばの意味とは何なのかについて、認知意味論の観点からまとめておきたい。

　Evans & Green (2006) は、この点について、認知意味論の意味観は以下の4点に集約できると議論している。

(18) a. Conceptual structure is embodied.

　　 b. Semantic structure is conceptual structure.

　　 c. Meaning representation is encyclopaedic.

　　 d. Meaning construction is conceptualisation.　　(Evans & Green 2006: 153)

　まず、(18a) であるが、これは「概念構造は身体化されている」という主張である。認知意味論では、概念構造が生じてくる根源には、我々が有する一般認知能力(あるいは我々の外界との相互作用)が大きく関与していると考えている。この点は、本章でも議論してきた、知覚経験に基づくプロミネンスや視点、メタファーを支える身体的基盤、メトニミーを支える参照点能力などから、一般に理解していくことができる。

　(18b) は、「意味構造は概念構造である」という主張である。これは、(18a)とも関連しているが、我々が一般認知能力を介して理解できたことは、一般には、我々の心の中で概念構造として形成されることになり、それが言語的な意味の基盤(すなわち意味構造の基盤)になっているという考え方である。本章で取り上げた意味現象のすべてが、いわゆる概念現象に関わる議論であ

ったことを振り返れば、この点はよりよく理解できるはずである。

　（18c）は、「意味表示は百科事典的である」という主張である。先述のとおり、認知意味論では、伝統的な意味論研究において暗黙の内に設定されてきた、意味論と語用論の間の境界線を、経験的に考えても裏づけが乏しい仮定として、一般にそれを認めない立場を採用している。したがって、認知意味論において、本格的に意味を表示しようとした場合には、百科事典が記述するような膨大で様々な知識（または知識構造）が必要になってくるということを、（18c）は述べているのである。本章の議論でも、意味構造を考えていく際に、様々な背景知識を喚起させて、その意味構造を規定してきた点を思い出してほしい。

　そして、最後の（18d）は、「意味構築は概念化である」という主張である。一般に、概念化とは、背景知識を喚起させたり、そこに様々な概念操作を加えたりする、ダイナミックな認知プロセスのことを意味している。したがって、本章で議論してきた、プロミネンスの付与、心的スキャニング、メタファー写像、参照点構造におけるターゲットの絞り込み、フレームの喚起、概念ブレンディングなどは、すべて概念化の具体事例であると考えることができる[6]。認知意味論では、一般に、このような概念化のプロセスが、意味を構築していくと考えている。

注

1　認知意味論（あるいは認知言語学）における「文脈」という概念は、最終的には、現行談話スペース（current discourse space, CDS）として定義されなければならない。現行談話スペースとは、端的に言えば、言語理解に向けての概念土台のことであり、そこには、現行談話の概念内容、先行文脈や後続文脈の概念内容、発話文脈の概念内容、百科事典的な一般知識など、様々な文脈要素が含まれるものとして、一般に規定されている。詳しくは、Langacker (2001, 2008: Ch. 13) を参照のこと。

2　Langacker (1990, 1991) では、位置変化（すなわち移動）を伴う結果となる被動作主（PATIENT）のことを、一般に移動主（MOVER）と呼んでいるが、ここでは分かりやすくする目的で、そのまま被動作主（PATIENT）という意味役割（semantic role）を与え

ておく。

3　なお、仮想移動は「虚構移動」と訳出される場合もある。

4　フレーム（frame）とは、簡単に言えば、我々が日常生活を経験する中で理解・把握されてくる、慣習的な知識構造のことを意味している（cf. Fillmore 1982, 1985）。フレームが慣習的であるというのは、その知識構造が長期記憶（long-term memory）に蓄積されていることを含意しており、これは短期的な概念空間を構成するメンタル・スペースとはその趣を異にしている（なお、メンタル・スペースは短期記憶（short-term memory）に関わる概念装置である）。認知意味論では、語や文などの言語単位は一般にフレームを喚起し、それに基づいて言語理解は行われると考えられている。例えば、「水曜日」という語の意味を理解しようとした際には、その背景知識として「一週間」の概念を構造化したフレームが喚起されなければ、その本質的な意味合いを理解していくことはできないと言える。すなわち、一週間が「日―月―火―水―木―金―土」といった 7 日間で構成されているという文化的知識に基づいて、「水曜日」は日曜日から数えて 4 番目の日として理解できることになる。同様に、「横綱」という語の意味を理解しようとした際には、「相撲」のフレームが喚起されなければ、その正確な意味合いには到達することができないと言える。すなわち、相撲界には「序ノ口→序二段→三段目→幕下→十両→幕内」という階層があって、最上位の幕内には「前頭→小結→関脇→大関→横綱」というさらなる階層があるという知識が前提となってはじめて、「横綱」が相撲界の最高位であることが理解できることになる。

5　メンタル・スペースという概念は、もともとは Fauconnier（1994, 1997）のメンタル・スペース理論（mental space theory）において提唱されたものである。

6　紙幅の都合上、本章では取り上げることができなかったが、この他にも、図地反転（figure-ground reversal; cf. Talmy 1978, 2000）、前景化と背景化（foregrounding / backgrounding; cf. Talmy 1988a, 2000）、カテゴリー化（categorization; cf. Lakoff 1987）、スキーマ形成と拡張（schema formation / extension; cf. Langacker 1988, 1999）、フレーム・シフティング（frame shifting; cf. Coulson 2001）、ズーム・インとズーム・アウト（zooming-in / zooming-out; cf. 山梨 2004）などといった認知プロセスも、概念化の具体事例であると言える。

さらに研究を進めるために

1.　深田智・仲本康一郎（2008）『概念化と意味の世界―認知意味論のアプローチ―』研究社.
　　認知意味論が取り扱う意味現象について詳しく紹介した入門書。認知意味論の全体像をとりあえず日本語で把握したいと考える読者に、おすすめである。

2. 谷口一美 (2003)『認知意味論の新展開—メタファーとメトニミー—』研究社.
    認知意味論におけるメタファー研究とメトニミー研究について概説した入門書。
    メタファーやメトニミーに関心のある読者は、研究の全体像を把握する意味でも
    一読しておきたい。

3. 山梨正明 (2012)『認知意味論研究』研究社.
    認知意味論の基礎というよりはやや発展的な内容であるが、認知意味論研究の可
    能性を探るのには格好の書物。豊富な事例とともに議論が展開するので、理解は
    容易である。

4. 松本曜編(2003)『認知意味論(シリーズ認知言語学入門第3巻)』大修館書店.
    認知意味論の研究領域においてこれまで行われてきた代表的な研究について、日
    本語で詳細な解説を提示した一冊。認知意味論の研究成果を深く学びたいと考え
    る読者に、特におすすめである。

5. Vyvyan Evans and Melanie Green. (2006) *Cognitive Linguistics: An Introduction.* Edin-
    burgh: Edinburgh University Press.
    全体で830ページにも及ぶ認知言語学(cognitive linguistics)の入門書。Part II(pp.
    153–467)が認知意味論の概説となっており、認知意味論の研究領域を俯瞰できる。

6. Gilles Fauconnier and Mark Turner. (2002) *The Way We Think: Conceptual Blending and
    the Mind's Hidden Complexities.* New York: Basic Books.
    概念ブレンディングの認知プロセスについて、提唱者が自ら執筆した概説書。全
    体で440ページものボリュームがあるが、平易な英語のため、初学者でも読みや
    すい。

参考文献

Brugman, Claudia. (1988) *The Story of Over: Polysemy, Semantics, and the Structure of the Lexicon.*
    New York: Garland.

Coulson, Seana. (2001) *Semantic Leaps: Frame-Shifting and Conceptual Blending in Meaning
    Construction.* Cambridge: Cambridge University Press.

Dirven, René, and Ralf Pörings. (eds.) (2003) *Metaphor and Metonymy in Comparison and Con-
    trast.* Berlin/New York: Mouton de Gruyter.

Evans, Vyvyan, and Melanie Green. (2006) *Cognitive Linguistics: An Introduction.* Edinburgh:
    Edinburgh University Press.

Fauconnier, Gilles. (1994) *Mental Spaces (2nd Edition).* Cambridge: Cambridge University
    Press. (坂原茂・水光雅則・田窪行則・三藤博訳 (1996)『新版メンタル・スペース—
    自然言語理解の認知インターフェイス—』白水社.)

Fauconnier, Gilles. (1997) *Mappings in Thought and Language.* Cambridge: Cambridge University Press. (坂原茂・田窪行則・三藤博訳 (2000)『思考と言語におけるマッピング—メンタル・スペース理論の意味構築モデル—』岩波書店.)

Fauconnier, Gilles, and Mark Turner. (1994) Conceptual Projection and Middle Spaces. Technical Report no.9401, Department of Cognitive Science, University of California, San Diego.

Fauconnier, Gilles, and Mark Turner. (2002) *The Way We Think: Conceptual Blending and the Mind's Hidden Complexities.* New York: Basic Books.

Fauconnier, Gilles, and Mark Turner. (2006) Mental Spaces: Conceptual Integration Networks. In Dirk Geeraerts (ed.), *Cognitive Linguistics: Basic Readings*, pp. 303–371. Berlin/New York: Mouton de Gruyter.

Fillmore, Charles J. (1982) Frame Semantics. In The Linguistic Society of Korea (ed.), *Linguistics in the Morning Calm*, pp. 111–137. Seoul: Hanshin Publishing Co.

Fillmore, Charles J. (1985) Frames and the Semantics of Understanding. *Quaderni di Semantica* 6 (2): pp. 222–254.

Goldberg, Adele E. (1995) *Constructions: A Construction Grammar Approach to Argument Structure.* Chicago: The University of Chicago Press. (河上誓作・早瀬尚子・谷口一美・堀田優子訳 (2001)『構文文法論—英語構文への認知的アプローチ—』研究社.)

Grady, Joseph E., Todd Oakley, and Seana Coulson. (1999) Blending and Metaphor. In Raymond W. Gibbs, JR. and Gerard J. Steen (eds.), *Metaphor in Cognitive Linguistics*, pp. 101–124. Amsterdam: John Benjamins.

Johnson, Mark. (1987) *The Body in the Mind: The Bodily Basis of Meaning, Imagination, and Reason.* Chicago: The University of Chicago Press. (菅野盾樹・中村雅之訳 (1991)『心のなかの身体—想像力へのパラダイム転換』紀伊國屋書店.)

Kövecses, Zoltán. (2002) *Metaphor: A Practical Introduction.* Oxford: Oxford University Press.

Lakoff, George. (1987) *Women, Fire, and Dangerous Things: What Categories Reveal about the Mind.* Chicago: The University of Chicago Press. (池上嘉彦・河上誓作ほか訳 (1993)『認知意味論—言語から見た人間の心』紀伊國屋書店.)

Lakoff, George. (1996) *Moral Politics: What Conservatives Know That Liberals Don't.* Chicago: The University of Chicago Press. (小林良彰・鍋島弘治朗訳 (1998)『比喩によるモラルと政治—米国における保守とリベラル—』木鐸社.)

Lakoff, George, and Mark Johnson. (1980) *Metaphors We Live By.* Chicago: The University of Chicago Press. (渡部昇一・楠瀬淳三・下谷和幸訳 (1986)『レトリックと人生』大修館書店.)

Lakoff, George, and Mark Johnson.（1999）*Philosophy in the Flesh: The Embodied Mind and its Challenge to Western Thought.* New York: Basic Books.（計見一雄訳（2004）『肉中の哲学 ―肉体を具有したマインドが西洋の思考に挑戦する』哲学書房.）

Lakoff, George, and Mark Turner.（1989）*More than Cool Reason: A Field Guide to Poetic Metaphor.* Chicago: The University of Chicago Press.（大堀俊夫訳（1994）『詩と認知』紀伊國屋書店.）

Lakoff, George, and Rafael E. Núñez.（2000）*Where Mathematics Comes From: How the Embodied Mind Brings Mathematics into Being.* New York: Basic Books.（植野義明・重光由加訳（2012）『数学の認知科学』丸善出版.）

Langacker, Ronald W.（1987）*Foundations of Cognitive Grammar, Vol.1: Theoretical Prerequisites.* Stanford: Stanford University Press.

Langacker, Ronald W.（1988）A Usage-Based Model. In Brygida Rudzka-Ostyn（ed.）, *Topics in Cognitive Linguistics*, pp.127–161. Amsterdam: John Benjamins.

Langacker, Ronald W.（1990）*Concept, Image, and Symbol: The Cognitive Basis of Grammar.* Berlin/New York: Mouton de Gruyter.

Langacker, Ronald W.（1991）*Foundations of Cognitive Grammar, Vol.2: Descriptive Application.* Stanford: Stanford University Press.

Langacker, Ronald W.（1993）Reference-Point Constructions. *Cognitive Linguistics* 4: pp. 1–38.

Langacker, Ronald W.（1999）A Dynamic Usage-Based Model. In Michael Barlow and Suzanne Kemmer（eds.）, *Usage-Based Models of Language*, pp. 1–63. Stanford: CSLI Publications.（坪井栄治郎訳（2000）「動的使用依拠モデル」坂原茂編『認知言語学の発展』pp.61–143. ひつじ書房.）

Langacker, Ronald W.（2000）*Grammar and Conceptualization.* Berlin/New York: Mouton de Gruyter.

Langacker, Ronald W.（2001）Discourse in Cognitive Grammar. *Cognitive Linguistics* 12: pp. 143–188.

Langacker, Ronald W.（2008）*Cognitive Grammar: A Basic Introduction.* Oxford: Oxford University Press.（山梨正明監訳（2011）『認知文法論序説』研究社.）

Langacker, Ronald W.（2009）*Investigations in Cognitive Grammar.* Berlin/New York: Mouton de Gruyter.

Langacker, Ronald W.（2013）*Essentials of Cognitive Grammar.* Oxford: Oxford University Press.

Matsumoto, Yo.（1996）Subjective Motion and English and Japanese Verbs. *Cognitive Linguistics* 7: pp. 183–226.

松本曜（1997）「空間移動の言語表現とその拡張」中右実編、田中茂範・松本曜『空間と移

動の表現（日英語比較選書 6 ）』pp. 125–230. 研究社.

Sweetser, Eve E. (1990) *From Etymology to Pragmatics: Metaphorical and Cultural Aspects of Semantic Structure.* Cambridge: Cambridge University Press. (澤田治美訳 (2000)『認知意味論の展開―語源学から語用論まで―』研究社.)

Talmy, Leonard. (1978) Figure and Ground in Complex Sentences. In Joseph H. Greenberg (ed.), *Universals of Human Language, Vol. 4: Syntax,* pp. 625–649. Stanford: Stanford University Press.

Talmy, Leonard. (1988a) The Relation of Grammar to Cognition. In Brygida Rudzka-Ostyn (ed.), *Topics in Cognitive Linguistics,* pp. 165–205. Amsterdam: John Benjamins.

Talmy, Leonard. (1988b) Force Dynamics in Language and Cognition. *Cognitive Science* 12: pp. 49–100.

Talmy, Leonard. (1996) Fictive Motion in Language and "Ception". In Paul Bloom, Mary A. Peterson, Lynn Nadel, and Merrill Garrett (eds.), *Language and Space,* pp. 211–276. Cambridge, MA: MIT Press.

Talmy, Leonard. (2000) *Toward a Cognitive Semantics, Volume 1: Concept Structuring Systems.* Cambridge, MA: MIT Press.

Talmy, Leonard. (2003) Concept Structuring Systems in Language. In Michael Tomasello (ed.), *The New Psychology of Language: Cognitive and Functional Approaches to Language Structure (Volume 2),* pp. 15–46. Mahwah, N.J.: Lawrence Erlbaum Associates.

Turner, Mark. (1996) *The Literary Mind: The Origins of Thought and Language.* Oxford: Oxford University Press.

Turner, Mark. (2001) *Cognitive Dimensions of Social Science: The Way We Think about Politics, Economics, Law, and Society.* Oxford: Oxford University Press.

Turner, Mark. (2007) Conceptual Integration. In Dirk Geeraerts and Hubert Cuyckens (eds.), *The Oxford Handbook of Cognitive Linguistics,* pp. 377–393. Oxford: Oxford University Press.

Turner, Mark. (2014) *The Origin of Ideas: Blending, Creativity, and the Human Spark.* Oxford: Oxford University Press.

山梨正明 (2004)『ことばの認知空間』開拓社.

安原和也 (2006)「文学と言語学の接点：English Conundrums の意味構築を中心に」『日本英文学会第 78 回大会 Proceedings』pp. 26–28.

安原和也 (2007)「ことば遊びの創造性と概念ブレンディング」『追手門学院大学心理学部紀要』1: pp. 259–287.

辞書

新村出編（2008）『広辞苑第六版』岩波書店.

松村明監修（1995）『大辞泉』小学館.

引用例出典

めぐろさぶろう（1985）『チャレンジ！なぞなぞ 2000』小学館.

第7章

言語と文字

斎藤伸治

　これまで西洋言語学は概して、文字をあまり真剣な考察の対象にしてこなかった。西洋世界において文字というのは、基本的に話し言葉を写すものであって、文字を特に言語音と別物であるとは考えず、したがって文字の体系や構造そのものに対する関心も非常に薄かったように思われる。例えば、19世紀の歴史的な言語研究(比較言語学)において、文字で書かれた古い文献を基に言語分析を行いながら、そもそも文字とは何かといった反省がほとんどみられなかったのも、その表れであろう。また、特にソシュールに始まる20世紀の言語科学では、研究の主要対象はもっぱら音声言語とその構造であり、文字はと言えば言語音の単なる再現にすぎず、言語そのものの研究とは無関係であることがはっきりと宣言される。20世紀の言語学の出発点に立つソシュールとブルームフィールドは、それぞれ次のように述べている[1]。

（1）　言語と文字とは、2つのはっきり区別される記号体系である。後者の
　　　唯一の存在理由は、前者を再現することにある。言語学の対象は、書
　　　き言葉と話し言葉との結合であると定義されるわけではない。後者の
　　　みでその対象をなしているのである。　　　　　（ソシュール 1972: 40）
（2）　文字は言語ではなく、単に目に見える印によって言語を記録する1つ
　　　の方法にすぎない。　　　　　　　　　（ブルームフィールド 1962: 24）

　20世紀という時代は、言語の研究がかつてないほど進んだ時代ではあっ

たが、ここに表明されているようなソシュールやブルームフィールドの呪縛があったのか、文字の問題が特別な関心を呼ぶことはなかった。同じように文字を言語学の対象としないとはいっても、ソシュールとブルームフィールドでは、その背景にある理由は異なっているのかもしれない。ソシュールの場合は、前述の19世紀の比較言語学の研究のあり方に対する反省が(1)の文字に対する態度の背景にあったと思われるし、またブルームフィールドの場合は、20世紀のアメリカ言語学が、これまで文字に記されたことがないアメリカ先住民の諸言語の記述研究が中心となって始まったということも大きかったと思われる。特に20世紀の言語学の基本的な考え方では、どの言語も同程度に複雑であって、言語の間には優劣がないことになっている。そうだとすれば、文字をもたない言語もあるわけだから、文字が言語にとって本質的なものではなく、付随的なものにすぎないという考え方は、一応もっともなように映るのである。

　しかし20世紀に限らず、西洋の言語研究では、文字というのはひたすら音声言語に従属するものであって、両者が全く別の存在意義をもった記号体系であるといった考えは、あまり発達しなかったように思われる。西洋世界がアルファベット文字を使用する社会であったことも、そのような考え方が出てくることの理由の1つになっているのであろう。紀元前9世紀頃にそのアルファベット文字を作り出した古代ギリシア、その古代ギリシアでも読み書き能力の一般的普及がかなり進んでいた時代に生きた哲学者アリストテレスもまた、西洋言語思想に測り知れない影響を与えたとされるその『命題論』において、文字が言語音の再現であり、話し言葉と比べて二次的な存在にすぎないという考えをはっきりと述べている。

（3）　声にされた言葉は、霊魂の印象のシンボルであり、文字として書かれ
　　　　た言葉は、声にされた言葉のシンボルである。　（『命題論』第1章）

　20世紀後半になってからも、文字に関する重要な研究が全くなかったというわけではないが、例えばゲルブ（Gelb 1963）やディリンジャー（Diringer 1968）などに代表されるように、その多くは、文字を表記の対象である言語

とは切り離して、その歴史的系譜を追求するというものであったように思われる。本章では、特に言語との関わりという点から文字の問題を考察することにする。文字は本当に、西洋言語学が考えてきたように、言語（音声言語）に従属するものであり、それを再現するための副次的な体系にすぎないと考えるべきなのか、あるいは両者は互いに関係はもちつつも、全く別の基本的原理、特徴をもった記号体系と考えるべきなのか。もし後者だとしたら、文字独自の基本的原理とは何なのか。

　本章の構成は以下の通りである。まず1節で、文字とは何か、いつから文字が始まったと言えるのかについて考察する。2節では、人類最古の文字とされるシュメル文字はどのようにして生まれ、そしてどういったプロセスを経て完全な文字体系へと発達したのかをみる。同じ古代文字のエジプト文字や漢字（甲骨文字）はほとんど完成された状態で突然出現したようにみえるのに対して、このシュメル文字のみが様々な段階を経て文字に発達していったその軌跡が比較的よく確認できるのである。世界の文字はほとんどすべて、ごくわずかな例外を除けば、すでに他の言語の表記に用いられていた文字体系を借用し、それを自国語に合わせて発展させていったものである。その最初の例が、シュメル楔形文字を借用して生まれたアッカド文字である。どのようにして文字体系は他の言語の表記に借用されるようになるのか、その1つの姿をアッカド文字の発展の中にみていこう。その後は、現代英語の文字に話を移す。現代英語の文字の具体的な分析に入る前に、まず3節において、現代英語の表記に用いられるラテン文字の発達を概観する。そして4節において、このラテン文字を借用した英語の文字の仕組みやその特徴について考える。現代世界で最も広く用いられている英語の文字とシュメル文字などの最古の文字との間に何か共通する基本的な仕組み、特徴がみられるだろうか——こういった問題についても、併せて考えていきたい。5節は、本章の議論のまとめである。

1. 文字とは何か

　一般に、文字が人類の歴史に登場するのは、今から約5千年前のこととさ

れる。まずメソポタミアとエジプトにほぼ同時に（それぞれ、紀元前 3200 年頃と紀元前 3100 年頃）、そして少し遅れて紀元前 1400 年頃の殷の時代の古代中国に出現している。文字が生まれたのはいつかという問題はもちろん、文字とは何かという定義の問題と切り離すことができない問題である。実際にこれまで多くの研究者が様々に文字の定義を試みている（瀬田 2009: 150–151 を参照）が、ここではこの定義の問題には深く立ち入らずごく簡単に、文字を「特定の言語と結びつき、それを反映した（比較的永続的な）視覚的な記号」と定義しておく。文字の誕生以前にも、結縄、タリー棒、そして文字の前段階としての絵文字（図 1）など、記憶を保持したり、情報を伝達するための様々な視覚的な記号があった。また現代世界にも、そうした目的に使用される交通標識や国際空港などにみられる絵文字（ピクトグラム）、コンピュータのアイコン、あるいは音楽の記譜法や数学の表記法などがある。そうした言語と結びつかない記号と言語と結びついた記号とを区別すべきではないとする見方も、もちろん可能ではあろう（Harris 1986 など。クルマス 2014 の第 1 章、Sampson 1985 の第 2 章も参照）。

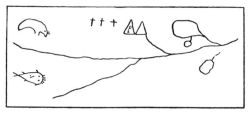

図 1　文字の前段階にある、視覚的な記号の 1 つであるアメリカ先住民の絵文字。オジブア族の娘から恋人に送られた手紙である。左の熊と山椒魚の絵はそれぞれ、発信人と受取人が属する部族のトーテムを表す。3 人のクリスチャンの娘、そして手紙の発信人である娘の家が描かれており、数本の道と 3 個の湖はそこに至るまでの道順を示している。左側の家から方手がのぞいているのは、恋人にそこにくるよう招いているという意味である。Mallery (1893: 363) より。

　一般に定義というものは、その対象についての理解の仕方、関心のもち方で大分変わってくるところがある。しかし，やはり視覚的な記号が言語と結びつき、それを表すようになった時点で、記憶の保持や情報伝達の手段として格段の進歩がみられるようになったことは紛れもない事実であり、この時

点をもって文字と呼ぶことには、充分に意味があると言わなければならない。文字の最初の段階には絵があると言われるが、初めは言語とは独立して存在し、伝達の手段として機能していた絵などの視覚的な記号が、次第に言語との結びつきを強め、やがてその言語の音形を表記するように発達していくことになる。単なる絵ではなく、それまでにすでに高度に発達していた言語と結合することで文字が生まれた——そう考えるとすれば、人類最古の文字は、メソポタミア南部のシュメル人の都市ウルクにおいて誕生したということで間違いはない。

　では、それまで言語とは独立して存在していた絵などの視覚的な記号が言語と結合するようになるとは、いったいどういうことを意味するのだろうか。その間には様々な段階が区別できると思われるが、視覚的な記号と言語との結びつきを示す指標として、次の3つの特徴を考えてみよう（阿辻 2001: 60–67, ムーアハウス 1956: 2–20, Sampson 1985: 50–51, 加藤 1962: 4–27 など）。まず、(a) 記号が普遍的な意味をもっていること。絵というのは特定のあの木、この山を表しているが、文字の段階になると、そのような特定の事物ではなく、木というもの一般、山というもの一般——あるいはその言語的意味——を表している。そしてそれとともに、記号の形自体も、写実性を失い、単純化・抽象化してくる。(b) 表現される出来事を構成している事物や概念が、ある特定の言語の語に対応させて1つひとつ切り離され、別々に扱われる。例えば、日本語で「4匹の牛」とか「黒い牛」と表現されるが、同じ内容を絵で描くとなると、「4匹の」に相当する部分と「牛」に相当する部分が切り離されて別々の扱いを受けることはないし、また「黒い」と「牛」の場合も、1つにまとまって描かれることになる。絵というのは基本的に、表現されるべき出来事が全体的に、そして包括的に表現されるのである。そこには、その出来事を構成する事物や概念の切り離しはみられない。アメリカ先住民は、図1にみるような絵文字の段階に留まっており、文字を発達させることはなかった。次の図2は、アラスカのアメリカ先住民の絵文字の例で、文字の段階にかなり近づいてはいるが、まだ文字とは言えない。

図2 アラスカのアメリカ先住民の絵文字。「家の中に食料がない」を意味する。

それに対して図3は、図2とほぼ同じ内容を表すエジプトの聖刻文字の例である。

図3 図2と同じ内容を表すエジプト文字(図2、図3ともに加藤1962: 13より)

両者はともに、「家の中に食料がない」ということを表しているが、前者は依然として絵文字の段階にあるのに対して、後者のエジプトの聖刻文字は完全な文字である。加藤(1962: 12–15)に従って、この2つの例のどこに違いがあるのかを考えてみよう。図2の絵文字で一番左にある記号は、両腕を左右に広げている人物を示している。これは「不確か」、「からっぽ」、「無い」などを表す彼らのジェスチャーに由来しており、ここでは「無い」を意味している。真中の記号は、やはり彼らのジェスチャーに由来し、この例において、口に手をあてがった姿は「食べ物」を意味し、また腕を水平に伸ばしているのは、事物すなわち一番右にある記号が表している「家」を指し示している姿を表している。このアメリカ先住民の絵文字と非常によく似ているのが、図3のエジプト文字の例である。図3のエジプト文字の3つの記号はほぼ、図2でみたアメリカ先住民の絵文字の3つの記号に対応している。一番左の記号は「無い」、「否定」を表しており、アメリカ先住民の絵文字の場合と同じく、もともとは左右に開かれた両腕の絵だという。アメリカ先住民の絵文字と比較すると、頭や胴、そして脚が取り去られており、形も写実性を失い、単純化・抽象化している。真中の記号も、そして一番右の記号も同じで、それに対応するアメリカ先住民の絵文字の2つの記号と比較すると、

やはり形が単純化・抽象化している。しかし、違いはそれだけではない。真中にある口を指さす聖刻文字は、「食べる」、「飲む」、「話す」、「思う」などの意味をもつ記号で、それに対応するアメリカ先住民の絵文字の左半分のジェスチャーだけを示している。右半分の腕を水平に伸ばし、一番右にある記号が表している「家」を指し示す部分はない。何か事物を指示するという働きは、エジプト語では、それとは別に前置詞と指示代名詞で示された。つまり、図3のエジプト文字の例では、1つひとつがエジプト語の語に対応していることがわかる。一方、アメリカ先住民の絵文字の例では、そのような切り離しが、まだ完全には行われていない。一番左と一番右の記号は、その言語の語に対応しているが、真中の記号は2つのジェスチャーが組み合わされたもので、語に対応させて1つひとつの事物や概念が完全には切り離されていないのである。視覚的な記号と言語との結びつきを示す3つ目の特徴として、(c) その言語の語に対応させて、出来事を構成する1つひとつの事物や概念が切り離されるだけでなく、それぞれの記号が、言語の時間的持続に何らかの形で対応づけられて、一定の方式と順序で線状的に並べられる。例えば、最初期のシュメル文字、そして漢字(甲骨文字)は、上から下への縦書きで書かれている(しかしシュメル文字は、やがて英語のように左から右への横書きに移行する)。またエジプト文字は、縦書きの場合も横書きの場合もあった。そして横書きの場合には、右から左にも、また左から右にも書くことができ、前者の場合には人や動物などの頭部が右側を向き、後者の場合には左側を向くといった特徴があった。

　以上のようにして、もともと外界の事物と結びついていた絵文字などの記号が、徐々にある特定の言語の語(正確に言えば、形態素)と結びつくようになり、まず表語文字(logogram)が生まれてくると考えられる。しかし、これだけではまだ真の文字体系にはなっていない。なぜなら、言語には、具体的な事物を表す語だけでなく、形を描くことが困難な固有名詞や抽象名詞、動詞、前置詞や後置詞などの語もあり、絵文字などから発達した表語文字だけでは、そういった種類の語を表記することはできないからである。そうした語を表記できてはじめて、完成した真の文字体系となる。したがって、語の意味や音を頼りにして、その文字の適用範囲を拡張するといった手法が採ら

れることになるのである。

　文字の意味的、及び音声的拡張の具体例を、シュメル文字とエジプト文字からいくつか挙げてみよう。シュメル語で、もともと「星」を表していた記号が、メトニミー（換喩、metonymy）によって「天」(an)や「神」(dingir)を表すようになった。これは、意味的な類似性に基づいた拡張である。さらに意味的な類似性に基づいた拡張としては、「脚」を表していた記号が、「行く」(du)（及び du の同義語である ra や gin)、そして「立つ」(gub)を表すようになったり、「口」(ka)を表す記号に「話す」(dug)という読みが加わったり、あるいは「鋤」(apin)を表す記号に「耕す」(uru)といった読みが加わったりする例がある。一方、「星」の記号を /an/ という音節を表記する表音文字（phonogram）に用いたりするのは、音声的に拡張した例である。また「水」(a)を表す記号が、「〜の中に」(a)を表したり、「矢」(ti)を表す文字が「生命」(ti (l))を表したりするのも、音声的な同一または近似に基づいた拡張例である。「水」(a)の記号を書くことで、「水」の意味とは全く無関係に、/a/ という音節を表すなど、同じか類似した発音の語を同一の文字で表記する仕組みを「判じ絵の原理」(rebus principle)という。今みてきた例からわかるのは、具体的な形をもつ事物を表す記号が、意味的な類似あるいは音声的な同一または近似に基づいて、形を描くことが困難な動詞、抽象名詞、前置詞や後置詞などの語を表記するように拡張されるということである。エジプトの聖刻文字でも、□□□ (pr)は、本来家の平面図を描写したもので、「家」という語を表す文字だったが、意味的に拡張されて「部屋」(ꜣt)を意味するようになるし、また音声的に同じである動詞の「出る」(pr)を意味するようになる[2]。もちろん「家」と「出る」とは全く関係のない語であり、「出る」の方が /pr/ という音だけ借りたのである（このように初めは同じ発音の特定の語を表すだけだったが、次第にその音そのもの(/pr/ という 2 子音)を表すようになっていく）。こうしたことも文字がもはや事物ではなく、完全に言語と結びついているからこそ可能なのである。例えば、エジプト文字とは異なり、図 2 にある文字以前の絵文字である「家」を表す記号は、「家」の意味にほぼ限られてしまう。

　文字の機能を大きく拡大させ、真の文字体系へと向かわせる大きな要因に

なったのは、特に判じ絵の原理に基づいた表音化の方である。意味的な類似に基づいた拡張だけではどうしてもその適用範囲に限度があるが、音声的な拡張はその言語において同音、あるいは類音であれば、全く無関係な語や語の一部にも適用可能である。表音化というのは、表語や、意味に基づいた転用と比べて、文字が事物から離れ、言語そのものとしっかりと結びついた段階を示すもので、絵文字から発達した最古の文字はすべて、シュメル文字にせよエジプト文字にせよ、あるいは漢字（甲骨文字）にせよ、表音という手段に頼ることで、すでにある文字を同音、類音の語に適用し、（抽象的な語、文法的な語、固有名詞など、象形を適用することが難しい語をも含む）すべての語を文字表記できるようになり、文字体系として完成することができたのである。またそうすることで、文字の数をある一定の数に抑えられることも可能になった。表語文字だけでは、この世界に存在する事物に対し1つひとつ文字を与えていくことになり、どうしても文字の数は膨大になってしまうのである。

　ここまでの議論をまとめてみよう。絵文字が文字へと発達する過程において、記号が事物そのものではなく、特定の言語を表すようになり、1つひとつの記号がその言語の単位—最初の段階では語、あるいはもっと正確に言えば形態素—と対応づけられるようになる。記号の形が写実性を失い、単純化・抽象化してくるとともに、個別的な事物ではなく一般的な意味を表すようになるのである。こうして1つひとつの記号がもはや外界の事物ではなくある特定の言語の語と完全に結びつき、言語の時間的持続を反映するように一定の決まりに従って線状的に並べられるようになったときに、文字が始まると考えられるのである。さらに、語の意味、そして特に音を頼りにして、その文字の適用範囲を拡張していくことで、実際的に文字体系として機能できるものとなると考えられる。このような観点からみて、人類の歴史において最初に文字が生まれたのは、紀元前3200年頃のメソポタミア南部のシュメル人の地においてであった。2節では、この人類最古の文字であるとされるシュメル文字について、さらに詳しくみていくことにしたい。

2. 文字の始まり―シュメル文字について

2.1 絵文字から真の文字へ

　人類最古の文字は、紀元前 4 千年紀の終わり頃に、メソポタミア南部のティグリス・ユーフラテス川流域に住んでいたシュメル人によって発明された。シュメル文字と言えば、楔形文字（cuneiform）がすぐ思い浮かぶかもしれないが、現在わかっている最古の文字は、ウルク（現在のワルカ）で発見されたウルク古拙文字と呼ばれるもので、楔形文字というよりは絵文字的である（後に楔形文字に移行したことから、この文字は原楔形文字（proto-cuneiform）とも呼ばれる）。このウルクにおいて都市文明が成立し、社会が複雑になってきたために、物資の管理や記録が必要となった――こうしたことで、紀元前 3200 年頃に人類最古の文字が生まれたものと考えられている。シュメル人の民族系統は不詳であり、シュメル語の系統関係も同じく明らかではないが、類型論的には日本語と同じ膠着語に分類される。ウルク古拙文字は、このシュメル語を表記しているものと考えられている。この古拙文字は、まだ乾かず軟らかい粘土板の表面に、葦を尖筆に加工したもので絵のように書かれていた。ペルシア湾付近の低地であるこの地域では、石材や木材などには恵まれなかったが、粘土は豊富にあり、また簡単に手に入れることができたのである。その後楔形文字に移行しても、粘土板は依然として、古代メソポタミアにおける典型的な書字材料であり続けた。なおこのウルク古拙文字も、さらに「トークン」と呼ばれる粘土片にまで遡ることができ、結局のところ、このトークンこそが文字の起源と考えられるのではないか、といった説が出ている（Schmandt-Besserat 1992）。トークンとは、紀元前 8000 年頃からメソポタミアで広く物品を数えたり管理するために使用されていた小型の粘土製品のことであるが、このトークンの形状を粘土板の上に再現することによって、文字が生まれたのではないかというのが、現在最も有力な説となっているシュマント＝ベッセラらの主張である。

　エジプト文字や中国の漢字（甲骨文字）の場合も、他からの影響なしに独自に発達した文字と考えられているが、これらの文字は、それぞれ紀元前 3100 年頃と紀元前 1400 年頃に、すでにほぼ完全に発達した形で突然に現れ

ており、途中の未発達の発展段階の文字が発見されておらず、その起源や形成過程なども明らかではない。そのため、これらの文字の場合、あるいは他の文字——つまり、シュメル文字——からの何らかの影響下に生まれたという可能性も充分に考えられる（Gelb 1963: 218–220）[3]。しかし、シュメル文字の場合には、仮にシュマント＝ベッセラらのトークン＝文字起源説が正しいとすれば、言語とは全く結びついていない視覚的な記号の段階から絵文字の段階を経て次第に真の文字体系へと発達していく様々な段階の具体的な例を確認することができ、まさに文字成立の過程そのものに立ち会うことができるのである。

　下の表1は、この絵文字的なウルク古拙文字が、次第に楔形文字へと変化していく過程を示している。

表1　シュメル文字の変遷

	ウルク古拙文字	紀元前2600年頃 90度左に回転	紀元前2500年頃	音価と意味
1				an　　　　天 dingir　　神
2				sag　　　頭
3				ka　　　　口 dug　　　話す
4				ninda　　パン
5				kú　　　　食べる
6				a　　　　　水 a　　　　　〜のなかに
7				nag　　　飲む
8				du, ra, gin　　行く gub　　　　　立つ

シュメル文字の最初の形であるウルク古拙文字は、まだ楔形にはなっていない（左から1列目）。この段階では、約1,000の絵文字的な記号が使用されており、ほとんどが物品目録やそれ以外の経済的活動の記録である。1節において記号が言語と結びついていることを示す特徴として3つ挙げたが、それらの特徴はすべて、すでに最初期のシュメル文字に備わっている。まず、シュメル文字が外界の事物を指示しているのではなく、かなり早い時期にすでに言語的解釈を与えられていたことは、書記たちの訓練のために用いられていた多くの語のリストの存在からも明らかである。紀元前3200年頃にはすでに記号が普遍的な解釈をもってきており、表語文字としての性格がはっきりしてくると考えられている（クルマス2014: 54, Sampson 1985: 49）。また、数詞とその数えられる対象とが切り離されて、並べて表現されている「4匹の牛」のような例が、この最初期のシュメル文字に見つかっており、表現される出来事を構成している事物や概念が、1つひとつ切り離され、別々に扱われていたということを示している（Sampson 1985: 50）。さらに、文字記号の並び方についても、方式と順序に関して一定の決まりが生まれつつあった。ごく最初期のシュメル文字は、表語文字だけであって、表音文字はまだ発達しておらず、したがって文法的情報もみられない。統語構造もなく、ただ文字記号を並べただけの、文の中核的部分だけを示した「中核表記」(nuclear writing) と呼ばれる書き方で、書いた本人以外には理解が困難な、体験した出来事を思い出すための記憶補助の道具程度のものだったようである（ボテロ2000: 58–59, クルマス2014: 57）。またごく最初期の粘土板の中には、例えば、ある1つの人名の中に数字が割り込んでしまっているような例も、見つかっている（Sampson 1985: 49–50）。しかし1節でみたように、言語を表記しているものとして解釈されるためには、それぞれの記号が、言語の時間的持続に対応した形で、一定の方式と順序で並べられていく必要がある。最初は、ちょうど漢字と同じように、縦書きで右から左に向かって書かれるというやり方が採られていた。それがやがて、左から右への横書きに移行していく。左から2列目の文字にみるように、この時点において文字の向きが左に90度横たわることになったと考えられる（カルヴェ1998: 46）。紀元前2600年頃のことであった。

紀元前2500年頃になると、90度左に傾いた形のまま、3列目にみるような楔形文字に移行している。この段階で、葦の茎を三角形の形に切り落として、その切り口を粘土版に押しつけて書くようになり、字形が細長い三角形状の楔の形になった。このように文字が90度左に傾いたこと、そして字形が楔形に変化したことで、もともと絵文字がもっていたような写実性からますます遠ざかっていく。事物との関係性は失われ、逆に言語との結びつきは、ますます強まっていったと考えられる。文字は慣習的な性格をもつようになり、次第に事物そのものではなく、言語を表す方向に向かうのである。真の文字への移行はこのように徐々に行われていったのであり、その間には様々な段階があったと考えるべきであろう。紀元前2500年頃になると、それまで表語文字だったものが、1節でみたような判じ絵の原理を通じてかなり表音化が進み、語の音節を表すようになっている。約1,000あった文字の数も、約600にまで減少している（小林2005: 40）。つまり、このあたりにウルクで発明された文字が整備されて、真の文字体系に整えられたと考えられる。シュメル語も、完全に表記されるようになった。前述のように、紀元前3200年頃のウルク古拙文字の段階では、すべての文字は表語文字だけであって、音節文字(syllabogram)はまだ現れていない。したがって、意味はわかっても音価がわからないといった文字が多い。ウルク古拙文字はシュメル語を表記していると一応は考えられているものの、実はそれもはっきりと確証されているわけではない。判じ絵の原理を利用した表音化は、紀元前2800年頃（ジェムデト・ナスル期）から始まると考えられているが（図4）、このようにシュメル文字を音節文字として読むことが可能になってはじめて、シュメル語の存在そのものもはっきりと認められるようになるのである（ウォーカー1995: 16）。

図4　シュメル文字における、判じ絵の原理に基づいた表音化の例。ジェムデト・ナスル期。粘土板の左上の記号は「葦」(gi)を表す絵文字であるが、この例では、同音異義語の「返済する」(gi)を表している。クルマス(2014: 55)より。

2.2　表音化と決定詞の発達

　真の文字体系に向かわせる最も大きな原動力となったのは、文字の音声的拡張、つまり判じ絵の原理を利用した表音化であった。表語文字だけでは、形を描くことが困難な固有名詞や抽象名詞、動詞、前置詞や後置詞などといった種類の語を表記することは非常に困難である。しかし判じ絵の原理を利用することで、同音、あるいは類音であれば、意味的に全く無関係な語や語の一部でも、同一の文字で表記することができる。さらにまた、文字数も圧倒的に少なくて済むようになるのである。特にシュメル語の場合、大部分の語は1音節のみでできており、したがって同音異義語が非常に多かった[4]。シュメル文字は、この特性を利用して判じ絵の原理をどんどん適用していったのである(クルマス 2014: 54)。2.1節でみたように、向きが90度左に傾いたり、また楔形文字になって記号の絵画的な性格が失われることで、ますます意味的に無関係な語に適用しやすくなったことは、容易に想像できよう。また1節でみたように、文字の意味的拡張により、意味的に類似している複数の語が同一の文字で表記されていた——例えば、「行く」の意味の類義語である du、ra、gin は、同じ「脚」の形の表語文字 ⌂ で表記されていた——が、それも表音的に表記することで互いに区別することが可能になるのである。しかし、表音化が大きく推し進められていくと、今度は同音同綴異義語が多く生じてきて意味が曖昧になる場合が出てくるようになる。そのため、語の意味を間違いなく伝えるために、決定詞(限定符、determinative)と

いう手段が発達してくるのである（ガウアー 1987: 73 を参照）。決定詞というのは、語の大まかな意味範疇——神、人、国、川、木、植物、動物など——を示すだけで、それ自身は発音されることはない。

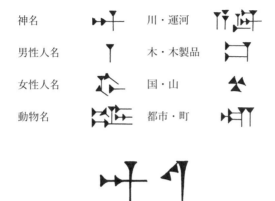

表 2　シュメル文字における決定詞の例

図 5　シュメル文字における決定詞の使用例。「太陽神ウトゥ」を表す。

例えば図 5 において、前にある記号が「神」を示す決定詞であり、その後ろに /utu/ という発音を表す音節文字が続いている。この場合には、/utu/ と発音される同音語の中でも、「神」に分類されるもの——つまり、太陽神ウトゥを表すことになる。こうしてシュメル文字において、同じ文字を表語文字としても、表音文字としても、さらには決定詞としても使用できたわけであり、結果として文字体系はかなり複雑になってしまった。

図 6　様々な機能をもつシュメル文字。表語文字として「天」(an)、「神」(dingir) を表す。表音文字として /an/ という音節を表す。さらに、決定詞として神の名前であることを示す。

　ちなみに興味深いことであるが、こうした状況は、エジプト文字においても全く同様であった。エジプト文字でも、表音化が進み同音同綴異義語が多

数生じてきたことで、語の意味の曖昧化を解消するための手段として決定詞が発達したのである[5]。ただし、シュメル文字では決定詞はだいたい前に付加されることが多かったのに対して、エジプト文字では後ろに付加された。

図7　エジプト文字における決定詞の使用例。

例えば図7において、一番左にある文字群は /mn/ と読まれ、いくつかの同音語を表記した[6]。そのうち「留まる」という語を意図したい場合には、真中の例のように語末に巻物の決定詞を付加した。また、「弱い」という語を意図したい場合には、一番右の例のように小鳥の決定詞を伴って書かれたである（デイヴィズ 1996: 56）。ただし、エジプト文字の場合には、1つの語に対して決定詞が2つ以上付加されることも稀ではなかった。そしてまた、同一の文字に表語文字、表音文字、決定詞という3種類の用法があったという点でも、シュメル文字とエジプト文字は共通していたのである。

図8　様々な機能をもつエジプト文字。表語文字として「家」(pr)、「部屋」(3t) を表す。表音文字として /pr/ という2子音を表す。さらに、決定詞として空間の一般的概念を示す。

　シュメル文字において最初に決定詞が使用された例は、図5に示したような「神」を表す決定詞だった。それは、ラガシュのウル・ナンシェ王朝の創始者ウル・ナンシェ王（紀元前2500–2470年頃）の碑文にみられるものであったが、紀元前2350年頃までには、すべての決定詞が出揃っている（河野ほか編 2001: 499）。最初は表語文字だけのものが真の文字体系へと脱皮するためには、判じ絵の原理を利用した表音化だけでなく、さらに、その結果として生じた語の意味の曖昧化を解消する手段として、この決定詞の発達が必要だったということであるが、こうしたことは、独自に発達したと考えられ

ているすべての古代文字——シュメル文字、エジプト文字、後述するような漢字、さらにはマヤ文字（西田編 1981: 16–17 を参照）——に共通してみられる特徴である。文字体系として充分に機能を果たし得るためには、以上のような仕組みが何らかの形で実現されていなくてはならない、ということなのではないだろうか。特にこの決定詞の働き、役割の問題については、4 節でこれらの古代文字とは全く性格の異なる、アルファベットという表音文字のみから成る現代英語の文字について考察するときにも、また触れることにしたい。

2.3　シュメル文字の構成

「六書」と呼ばれる、漢字の成り立ちと使い方に関する 6 つの基本原理——象形、指事、会意、形声、転注、仮借——がある。象形は、目に見える事物の姿形を絵画的に描いて、それをその事物を表す文字とする方法であり、「耳」、「目」、「日」、「月」、「山」、「川」、「木」などは、この象形という方法に拠っている。すべての古代文字は、その発生段階では、まずこの象形文字から始まっている。現在、数千数万ある漢字も一度にできたわけではなく、確認できる最古の漢字である甲骨文字の多くは象形文字であり、象形文字から出発し、次第に数を増やして文字体系として整えられていったのである。次の指事は、目に見えない抽象的な概念を図形化して表す方法で、「上」、「下」、「一」、「二」、「三」などがこの方法でできた文字である。あるいは、木の根元の部分だけ、木の先の部分だけを取り出して姿形を描くのは、困難である。この場合、すでに存在している象形文字「木」を利用して、木の根元の部分をマークして「本」、あるいは木の先の部分をマークして「末」とする。これらもまた、指事文字に分類される。なお許慎の『説文解字』では、これら象形文字と指事文字のように最初の段階でできた単体文字を「文」と呼び、この文をいくつか組み合わせてできた次の段階の合体文字——会意と形声に拠った文字——を「字」と呼んで区別している（阿辻（2001: 82–83）など参照）。

次の段階の会意という方法は、文を 2 つ以上組み合わせて 1 つの概念を表すもので、例えば、「日」と「月」とを組み合わせて「明」という新しい合

254　II　生成言語学の関連領域

体文字を作ることをいう。他にも、「信」や「武」などがそうした会意文字の例である。形声は、会意と同じく文を２つ以上組み合わせてできているが、そのうちの１つは意味ではなく、発音を示している。「糖」、「江」、「河」、「梅」、「桜」など漢字の７割から８割は、この形声という方法に拠っているとされる。例えば「糖」において、右側の「唐」が「音符」であり、この文字の発音を示している。一方、左側の「米」は「意符（義符）」であり、意味範疇を示しており、それが米（穀物）に関係あるものであることを表している。この音符というもっぱら表音に用いられる要素が、漢字発達の中でどのようにして生まれたのかについては、次の仮借のところでみていくことにしよう。

表3　漢字の六書（クルマス 2014: 61 を一部改変）

種類	甲骨文字	現代
象形		耳、目
指事		上、下
会意		日＋月 明
形声		米＋唐 糖
転注		楽
仮借		來

　以上の４つの原理——象形、指事、会意、形声——は、漢字の成り立ちに関する原理だとすれば、以下にみていく転注と仮借は漢字の運用に関する原理だとされる。転注と仮借というのは要するに、それぞれ、１節でみた文字の意味的拡張、及び音声的拡張にあたるものである。一般に転注の例としては、「音楽」の意味の「楽」を、「楽しい」という意味の「楽」に転用する例

が挙げられる[7]。また仮借は、文字をまだもっていない語に対して、音声的な同一または近似に基づいて既存の文字を利用する方法である。つまり、判じ絵の原理を利用した表音化であり、これを六書では仮借という。例えば「來」(来)がその例で、この文字は本来ムギの象形文字だったが、同じ発音だった「くる」という意味の語に転用されたのである。他に、一人称代名詞の「我」(もともとは矛の一種を表した象形文字)なども、こうした音声的拡張の結果生まれた文字である。上でみた漢字の大部分を占める「形声」というのは、この仮借に拠ってもっぱら発音だけを示す音符に意味的な分類を示す意符を組み合わせることで、新しい文字を作る方法である。これは、同じ文字を仮借することで、語の区別がつかなくなり、意符を付加することで語の曖昧化を解消しようとしたことによる (河野 1994: 13)。意味的な分類を示すだけでそれ自身は発音されることのないこの意符というのは、シュメル文字やエジプト文字でみてきた決定詞に相当する。

　すでに述べたように、シュメル語は中国語と同じく基本的に一音節一語であった。またその文字は古くは、漢字と同じように縦書きで右から左に向かって書かれていた。そうした類似点だけでなく、実は文字の構成の仕方においても、シュメル文字と漢字とは全く同じ構成原理に従っていた[8]。シュメル文字の構成の仕方について、以下みていこう。初期の段階では表語文字だけであり、それらの多くは象形、つまり、事物の形を象るという方法に従っている。上でみた表1の文字にも、この象形に拠っているものが多い。表4では、女性の性器の象形で「女」(mí)を表したり、また山の象形で「山」(kur)を表すのがその例である。また、抽象的な概念を図形的に表現するという指事の例もみられる。表4にみるように、「敵」を交差する2本の線で表記したり(逆に、「友人」を平行した2本の線で表記する例もある)、あるいは表1の3のように、顔の口の部分をマークすることで「口」を表すやり方は、指事の例である。表4にみるように、「女」(mí)と「山」(kur)の2つの象形文字同士を組み合わせて、「女奴隷」(geme)という新しい合体文字を作るのは、会意の例である。表1では、5のように、「頭」(sag)の文字と「パン」(ninda)の文字を組み合わせて「食べる」(kú)という新しい文字を作ったり、あるいは7のように、「頭」(sag)の文字と「水」(a)の文字を組み合わせて、

新しく「飲む」(nag) の文字を作ったりする例がみられる。さらに、六書の転注と仮借にあたる意味的類似性に基づいた拡張、判じ絵の原理を利用しての同音・類音を基にした音声的拡張の例は、すでにいくつかみてきている。表1の例では、もともと「星」を表していた文字が、「天」(an) や「神」(dingir) を表すようになった例 (表1の1)、もともと「脚」を表していた文字が、「行く」(du) (及び du の同義語である ra や gin)、そして「立つ」(gub) を表すようになった例 (表1の8) が転注であり、「水」(a) を表す文字が、「〜の中に」(a) をも表すようになった例 (表1の6) が仮借である。表4にも、それぞれ1つずつ例を挙げている。表音化が進むと、意味の曖昧化を解消しようとして意味の範囲を示すだけで発音はされない決定詞が発達する。この決定詞は、漢字の意符 (義符) に相当する。この決定詞と表音化 (仮借) によって生じた文字とを組み合わせて、新しく合体記号を作ることが形声である。シュメル文字では、決定詞は右に並べられることもあったし (図5)、場合によっては、漢字と同じように、音符と合体して、1つの合体記号を形成することもあった。表4の「小麦」(gig) が、その例である。この例では、/gig/ の音を表す記号に「穀粒」を表す決定詞が付加されている。シュメル文字では最初は、図5のように合体してはいなかったが、時間とともに次第に合体記号となっていったようである (クルマス 2014: 52, ダニエルズ／ブライト編 2013: 41)。

表4　シュメル文字の構成法（河野ほか編 2001: 496 をもとに作成）

	ウルク古拙文字	紀元前 2350 年頃	説明
象形			女性の性器の象形。「女」(mí) を表記。
			山の象形。「山」(kur) を表記。
指事			交差する 2 本の線で「敵」(kúr) を表記。
会意			「女」(mí) と「山」(kur) を組み合わせて、「女奴隷」(geme) を表記する文字を作る。
形声			/gig/ の音を表す記号に「穀粒」を表す決定詞を付加して「小麦」(gig) を表記する文字を作る。
転注			「鋤」(apin) から「耕す」(uru) にも転用。
仮借			「土塁」(temen) の音価の一部との類似により、「近寄る」(te) にも使用。

　エジプト文字の決定詞についても、少し付け加えておく。漢字の大部分は形声による方法だったが、エジプト文字の場合も、表音的な要素とこの決定詞が一緒になって 1 つの語を表すという、この形声に拠るところが非常に大きかった。ただその場合、漢字、あるいはシュメル文字のように 1 つの文字に合体することはなかった。そしてエジプト文字の決定詞は、前述のように、表音的要素の後ろに 1 つだけでなく、2 つも 3 つも付け加えられることも多く、最後に全体をまとめて 1 つの語を表すという働きをしていたのである。

2.4　シュメル文字からアッカド文字へ

　言語と文字とが本来的に無関係であることを何よりもよく示すのは、これ

までみてきたようなシュメル文字、エジプト文字、あるいは漢字といったご
くわずかな古代文字を除けば、世界の文字はほとんど、もともと他のある特
定の言語を表記するために考案された文字を借用したものだという事実であ
る。シュメル語を表記するために工夫されたシュメル楔形文字も、やがて
様々な民族に借用され、アッカド語(及び、その2つの方言であるバビロニ
ア語とアッシリア語)、エブラ語、エラム語、ヒッタイト語、ウガリト語、
古代ペルシア語など古代オリエント世界の様々な言語の表記に用いられるよ
うになる。その最初がセム語族の東セム語派に属していたアッカド語への適
用であり、アッカド人が、類型的にみて全く異なるシュメル語を表記してい
た文字の飼い慣らしにいかに苦心していたかということがよくわかる。

　アッカド人がシュメル人の住んでいたメソポタミア地方に移り住むように
なったのは、紀元前3千年紀の初めの頃であり、シュメル人と接触しなが
ら、次第にシュメル文字を用いてアッカド語を表記するようになった。アッ
カド人がシュメル楔形文字に出会ったときには、シュメル文字はすでに表語
文字と音節文字から成る充分に発達した文字体系であった。紀元前2350年
頃から、シュメル文字を利用してアッカド語を表記したアッカド文字が現れ
始める。アッカド文字というのは、シュメル文字をアッカド語の表記に合う
ように改良したものであって、字形の上ではシュメル文字と全く同じだが、
その使い方は大きく変化している。膠着語であったシュメル語に対して、ア
ッカド語は屈折語であり、語幹そのものが複雑に変化する言語である。この
ような言語を表記するためには、表語文字ではなく、表音文字が主体である
ような文字体系がどうしても必要であった。語形変化などの表記は、表音的
に表記することが、絶対に必要とされるからである。さらに、アッカド語に
は、シュメル文字では表記できないような音節も数多く存在していたため、
結果としてアッカド文字は、シュメル文字にすでに存在していた音節文字と
しての用法を大きく拡大することになった。

表5　シュメル文字とアッカド文字の表語文字、音節文字の割合。Coulmas（1989: 81）より。シュメル文字からアッカド文字に移行する中で、表語文字主体の体系から音節文字主体の体系へ変化していることがわかる。表語文字、音節文字としての用法以外に決定詞の用法も、アッカド文字に踏襲されている。

	シュメル文字	アッカド文字
表語文字	60.3–42.8%	6.5– 3.5%
音節文字	36.4–54.3%	85.6–95.7%
決定詞	3.1– 2.9%	7.6– 0.7%

　すでにみたように、シュメル文字において多くの文字がすでに多価的であったが（図6）、その度合いはアッカド文字においてさらに強まっていった。具体的にみてみよう。シュメル語の「王」（lugal）を表す表語文字は、アッカド文字において、アッカド語で「王」を意味する sharru の読みも新たに加えられた。漢字が日本語の表記に借用されたときに、中国語での発音を基にした音読み（例、山）とその意味に近い日本語の語を対応させた訓読み（例、山）が生まれたが、それとちょうど同じことが、アッカド語がシュメル文字を借用したときにも起きているわけである。シュメル文字ですでに複数の解釈がある場合には、それぞれの解釈に対応するアッカド語での読みがさらに加わることになった。例えばシュメル文字の ➤✝ は、表語文字としてはシュメル語の語「天」（an）と「神」（dingir）を表していたが、それらの語に対応するアッカド語の語「天」（shamu）と「神」（ilu）の読みも新たに加わった。このようにアッカド文字では、音読みと訓読みが生まれ、どちらの読みもそのまま使用され続けたのであり、日本語の漢字借用の場合と非常によく似ている。時がたつにつれて、アッカド語の読み（訓読み）の方がより一般的なものとなってはいくが、それでもなお、シュメル文字での読み（音読み）もまた、保存され続けたのである（Rogers 2005: 90）。

　音節文字の場合も、アッカド文字においてさらに多価的になっている。シュメル文字における音価が受け継がれただけでなく、さらに新たな音価が付け加わったのである。シュメル文字の「頭」を表す記号は、アッカド文字では、シュメル語での発音をもとにして音読みで /sag/ とも読まれたし、またそれに対応するアッカド語の語に対応させて訓読みで /reːʃum/ とも読まれ

た。そして、それらの音読みと訓読みから、それぞれ /sag/、/reʃ/ という音価の音節文字が生まれた (Rogers 2005: 90)。すでに述べたように、屈折語であったアッカド語を正確に表記するために、こうした音節文字の役割が非常に大きくなっていくのである (表5)。このように、シュメル文字と比較してアッカド文字は、表語文字でも音節文字でもより多価的となっており、そのため、語の曖昧化を防ぐための手段である決定詞が使用される頻度も高くなっている。

　漢字を借用した日本語の場合にも、漢字に音読みと訓読みが生まれただけでなく、漢字から新たに音節文字が作り出されている。日本語の場合にも、活用語尾などを文字表記する上で、表音文字の発達は絶対不可欠だったという点で、アッカド語の場合と似ていた。借用した文字は、もとの中国語での意味を無視してその音価だけが利用された。初めは万葉仮名という形で、アッカド文字の場合のように表語文字の形を全く変えずに音節文字としてそのまま使用されたが ((4))、やがて音節文字として使用する漢字の形を変化させ、すぐに音節文字であることが判明な2つの仮名文字体系を発達させることになる。平仮名と片仮名である ((5))。漢字の絵画的特性が失われていくことで、(ちょうど、絵画的なウルク古拙文字が、楔形文字に移行することで、音節文字として用いやすくなったように) 仮名文字を表音に特化して用いることが容易になったのではないか、と思われる。

（４）　万葉仮名の例
　　　熟田津尓 船乗世武登 月待者 潮毛可奈比沼 今者許藝乞菜　（額田王）
　　　（熟田津に　　船乗りせむと　月待てば　潮もかなひぬ　　今は漕ぎ出でな）
（５）　仮名文字の発達
　　　a. 平仮名：安→あ、以→い、宇→う、衣→え、於→お、…
　　　b. 片仮名：阿→ア、伊→イ、宇→ウ、江→エ、於→オ、…

　本節では、文字が生まれるというのはどういうことか、そして完全な文字体系として整えられていくためにはどういった仕組みが発達する必要があったかを、最古の文字シュメル文字を中心に具体的にみてきた。まず、文字体

系として機能できるためには、その言語の多くの語を表記できなければならず、それには判じ絵の原理に基づいた表音化(仮借)が絶対不可欠だということとである。そして同時に、表音化に伴って生じてくる同音同綴異義語の曖昧性を解消するために、決定詞が、シュメル文字だけでなく、エジプト文字、漢字などすべての古代文字体系において発達し、大きな働きをするようになるということであった。例えば、一般に表語文字、あるいは表意文字の典型とされる漢字も、実は、この2つの仕組みを利用した形声という原理に基づいたものが大半であるということは、上述した通りである。

　以上のような表音化と決定詞という仕組みは、文字体系と呼ばれるものであれば必ず備えていなければならないものなのか。また、そうしたものを含め、過去・現在の世界の文字体系には何か共通した仕組み、原理が存在するのか。こうした問題を念頭に置きながら、今度は話を現代に移し、現代の文字体系の代表として、ラテン文字で表記される英語の文字体系について考察しよう。ラテン文字などのアルファベットというのは、表音化という方法を最も徹底させた、そのほぼ完成した段階のものとみることができる。この方式では原則として、1文字が1音素を表し、音素の数はどの言語でも限られているので、文字数も30字程度に抑えることができる。そして、そのわずかな数の文字の組み合わせによって無数の数の語を表記できるという非常に効率的な文字体系であるため、実際に現代世界において最も広く用いられている。ゲルブのような進化主義者などは、このアルファベットこそが文字の頂点であると考えていた。英語の文字の詳細な分析に入る前に、次節ではまず、このラテン文字がどのような歴史的経緯を経て発達してきた文字なのかをみておこう。

3．ラテン文字の誕生

3.1　エジプト文字と原シナイ文字

　2節でみたシュメル文字は、他からの影響なしに独自に生まれた文字体系であることがはっきりしているわずかな例の1つである。他には、エジプト文字、漢字(甲骨文字)、そしてさらにメソアメリカのマヤ文字が、そうした

例だろうと考えられているが、そのようなごくわずかの例外を除けば、世界で使用されている（あるいはこれまで使用された）文字体系はすべて他からの借用であって、2.4節でみたシュメル文字を借用したアッカド文字のように、借用した文字を何とかその言語に適合するように手を加えてきたのである。現代英語の文字も、もともとラテン語を表記する目的で発達してきたラテン文字（ローマ字）を英語の表記に適用したものである（ちなみに、ラテン文字を借用する以前にも、古代のアングロ・サクソン人は、他の古代ゲルマン人同様に、ルーン文字と呼ばれる文字を使用していた）。本節では、後にブリテン島のキリスト教化とともに英語に借用され、その表記に用いられるようになるこのラテン文字が、どのような歴史的経緯を経て生まれた文字なのかを概観する。

　2節に出てきた古代文字のうち、漢字のみが現代でもなお使い続けられている現役の文字であり、メソポタミアを中心とした古代オリエント世界で広く用いられた楔形文字は、紀元後1世紀を最後に使われなくなる。エジプト文字も、現在では使用されないという点では同じである。しかし、ラテン文字をはじめとして現代世界で使用されている文字体系のほとんどは、漢字及び漢字から派生した日本の2種類の仮名文字を除けば、最終的にこのエジプト文字に端を発していると考えられている（図9）。

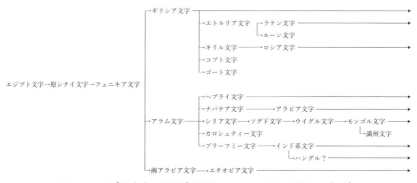

図9　エジプト文字の発展（西田編1981: 28などをもとに作成）

　現代英語の表記に使用されているラテン文字は、ギリシア文字から派生

し、さらにこのギリシア文字は、西セム人たちの文字の 1 つであるフェニキア文字に由来するとされる。そして、このセム系文字（「子音アルファベット」、あるいはダニエルズ（Daniels 1990）のいう「アブジャド」（abjad））も、最終的には、エジプトの聖刻文字につながっているのではないか——これが、現在のところ最も有力な見方である。すでにみたように、エジプト文字には、表語文字の他に、表音文字、そして決定詞としての使い方があった。さらに、エジプト文字の表音文字には 3 種類の文字——3 子音文字、2 子音文字、そして単子音文字——があったが、これらは子音のみの表記で、母音は表記されることはなかった。西セム人たちは、その中でも決定詞を含めた表語文字の使用を一切やめて、表音文字としては単子音文字としてのみ使用するという最も単純な方法を選択したということになる。このエジプト文字とフェニキア文字とをつなぐものではないかと考えられているのが、1905年にシナイ半島南西部のセラービト・エル・ハーディムにおいて発見された原シナイ文字である。この文字の発見が、アルファベット起源に関する現代の研究の発端となったのである [9]。

　発見者だった英国の考古学者フリンダーズ・ピートリーは、記号の種類が30 種にも満たないことから、この原シナイ文字がアルファベットに違いないと判断した。そして 1916 年に、原シナイ文字のいくつかの字形が聖刻文字のそれとよく似ていることに気がつき、この文字がフェニキア文字の祖形であって、エジプト文字からセム系子音アルファベットへの発展を示すものではないかと考えたのが、英国のエジプト学者だったアラン・ガーディナーである。彼の考え——それは後に、アメリカのオリエント学者ウィリアム・オルブライトらによって支持を受けることになる——によれば、西セム人たちはエジプトの聖刻文字から字形を借りたが、その音価までは借用しなかった。そして、それをセム語に訳して、その文字をセム語における最初の音を表すものとして——つまり、「アクロフォニー（頭音法、acrophony）の原理」によって——音価を決めたのではないか、というのが彼の考えだった。アクロフォニーの原理とは、描かれているものの名称の最初の音をその文字の音価として使用するというものである。

264 II 生成言語学の関連領域

表6 エジプト文字と原シナイ文字。Rogers (2005: 119)より。

エジプト文字	原シナイ文字	初期のセム系文字	記号の意味
			牡牛
			家
			鉤
			掌
			水
			蛇
			目

　例えば表6で、上から2つ目の「家」にあたるエジプト語は pr だったが、セム語では、bēt である。アクロフォニーの原理によって、この記号に与えられた音価は、この語の最初の音、すなわち /b/ である。このアクロフォニーの原理に従って、セム語の記号はすべて、その音価を与えられた。ちなみに、このアクロフォニーの原理は、エジプト人の間でもすでに知られていた。例えば、上から5つ目の「水」にあたるエジプト語は nt であり、セム語では mēm といった。したがってセム語では「水」の形の記号の音価は、アクロフォニーの原理により /m/ だったが、エジプト文字においても「水」の記号に与えられた音価は、アクロフォニーの原理に従って /n/ だった。このようにして、アクロフォニーの原理に従って、エジプト文字においてすでに、エジプトの「アルファベット」と呼ばれる26個の単子音文字が使用されていたのである（表7）。したがって、もしガーディナーの仮説が正しいとすれば、西セム人たちはエジプト人から文字の字形だけでなく、その音価を

決定する方法までをも採り入れたことになる。

表 7　エジプトの「アルファベット」（単子音文字）。クルマス（2014: 201）より。

記号	翻字	記号	翻字
	ȝ		ḥ
	i		ḫ
	y		ẖ
	'		s
	w		š
	b		ḳ
	p		k
	f		g
	m		t
	n		ṯ
	r		d
	h		ḏ

　これら 26 個の単子音文字のみで、エジプト語の文章を表音式に表記することも可能だったはずだった。しかしエジプト人は、単子音文字だけでなく、表音文字としてはさらに 2 子音文字と 3 子音文字をも併用していたし、また 1 節でもみたように、これらの表音文字を同時に、表語文字あるいは決定詞としても使用し続けていた。例えば、先にみた「家」の形の記号は、「家」を表す表語文字としての他に、/pr/ を表す 2 子音文字、そして空間の一般概念を示す決定詞としての役割もあったのである（図 8 を参照）。

3.2 フェニキア文字からギリシア文字へ

　以上のようにフェニキア文字は、原シナイ文字を経て、エジプトの聖刻文字につながっているというのが、現在のところ最も有力な見方である。このフェニキア文字は、東方ではアラム文字を派生し、さらにそこからヘブライ文字、アラビア文字、シリア文字、ウイグル文字などを生み、またインドにおいてブラーフミー文字などを派生させている。ブラーフミー文字は、デーヴァナーガリー文字などインドで使用されている大半の文字の元となった文字で、そこからさらにチベット文字、タイ文字なども生まれている。また西方では、フェニキア文字から派生したギリシア文字から、エトルリア文字、ラテン文字、キリル文字、コプト文字などが生まれている。エチオピア文字も、このフェニキア文字に遡ることができる (図 9)。要するに、漢字及び漢字から派生した仮名文字などを例外とすれば、現代世界で使用されている文字体系はほぼ、このフェニキア文字にまでつながっていることになる。

　すでに述べたように、表 6 に示されているのは字形の類似だけであって、エジプト文字の音価とセム文字の音価との間には全く関連性はない。そして、このセム文字における音価もまた、フェニキア文字からギリシア文字が派生される際に大きく変化している。セム語族に属するフェニキア語と印欧語族に属するギリシア語では音素体系が異なっていたということもあるが、何よりもギリシア文字において新しく母音字が創出されたからである。

　フェニキア文字などのセム系文字は、子音のみを表記する体系だった。セム語では特に子音が重要な役割をもち、母音の数は少なくその推定も容易だったので、母音表記がないことで困るということはあまりなかった。しかしギリシア語、そして英語などの印欧語族では一般に、母音の種類も多く弁別機能も高い言語であり、母音表記をしないような文字体系は非常に不便であった。例えば、英語の I like apples. を lk ppls. などと表記してしまっては、(いくら文脈的情報が豊富であっても) なかなか正しい理解には至らない。こうして、ギリシア人ははじめて、子音も母音も表記し、両者を対等に扱うことができる完全なアルファベットを完成させたのであり、ここにおいて、言語と文字体系との結びつき方が根本的に変化することになったのである。それは遅くとも、紀元前 9 世紀頃であろうと考えられている。ギリシア人は、ギ

リシア語の子音表記には不要なフェニキア文字のいくつかを母音表記に転用した。フェニキア文字の3つの喉音を表していた ’ālef、hē、‘ajin は、それぞれ A（alpha）、E（epsilon）O（omikron）という母音字として、またフェニキア文字の半母音を表していた jōd、wāw は、それぞれ I（iōta）、Y（ypsilon）という母音字として再解釈が施された。なお Y は、/w/ を表す wāw から転用されたが、その当時のギリシア語にはまだ半母音 /w/ が残っており、これは同じの文字から分化した F（wau、あるいは digammma）によって表記された。子音字の F の方がアルファベット表のもとの位置に残り、母音字の Y は、アルファベット表の最後の T（tau）の後に加えられている。

　しかしフェニキア文字からの不要な子音字の転用だけでは、ギリシア語の母音をすべて正確に表記することは不可能だった。ギリシア語には、/a, e, i, o, u/ の5つの基本母音があり、さらにそれぞれに長短の区別があった。つまり、計10個の母音を区別する必要がある。それに対して、ギリシア人が最初に作った母音字は、それぞれの母音に対して長短の区別がない、前述の A、E、I、O、Y の5個だけだった。後になって、ギリシア文字の標準型となるミレトスのイオニア・アルファベットにおいて、E の長母音のみを表す母音字として もともと /h/ を表記していた H（ēta）があてられ、E はもっぱら短母音のみを表すようになる。イオニア方言のギリシア語では、/h/ の音は存在せず、H が不要になったためである。またさらに、O の長母音のみを表す母音字として、O の底を開くことで Ω（omega）という形の文字が新たに作られ、O はもっぱら短母音のみを表すように改良がなされた。こうして合計7個の母音字が作られたが、A、I、Y の母音字は、依然として母音の長短を区別しなかった（ちなみに後になって、Y の発音は、/u, u:/ から /y, y:/ に変化している）。

　母音字以外にもギリシア人は、ギリシア語に特徴的な音を表記するために、新たに文字をいくつか作り出している。大抵の子音に対しては、フェニキア語のよく似た音の子音の文字をそのままあてることができた。しかし、ギリシア語には帯気音 /ph/、/th/、/kh/ があり、これを表記する文字がフェニキア文字にはなかった。/th/ の音に対しては、調音に共通点があるフェニキア文字 Θ があてられた（thēta）。/ph/、/kh/ の2つの音に関しては、それぞ

268 II 生成言語学の関連領域

れΦ（phei）、X（khei）という新たな文字が発明され、やはりギリシア語に特徴的な重子音 /ps/ を表記するために新しく発明された文字Ψ（psei）とともに、YやΩと同じようにアルファベット表の最後に加えられた。

表8 フェニキア文字からギリシア文字へ。西田編（1981:84）をもとに作成。

フェニキア文字		ギリシア文字	
名称	紀元前9世紀頃	標準型	名称
'ālef	𐤀	A	alpha
bēt	𐤁	B	bēta
gımel	𐤂	Γ	gamma
dālet	𐤃	Δ	delta
hē'	𐤄	E	ei, epsilon
wāw	𐤅		[wau, digamma]
zajin	I	Z	dzēta
ḥēt	𐤇	H	ēta
ṭēt	⊕	Θ	thēta
jōd	𐤉	I	iōta
kāf	𐤊	K	kappa
lāmed	𐤋	Λ	lambda
mēm	𐤌	M	mū
nūn	𐤍	N	nū
sāmek	𐤎	Ξ	ksei
'ajin	O	O	ou, omikron
pē'	𐤐	Π	pei
ṣādē	𐤑		[san]
qōf	𐤒		[koppa]
rēš	𐤓	P	rhō
šın	𐤔	Σ	sıgma
tāw	𐤕	T	tau
		Y	ū, ypsilon
		Φ	phei
		X	khei
		Ψ	psei
		Ω	ō, omega

もう1つ、ギリシア文字がラテン文字などギリシア文字から派生した文字

を使用するヨーロッパ諸語に与えた重要な影響として、書字方向がある。これらの言語は、左から右に横書きされるが、この書字方向の慣習もまた、ギリシア文字にまで遡ることができるのである。初期のギリシア文字は、フェニキア文字に倣って、右から左へと書かれた（その慣習は、アラビア文字やヘブライ文字など今日残っているセム文字に残っている）。その後、行が変わるごとに左右交互に書き進む方法である牛耕式（boustrophedon）という書法が現れ（図10）、最終的に今のように左から右へと進む形になり、この書字方向は、そのまま英語をはじめとする全ヨーロッパ語の書字方向となったのである。

図10　牛耕式で書かれた初期のギリシア文字（紀元前6世紀〜5世紀）。例えば2行目と3行目とを比べてみると、Eなどの文字が裏返しになっているのがわかる。世界の文字研究会編（1993: 138）より。

3.3　ラテン文字の成立

　統一国家を生み出すことなく、各都市国家（ポリス）が常に分立状態だった古代ギリシア世界では、言語の面でも多くの方言に分かれていたし、文字の面でもそれぞれの地域で多種多様のアルファベットが発達していた。最終的に、アテナイを中心とするアッティカ方言が標準語としての地位を獲得し、またギリシア語の標準アルファベットとなったのは、東方型のイオニア・アルファベットだった。ペロポネソス戦争（紀元前431–404年）終結後の紀元前403年（あるいは紀元前402年）に、この文字がアテナイで正式に採用されたのだった。ところでラテン文字は、このギリシア文字の標準となった東方型ではなく、もう1つの有力な文字であったエウボイア式と呼ばれる西方型に由来している。

表9 ギリシア文字からラテン文字まで。西田編(1981: 84,98)をもとに作成。エトルリア文字は右から左へと書かれたため、文字が裏返しになっている。

ギリシア文字		エトルリア文字		ラテン文字	
標準型(東方型)	西方型	古期	後期	古典期	名称
A	ΑΛA	A	A	A	ā
B	B	B		B	bē
Γ	<C	>C	>>	C	cē
Δ	D	D		D	dē
E	FE	E	∃	E	ē
	F	F	∃F	F	ef
Z	I	I		G	gē
H	HB	田	H	H	hā
Θ	⊕⊙	⊗	⊙		
I	I	I	I	I	ɪ
K	K	K	K	K	kā
Λ	L	L	L	L	el
M	M	M	M	M	em
N	N	N	M	N	en
Ξ		田	⋈		
O	o	O		O	ō
Π	ΓΠ	ΓΠ	1	P	pē
	(M)	M	M		
	Q	Q	Q	Q	kū
P	PR	4P	4	R	er
Σ	<	ﾝ	ﾝ	S	es
T	T	T	+	T	tē
Y	YV	YV	V	V	ū
Φ	Φ	×		X	iks
X	×	Φ	Φ	Y	ȳ (ypsilon)
Ψ	ΨV	Ψ	Ψ	Z	zed
Ω			8		

　このエウボイア・アルファベットはまず、イタリア半島で当時最も先進的な民族だったエトルリア人に採り入れられた。エトルリア人というのは、現在のイタリア半島の北部のトスカナ地方に住んでいた民族であり、ギリシア文化を積極的に受け入れていたが、紀元前8世紀後半に文字もエウボイア島

第 7 章　言語と文字　271

からのギリシア人入植者たちから借用したと考えられている。系統関係が不明で、少なくとも印欧語ではなかったエトルリア語には、ギリシア文字はあまり合わなかったように思われる。エトルリア語には、有声破裂音 /b, d, g/ がなかったし、母音も /a, e, i, u/ の 4 個のみで /o/ はなかった。したがって文字も、C、B、D、そして O が不要だったが、古期にはまだそのまま保存されており、後期の紀元前 500 年以降になって B と D、そして O がなくなった（表9）。ちなみにラテン文字には、B も D も、そして O も存在することから、エトルリア文字からの借用が起こったのは、古期であることがわかる（紀元前 7 世紀頃）。一方エトルリア文字において、本来は /g/ を表記するはずの文字 C だけは保存され、無声音の /k/ の表記に使われていた。しかしラテン語では、エトルリア語と違って /g/ の音を表記する必要があり、C の文字を /k/ と /g/ の 2 つの音に対して使用していたが、これでは大変不便だった。そこで紀元前 3 世紀になって、C に棒線を加えた形の G を /g/ を表す文字として新たに考案したのである。このように、ラテン文字ではギリシア文字にはない G の文字が新たに作られているが、これはこのエトルリア人の介在なしには説明できないものである。エトルリア文字には、/k/ を表記する文字として、C、K、Q の 3 種類があったが、C は /e, i/ の前で、k は /a/ の前で、そして Q は /u/ の前でと、使い分けがなされていた。この使い分けはラテン文字にも影響を与えた。ただラテン文字においては、C が /k/ の表記をほぼ独占するようになり、K は、Kalendae（古代ローマ暦の朔日。英語の calendar の語源）など、ごくわずかの語における /a/ の前の /k/ の表記以外には使われなくなった。Q は、エトルリア人に倣って、QV という形で常に V の前で用いられるようになり、ラテン語の特別の音素 /kʷ/ の音を表記した。これらの使い分けは、現代英語の綴りにも影響を与えている。

　この新しく作られた G の文字は、ラテン文字では F の文字の次の位置におさめられている。F の文字の使い方も、エトルリア人の存在なしには説明することができない。ギリシア文字で wau、あるいは digammma と呼ばれたこの文字は、本来 /w/ の音を表記していた文字である（ただし、イオニア方言のギリシア語では早い時期にこの /w/ が消失していたために、標準型であるイオニア・アルファベットにはこの文字は存在しない）。しかし、セム

語にもギリシア語にも存在しなかった /f/ の音を表記するために、エトルリア文字ではこの F の文字が利用されて、FH と書き表された。この慣習は、ラテン文字にも受け継がれた。ラテン語にも同じく存在したこの /f/ の音は、FH、そしてさらには F とだけ書き表されるようになり、それがそのまま英語などの西ヨーロッパの諸文字に受け継がれているのである。

　G の文字がおさめられた F の文字の次の位置は、ギリシア文字ではもともと Z の文字が占めていた位置であるが、ラテン語には /z/ の音がなかったため、Z は不要であった。ただし、紀元前 1 世紀にローマがギリシアを征服すると、ギリシア語起源の語を書く必要性から、Z の文字は Y の文字とともに再導入され、アルファベット表の最後に置かれることになる。Y の場合も、ギリシア語の流入とともにギリシア語起源の語を書く必要が出てきたことから、新たに導入されたものである。ラテン文字の V（/u/ と /w/ を表す）はもともとギリシア文字の Y に由来する文字だが、当時すでに /y/ の発音に変化してしまっていた Y の音を表記する文字として V は、不適当と考えられたのである。

　ラテン語に存在しなかった、ギリシア語に特徴的な帯気音 /ph/、/th/、/kh/、複子音 /ps/ などを表記する文字は、最初からラテン文字に採り入れられることはなかった。しかし、紀元前 1 世紀後になってギリシア語の語が流入してくるようになると、これらの音は、それぞれ PH、TH、CH、PS といった二重字（diagraph）を用いて表記されている。

（6）　ラテン語に入ったギリシア語
　　　ギリシア語の Φ、Θ、X、Ψ は、ラテン語では、それぞれ PH、TH、CH、PS と表記されて借用されている。
　　　ギリシア語　　　　ラテン語
　　a. Φιλοσοφία　　→　philosophia　（英語：philosophy）
　　b. θεωρία　　　→　theoria　　　（英語：theory）
　　c. ψυχή　　　　→　psyche　　　（英語：psyche）

　ラテン文字が標準的なギリシア文字とは別系統のエウボイア・アルファベ

ットに由来しているということから説明できるものとして、例えば、Xの音価が標準的なギリシア文字では /kh/ であるのに対して、ラテン文字では /ks/ であることが挙げられる。また、ラテン文字が標準的なギリシア文字といくつかの文字に関して字形が違っている事実——例えば、ギリシア文字の Δ、Γ、Λ、Σ に対して、それに対応するラテン文字はそれぞれ、D、C（G）、L、S であるなど——も、ラテン文字が西方型のエウボイア・アルファベットに由来するという事実から説明できることである。R の文字の形も標準的なギリシア文字とは異なっているが、これはエウボイア・アルファベットとは関係はない。/p/ の音を表していた Π の文字が /r/ の音を表していた文字 P と混同しやすい形に変化してきたために、P の文字に棒を加えて区別しやすい字形に変わったのである。

　またラテン文字では、古典ギリシア文字では 7 個あった母音字が、5 個に減っている（A、E、I、O、V の計 5 個。ギリシア語などの外来語の /y/ の音を表記する必要から、遅れてラテン文字に導入された Y を含めれば、計 6 個）。前述のようにギリシア文字では、部分的に母音の長短を区別する母音字が作られていたが、エウボイア式ギリシア文字では、H はもともとそれが表していた子音 /h/ を表記するために用いられ、また後になって作られた Ω も、エウボイア式ギリシア文字では使用されなかったために、ラテン文字に採り入れられることはなかったのである。ラテン語は、ギリシア語同様、/a, e, i, o, u/ の 5 母音であり、各母音に長短の区別があった。したがって、ラテン文字の母音字は母音の長短は全く区別できないことになってしまった。例えば malus（マルス、悪い）と malus（マールス、りんごの木）、また liber（リベル、本）と liber（リーベル、自由な）などは、発音上は異なっていても、文字の上では区別できないのである。英語をはじめとしてラテン文字を借用した西ヨーロッパ諸語の文字体系においても、母音の表記は、深刻な悩みの種となっている。これまでみてきたように、もともとアルファベットというのはセム系子音文字（アブジャド）として始まったのであり、その中からギリシア人がギリシア語にとって不要な子音字を母音字に作り換えたものである。母音表記の不備というのは、アルファベット文字にとって宿命的なものと言えるのかもしれない（クルマス 2014: 150）。

274　II　生成言語学の関連領域

　母音表記の不備を除けば、ラテン語を表記する上でラテン文字は、ほぼ満足のいくものだったと言えるが、もう1つ欠点を挙げるとすれば、I、Vが、それぞれ 母音 /i/ と半母音 /j/、母音 /u/ と半母音 /w/ を区別しなかったことである。ただし、ラテン文字が西ヨーロッパの諸語に借用され、ヨーロッパ中世になると、IはIとJに分化し、またVはV、UそしてWに分化していくことになる。

紀元前6世紀
　　ABCDEFHIKLMNOPQRSTVX　（20文字）

紀元前3世紀(CからGが作られる。)
　　ABCDEFGHIKLMNOPQRSTVX　（21文字）

紀元前1世紀(古典ラテン語。ローマによるギリシアの征服。ギリシア語の表記のためにYとZが加わる。)
　　ABCDEFGHIKLMNOPQRSTVXYZ　（23文字）

10世紀以降(IはIとJに分化し、またVはV、U、Wに分化する。小文字が発達し、大文字と小文字の区別が生まれる。)
　　ABCDEFGHIJKLMNOPQRSTUVWXYZ　（26文字）
　　abcdefghijklmnopqrstuvwxyz
図11 ラテン文字の変遷

4.　現代英語の文字

4.1　ラテン文字と英語

　シュメル文字や漢字など1つの文字記号が1つの語（より正確には形態素）に対応している表語文字、そして日本語の仮名文字など1つの文字記号が1つの音節に対応している音節文字に対して、ギリシア文字やラテン文字などのアルファベットは、単音文字(segmental script)と呼ばれる。単音文字は基本的に、1つの文字記号が特定言語の1つの音素に対応するもので、表語文字などよりもずっと少ない数の文字で言語を表記することが可能な効率のいい文字である。字形の点でも、ギリシア文字、そして特にラテン文字になると、均整のとれた、単純で書きやすく読みやすいものになったと言えるだろ

う。

　単音文字は、文字と言語の音素とが一対一に対応しているのが理想的であるとされる。実際のところ、ギリシア文字とラテン文字の場合には、比較的この理想に近かった。しかし、英語などラテン文字を借用した西ヨーロッパ諸語では、ラテン語などと比較して音素の数も多いこともあり、文字と音素とを一対一に対応させることは非常に困難であった。

（7）　古典ラテン語の音素
　　　a. 母音：/a, aː, e, eː, i, iː, o, oː, u, uː/
　　　b. 子音：/p, b, t, d, k, kʷ, g, f, s, h, m, n, l, r, j, w/
（8）　現代英語の音素
　　　a. 母音：/i, ɪ, e, ɛ, æ, ə, ʌ, a, ɑ, ɔ, o, ʊ, u/
　　　b. 子音：/p, b, t, d, k, g, f, v, θ, ð, s, z, ʃ, ʒ, h, ʧ, ʤ, m, n, ŋ, l, r, j, w/

　特に現代英語における綴りと発音との関係は、他の現代ヨーロッパ諸語の場合と比べて、大分錯綜としているといった印象を受ける。文字が話し言葉における音素とどの程度一貫して同じ形で対応しているかということを測る、「正書法上の深度」（orthographic depth）といった尺度がある。例えば、スペイン語やフィンランド語の正書法は、綴りと発音との関係が比較的一対一という理想に近い浅い正書法であり、一方英語の正書法は、綴りと発音との関係が一対一という理想からは大分離れており、ラテン文字を用いている言語の中では最も深い正書法の1つである。英語の綴りの渾沌ぶりを示すものとしてしばしば引用されるのが、英語の綴り字改革の問題にも関心を寄せていた英国の文豪ジョージ・バーナード・ショーの ghoti の例である。gh は laugh の gh だから f、o は women の o だから i、ti は nation の ti だから sh だとすれば、ghoti は fish とも読むことができるはずだ、というわけである。英語の綴りの複雑さ・錯綜ぶりを揶揄する、彼一流のジョークである。

4.2　現代英語における綴りと発音の乖離
　英語における綴りと発音の乖離の原因の一端は、先に触れたように、英語

の音を書き表すのに充分な数の文字がラテン文字になかったということにある。ラテン文字がもともと表記している古典ラテン語よりも英語の方がずっと音素の数が多いので、どうしても文字数が足りない（(7)と(8)を参照）。特に深刻なのは、母音字の不足である。古典ラテン語には、基本母音として /a, e, i, o, u/ の 5 個があり、その他にギリシア語由来の語にのみ現れる /y/ が加わる。これらの 6 個の音それぞれに対して、母音字の方も 6 個（A、E、I、O、V、Y）あったので、ラテン語の場合には母音表記は、比較的うまく行われていたと言える。しかし、すでにみたように、ラテン文字では、母音の短音と長音の書き分けまではできず、それぞれの母音字には、短音と長音の 2 種類の読みがあった。つまり、A は /a, aː/ を、E は /e, eː/ を、I は /i, iː/ を、O は /o, oː/ を、V は /u, uː/ を、そして Y は /y, yː/ を表していた。

　したがってまず、現代英語の場合も同じように、1 つの母音字に基本的に短音と長音の 2 種類の読み方がある。ただし短音と長音とは言っても、その間の関係は、古典ラテン語の場合にみられたような /a/-/aː/、/e/-/eː/、/i/-/iː/、/o/-/oː/、/u/-/uː/、/y/-/yː/ といった関係——つまり、短音を長くのばせば、長音になるといった単純な関係ではない。表 10 にみるように、母音字 a の場合は、短音 /æ/ に対して長音は /eɪ/、母音字 e の場合は、短音 /e/ に対して長音は /iː/、母音字 i の場合には、短音 /ɪ/ に対して長音は /aɪ/ といった具合であり、ラテン語などと比べて非常にわかりにくい関係になっている。その責任は主として、長音の発音の方にあるが、英語の歴史において、中英語後期の 1400 年頃から約 300 年かけて強勢のある長母音のみに起こった大きな音変化（「大母音推移」（Great Vowel Shift））が、その原因となっている。大母音推移の結果、長母音の調音点が一段階ずつ上昇することになり、それまで例えば /aː/、/eː/、/iː/ だった長母音が、それぞれ /eɪ/、/iː/、/aɪ/ などへ変化したのである（後述）。

第 7 章　言語と文字　277

表 10　現代英語の母音字の短音と長音

母音字	短音	長音
a	/æ/ (hat, mad)	/eɪ/ (hate, make)
e	/e/ (pet, met)	/iː/ (Pete, eve)
i, y	/ɪ/ (sit, gym)	/aɪ/ (site, style)
o	/ɑ, ɔ/ (not, hot)	/oʊ/ (note, home)
u	/ʌ/ (cut, sun)	/juː/ (cute, use)

　もし英語の母音字も、古典ラテン語の場合と同じく、このような 2 種類の発音だけをもつのであればそれほど大きな混乱はなかったはずだが、英語の基本母音の種類は、古典ラテン語と比較すると大分多い。これを同数の母音字で表記しなければならないので、どうしても無理が生じてしまう。例えば、古典ラテン語にはない英語の母音 /ə/ は、a, e, i, o, u のいずれの母音字でも表記することが可能である（例 : about, often, possible, occur, circus）。そしてこうした状況は、英語の他の母音でも大体似たり寄ったりであって、/ɪ/ なども、母音字 i, y 以外に、image, pretty, women, business にみるように、いくつかの異なる母音字で表記することができる。あるいは逆に、例えば母音字 u は、/ʌ/, /juː/ 以外に、business (/ɪ/), bury (/e/), study (/ʌ/), bully (/ʊ/) にみるように、多数の母音の解釈をもつことが可能であるなど、英語の母音は全般的に、綴りと発音の関係が非常に錯綜したものとなっているのである。

　しかし子音に関して言えば、綴りと発音の関係はずっと一対一に近いものになっている。ほとんどの文字——b, d, f, h, j, k, l, m, n, p, r, s, t, v, w, x, y, z——は、発音とほぼ一対一に対応している。例えば b などは、（debt や doubt などの少数の語において黙字（silent letter）となる場合もあるが）ほぼ確実に /b/ と発音されるし、逆に /b/ の音は、rabbit など若干の例外を除いて b と表記される。母音字のように基本的に 2 種類の読み方をもつような c (/k/ と /s/)、g (/g/ と /dʒ/)、あるいは s (/s/ と /z/) などは、むしろ例外に属する。しかし、ラテン語に存在しない英語の子音を表記する場合には、子音字を組み合わせ、二重字や三重字（trigraph）を利用するなどして対処しなければならなかった。例えば、/ʃ/ という音はラテン語にはなく、ラテン文字にもそのための文字はなかったので、英語では sh といった二重字を用いている（例

278 II 生成言語学の関連領域

えば、フランス語やイタリア語でも事情は同じであって、それぞれ ch、sci
で対応している）。他にもラテン語に存在しなかった子音に対して、th
（/θ/ と /ð/ を表記）、ch や tch（/ʧ/ を表記）など二重字や三重字を利用して
いる。また例えば、/k/ を書き表すための文字はすでに存在しているが、c
（cat）, k（walk）, q（queen）に加えて、ck（kick）, ch（chorus）といった二重字など
様々な綴りがこの音に対応している、ということもある。さらに debt,
knight, sign, autumn などの例にみるように、黙字が多いというのも、英語の
文字の特徴と言えよう。母音の場合ほどではないものの、子音の場合も、文
字と音とが一対一形に近い形で対応するというのは、やはり難しいというこ
とである。

　ラテン文字を借用している他の現代ヨーロッパ諸語と比較して、特に英語
においてこうした綴りと発音のずれが大きくなっているとすれば、その原因
はどこにあるのだろうか[10]。英語の歴史をみると、他のヨーロッパ諸語には
みられないような大きな出来事が、2 つ起こっていることがわかる。1 つは、
1066 年に起こった「ノルマン征服」（Norman Conquest）とそれに続くフラン
ス語などからの語彙の流入である。それ以前の英語では、綴りと発音の関係
が現在と比べてはるかに規則的だった。しかしノルマン征服以後、英語に膨
大な数のフランス語からの語彙が流入し、同時にそれ以前とは異なった綴り
の慣習も導入され、定着するようになる。例えば、cellar などの語が英語に
入ってくることで、それまでのように c が /k/ の音だけでなく、/s/ の音をも
表記するようになった。そしてこの慣習は、ice や lice、mice など、もとか
らある語にも適用されるようになる。フランス語の綴りの慣習が採り入れら
れた結果、それまでの英語の綴りの慣習が完全に廃止される場合もあった。
古英語の時代には、cw- と綴られていた語はすべて、フランス語式に qu- と
綴られるようになったのである（例：古英語 cwen →中英語 quene（女王））。
また ch（church）、gh（night）、sh（shame）など、いくつかの二重字もこの時
期に新たに使われるようになった。

　英語には、こうしたフランス語以外にも様々な外来語が流入しているが、
現代英語の綴りを考える上で特に重要なのは、近代英語になってルネサンス
期に入ってきたラテン語、ギリシア語由来の語彙である。ph、th、ch などの

綴りが、ラテン語、ギリシア語起源の語とともに英語に入っている（(6)を参照）。例えば、/f/ という音を表すのに ph という綴りを用いたり（philosophy、alphabet）、/k/ という音を表すのに ch を用いる（school、psychology）のは、ほぼギリシア語起源の語であるか、ギリシア語の語根をもとにした造語に限られる。なお、psychology の ps という綴りは、ギリシア語起源の綴りがそのまま採り入れられたものであるが、英語では語頭の位置に /ps/ という音連結は許されないので、p は黙字である。他に、pneumonia などの p が黙字であるのも、同じように /pn/ の音連結が許されないという理由に拠る。綴りと発音との関係でさらに興味深いのは、「語源的綴り」（etymological spelling）である（渡部 1983: 241–243 など）。例えば、現代英語では souldier と綴られている語は、中英語では soudiour と綴られていた。実際、この語がフランス語から入ってきたときには、そのような発音だった。l を入れて綴られるようになったのは、ルネサンス期になってもとのラテン語における語形 solidarius が意識されるようになったからである。綴りが変化すると、発音もそれに合わせて l も発音されるようになっている。同様の例としては、fault（< 中英語 faute）、psalm（< 中英語 saume）などがある。これらは綴りとともに発音も変化した例であるが、綴りは変わっても、発音は変わらないという場合もある。黙字の b を含む debt や doubt などが、その例である。例えば debt の場合、古フランス語から借用された中英語の語形は dette であった。しかしラテン語まで遡った語形 debitum に合わせて b が挿入されて、現在の debt という綴りになった。この場合には、綴りが変わっても発音はそのままだった。綴りの変化に伴って発音が変化する場合もあれば、変化しない場合もあり、そのために英語の綴りと発音の乖離は、ますます著しいものになっていったのである。

　同じ黙字ではあっても、knight や know の k は、もともと発音されていたのが発音されなくなった例であり、綴りの方だけがそのまま残ってしまった、いわば歴史的かなづかいである。このように綴りが固定した後で発音されなくなり、黙字になったものも多い。night などの gh も、昔の発音の痕跡として残っている例である。綴り字の固定化を推し進めたのは、何よりも 15 世紀後半の印刷術の導入であった。そして、この印刷術が英国に導入さ

れたのとほぼ同じ時期に、英語の長母音に大きな変化——大母音推移が生じている。これが、英語において綴りと発音が大きく乖離することになった2つ目の大きな出来事である。強勢のある長母音の調音点が規則的に一段階ずつ上昇し、舌の位置が最も高い /iː/、/ uː/ は、二重母音化した。表11は、その具体例である。

表11　大母音推移（寺澤 2008: 105 より一部抜粋）

中英語 1100–1500		初期近代英語 1500–1700		現代英語 1900-	例
iː	→	ei → ʌi		→ ai	child, wise
eː	→	iː →		→ iː	keep, see
ɛː	→	ɛː → eː		→ ei	break, great
				↘ iː	meat, sea
aː	→	æː → ɛː		→ ei	name, take
uː	→	ou → ʌu		→ au	cow, mouse
oː	→	uː →		→ uː	food, tooth
ɔː	→	ɔː → oː		→ ou	home, stone

現代英語の綴りは、長母音に関して言えば、だいたい大母音推移以前の発音に対応しているということになる。一部の語はさらに生じた音変化のために、ますます綴りと発音の関係が不規則的なものとなった。例えば、表11にみるように、oo などのように o などの文字を2つ重ねたものは、/o/ の長母音 /oː/ などを表し、例えば中英語では、food は /foːd/ という発音であった。それが大母音推移によって、/fuːd/ に変化する。しかし、foot/fʊt/ のように、oo という綴りにもかかわらず /uː/ という発音ではないものもある。これは、大母音推移による変化の後にさらに音変化が生じたことが、その理由である（寺澤 2008: 109）。大母音推移以外にも英語にはこのように多くの音変化があったが、印刷術の導入などによってそれ以前の綴りに固定されてしまい、現代英語において綴りと発音との関係が不規則的であることの大きな原因になっている。

　以上、現代英語において綴りと発音との関係が錯綜としている原因のいくつかをみてきた。この綴りと発音の不規則的な対応関係は、英語の正書法に

とって大きな問題であると考えられ、特に大母音推移により綴りと発音の乖離が特に目立ち始める 16 世紀頃から、英語の綴り字の表音性を高めようという綴り字改革運動が唱えられ始める。しかし、綴りはそのまま次第に固定化に向かう。そうした方向に特に決定的な影響力があったのは、1755 年に刊行されたサミュエル・ジョンソンの全 2 巻の『英語辞典』(*A Dictionary of the English Language*) であった。そこで示された綴りの多くは、現在に至るまでほとんど変わっていないのである。一般的にみて、綴り字を表音式にしようとする改革運動は、これまでも様々な形のもの——かなり合理的でよく考え抜かれたものからそうでないものまで——が提案されてきたが、結果的には挫折と失敗の連続だった。ほとんど唯一と言ってもいい例外は、18 世紀のアメリカでノア・ウェブスターが行った綴り字改革で、彼が提案したものは、主としてアメリカにおいて定着している ((9))。

(9) ノア・ウェブスターが行った綴り字改革の例
   a. colour → color, favour → favor
   b. centre → center, theatre → theater
   c. defence → defense, offence → offense
   d. travelling → traveling

しかし、表音主義の綴り字改革運動がなかなか成功しなかったのは、なぜなのだろうか。まずすぐに思いつくこととして、発音というのは本性上絶えず変化し続けるものだから、話し言葉に合わせて表音式に綴ることを徹底させようとすれば、常に綴りを変え続けなければならないということがある。それに、すでに伝統的な綴りを身に付けている人にとって、新しい見慣れない綴りはなかなか受け入れにくいということもある。また古い伝統的な綴りと新しい綴りの差により、過去とのコミュニケーション上の断絶が生じてしまう、ということも考えられるだろう。しかし何よりも、英語は方言差が大きい。イギリス英語、アメリカ英語、オーストラリア英語、ニュージーランド英語などの変種がある。現代ではさらに、英語は全世界に拡がっており、それぞれの民族が独特のなまりで英語を話す時代である。どの変種の発音を

綴りの規範とすべきかは、そう簡単に解決できる問題ではない[11]。

4.3 英語の文字の表語性

　4.2 節の最後に、綴り字改革の試みが挫折と失敗に終わってきた理由をいくつか考えてみた。しかしそもそも、こうした運動の背後にある考え方、つまり文字は基本的に話し言葉に従属するもので、可能な限りその完全な表音化を目指すべきであるといった考え方——これはまた、本章の冒頭でみたソシュールやブルームフィールド、そして 20 世紀の西洋言語学で一般に採られてきた文字に対する考え方と基本的に一致する——は、本当に正しいのであろうか。もしそうであれば、真に理想的な文字とは、国際音声字母（IPA）のようなものとなってしまうが（Gelb 1963: 245–247 を参照）、このように発音をただ精密に表したものが本当に文字と言えるかは、はなはだ疑わしいものである。

　文字が、アルファベットといえども、話し言葉をただそのまま表音的に再現したものでないことは、明らかであろう。現代英語の書き言葉にも、話し言葉には絶対にみられないような、様々な情報が現れている。まず、分かち書きがなされており、語と語との間にスペースを空けてある。話し言葉には存在しないこの分かち書きというのは、語という単位をはっきりと際立たせることを目的としている。大文字と小文字という表記上の区別もまた、表音とは無関係で、語意識を高めるためのもの、つまり表語性と関係していると言える。例えば、Frank（フランク（人名））と frank（率直な）、Smith（スミス（人名））と smith（鍛冶屋）などの比較からわかるように、大文字を使用することで、固有名詞を普通名詞や形容詞から区別し、つまり語類の識別を行っているわけである。また固有名詞の場合、大文字にするだけでなく綴り字自体をも変化させる場合もある。brown（茶色）に対する Browne（ブラウン（人名））のように、最後に e を加えたり、hog（豚）に対する Hogg（ホッグ（人名））、あるいは star（星）に対する Starr（スター（人名））のように、語末の子音字を重ねたりする（クック 2008: 92–93）。

　こうした分かち書きや大文字／小文字の区別というのは、2 節でみたシュメル文字、エジプト文字などにおける決定詞の働きとよく似ている。大文字

の使用というのは、発音とは無関係であるが、意味の範囲を決定するのに役立っている。大文字で始めるというのは、この語が固有名詞だということを示すもので、これはシュメル文字などにみられた決定詞と同じ働きとみることができる (Gnanadesikan 2009: 18)。また語と語の間を空けずに連綿と書かれるエジプト文字の文章において、語末に現れる決定詞は語の切れ目を示す役割をもっており、分かち書きと同じような効果を果たしていたと考えられる (デイヴィス 1996: 58)。このように考えるとすれば、ラテン文字のようなアルファベット式の表記法でも、古代文字における決定詞の働きに相当するものが確認できることになる。

　分かち書きや大文字／小文字の区別というのは、古典ギリシア語や古典ラテン語の時代にはなかったものである (図12)。一般に分かち書きで書かれるようになるのは、紀元1世紀頃からである。小文字もまた、中世期以降のヨーロッパで発達したもので、それ以前は大文字のみで書かれた。句読点(コンマやピリオドなど)もなかった。表音、話し言葉の再現という点からみるならば、ギリシア文字というのは、英語の文字よりはるかに理想に近かったと言える。ギリシア語は、英語よりも母音の数が少ないのに、母音字の数は7個ある。また、話し言葉とは無関係な分かち書きもなければ、大文字と小文字の分化もないからである。

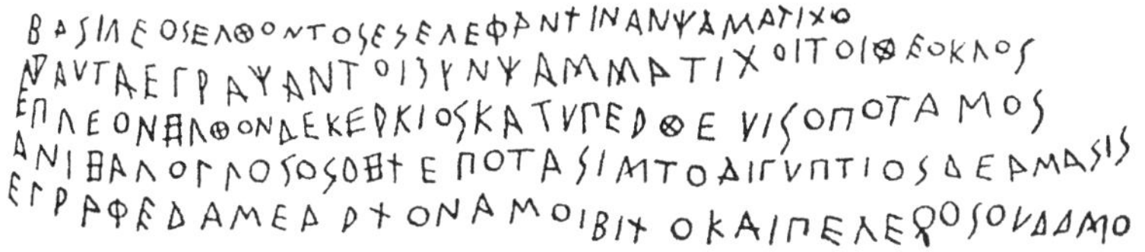

図12　紀元前6世紀初期のギリシア語の碑文。分かち書きがなく、また小文字も発達していないので、大文字のみの表記である。Jensen (1969: 449)より。

　古典ギリシア語や古典ラテン語は大文字のみで語と語との間にスペースを入れずに書かれ、話し言葉を忠実に再現するという点においてはかなり理想的なものだったが、非常に読みにくいものだったと思われる。そのために後になって分かち書きが工夫され、小文字が発達して大文字／小文字の分化が生まれたわけだが、こうした現象は、シュメル文字などにおいて、表音化が

進んだ結果として生じた意味の曖昧化を取り除こうとして決定詞が発達してきたのと、平行した現象とみることができるのではないだろうか。文字は、もっぱら表音的に話し言葉を再現するというものではなく、語意識を高め、語を明確に区別する方向に発達していくということである。

さらに、現代英語の文字言語にのみにみられる現象としては、「3 文字規則」(three-letter rule) がある (クック 2008: 88–90 など)。これは、内容語 (content word) は 3 文字以上で表記されなければならず、発音上 2 文字になる可能性がある場合には、egg, add, ebb, inn, odd, err などにみるように、もう 1 つ同じ子音字をつけ足さなければならないといった趣旨の規則である。要するに、この規則に従えば、1 文字、2 文字で綴られた語は機能語 (function word) であり、内容語はすべて 3 文字以上となる。たまたま内容語と機能語の発音が同じ場合には、inn/in, know/no, two/to, eye/I, bee/be, buy/by などにみるように、内容語が 1 文字追加されて長くなっている。もちろんこのような規則も、話し言葉の表音化とは無関係であり、語意識を高めるためのもの、あるいは意味解釈を配慮したものである。こうした文字表記上の特徴はすべて、文字というものが、表語性・表意性を志向するものであることをはっきりと示している。

現代英語の文字の分かち書き、大文字／小文字の区別、そして 3 文字規則の働きに相当するものが、現代日本語の標準的な表記法である「漢字仮名交じり文」にもみることができる。世界の文字体系のおおよその方向として、いったん表音文字体系をもつようになると、それまでの表語文字体系は捨てられる傾向にあるが、日本語の場合、仮名文字という表音文字を発達させつつも漢字を捨てることはなく、両方を併用する道を選んだ。その理由はいろいろあるだろうが、まず表音文字の仮名文字だけの表記では、非常に読みにくいのである。その 1 つの理由は、日本語には、英語にみられるような分かち書きの習慣がないということがある (児童向けの絵本など、ほとんどが仮名文字表記の場合には、分かち書きがなされている)。つまり、表語文字の漢字が混在することが、意味の単位である語を際立たせ、分かち書きなどがもつ機能を兼ねているということである (樺島 1979: 97 など)。また、漢字仮名交じり文ではだいたい、実質的な部分は漢字で、活用部分や助詞、助動

詞は仮名で表記される。つまり、英語の 3 文字規則などによって行われる語の種類の区別にだいたい相当するような働きが、漢字を入れることでなされているわけである。

　ところで日本語の場合、音節構造上の制約もあって（日本語は音節の種類の数が少なく、音節構造も単純で、母音のみ、あるいは子音＋母音が基本である）、どうしても同音異義語が多くなるので、表音文字の仮名文字だけでは語の同定が難しい。例えば「仮定」と「家庭」と「課程」と「過程」、「私立」と「市立」、あるいは「科学」と「化学」などの間の区別は、表音文字の仮名文字では不可能である。漢字があるおかげで、一見してその語と同定することができるのである。そう考えるならば、4.2 節でみてきたような表音という点からみれば決して望ましいとは言えない現代英語の綴りも、やはり語意識を高め、意味を区別し明確にするという積極的な意味を担っているということがわかる。現代英語もまた、現代ヨーロッパ諸語の中では同音異義語が多い言語である。knight と night、あるいは sail と sale、base と bass などは視覚的に区別できる。また、debt といった語源的綴りの例ですら、night に対する knight と同じように、視覚的に語の同定に役立っているのではないかとみることも可能である。det と表音的に綴る場合と比べれば、bet、net、den などの多くの似た綴りの語から区別することが、ずっと容易になるからである（Sampson 1985: 210）。

　knight と night のように発音が同じでありながら綴りが違うというだけでなく、次の動詞過去形の接尾辞の例にみるように、逆に発音が違うのに綴りが同じという場合もある。これもまた、英語の綴りが表意性を発揮しているからである。

(10) a. kick<u>ed</u> /t/　　b. play<u>ed</u> /d/　　c. hand<u>ed</u> /ɪd/

また例えば(11)にみるように、それぞれ下線部の発音が違うのに同一の綴りを保持しているのも、両語間の意味的関連性を示すためである。sign の g や autumn の n という黙字も、表音の観点からすれば不要である。しかし、sign に g があることで、signature が sign から派生した語であることがわか

るし、同様に autumn に n があることで、autumnal が autumn から派生したものであることがわかるのである。

(11) a. na̲ture – na̲tural（/eɪ/ – /æ/）
     b. criti̲c – criti̲cize （/k/ –/s/）
     c. elec̲t – elec̲tion（/t/ – /ʃ/）

日本語の表音文字である仮名文字に関しても同様であり、(12)の例は、発音どおりでは語の関連性が失われてしまうということで、表語性・表意性を尊重した仮名遣いになっているわけである（森岡 2004: 14）。

(12) a. ちか<u>ぢか</u>（<u>近近</u>）　　b. いれ<u>ぢえ</u>（入れ<u>知恵</u>）
     c. みか<u>づき</u>（三日<u>月</u>）　　d. ちから<u>づよい</u>（<u>力強</u>い）

　要するに文字、綴りの問題は、1 つひとつの語（形態素）に固有の問題であって、意味を有する最小の言語単位であるこの語（形態素）を基本として考えなければならない、ということである（亀井ほか編 1965: 184–186）。そう考えるならば、先にバーナード・ショーの英語の綴りの混沌ぶりを揶揄するghoti の例を紹介したが、そうした発想自体、綴り字のあり方、あるいは正書法に対する誤解からくるのではないか、ということになるだろう。綴りというのは、表音のための単なる素材を提供するものではなく、アルファベットの組み合わせによって語を表記することに、その最終的な目的があるとすべきなのである。

4.4　あらためて、文字とは何か
　1 節でみたように、絵などの視覚的な記号が、高度な聴覚的記号体系である音声言語とうまく結びつくことによって文字が誕生した。絵は、言語と結びつくことで、普遍的な意味をもつようになり、出来事を構成している事物や概念が、ある特定の言語の語に対応させて 1 つひとつ切り離され、別々に扱われるようになり、また、その記号が一定の方式と順序で並べられるよう

になる。そしてそれ以降の文字の歴史は、一層言語との結びつきを深め、ますます表音化を進めて、ギリシア文字に至っては、子音だけでなく母音をも表記できるアルファベットにまで発達している。このアルファベットというのは原則的に、世界のすべての言語音を表記できるもので、言語音の再現という観点からのみみるならば、確かにギリシア文字、そしてラテン文字の完成をもって、文字進化の頂点とみることは可能であろう（Gelb 1963: 201）。しかし文字というのは、言語をただ表音的に再現することが目的なのではない。むしろ、4.3節でみてきたように、語を表記することにこそ、その目的があるのであり、表音は語を表記するための1つの手段——ただし、最も重要な手段——にすぎない。シュメル文字など古代文字にみられる決定詞などの発達、そして現代英語にみられる分かち書きや大文字／小文字の区別、発音から乖離した綴り字の保存などもまた、そのための1つの手段なのである。このように音声言語と文字は、後者がもっぱら前者の音形の再現を目的としているというような、一方的な依存関係にあるのではなく、両者は基本的に独立したものであり、それぞれ独自の原理・世界をもっていると考えなければならないのである。

　1870年頃から20世紀の初めにかけて表音主義に基づいた英語の綴り字改革運動が盛り上がりをみせていたとき——バーナード・ショーも、この時期に綴り字改革の問題に関心をもつようになっている（山口 2009: 305–308）——、当時の英国を代表する言語学者・英語学者であったヘンリー・ブラッドレーはそうした動きに反対し、英語の綴りをただ表音的にすればいいといった考え方は誤りであるということを、はっきりと述べている（Bradley 1913）。ブラッドレーは、その書の冒頭において、文字の唯一の機能は音を表すことだとする綴り字改革主義者の基本的主張は、文字を楽譜と同一視することに等しいと指摘する。確かに楽譜の場合は、音を表すことがその究極的な目的であるが、しかし文字の場合には、それは手段にすぎない。むしろ、文字の究極的、かつ唯一の重要な目的は、意味を伝えることにあると彼は主張する。我々が文字を読むのは、それを声に出して発音するためではなく、意味を読み取るためだというわけである。聞いたり、話したりするときは、時間に従って語の音を順に処理していくしかない。しかし、書いたもの

を朗読する場合には、眼はアルファベットの集まりを一度に見て語を同定しておいてから、あらためてその同定した語を一音一音発音している、と彼は述べている（Bradley 1913: 6–7）。それを示す1つのエピソードとして、興味深い例が紹介されている。ある新聞の死亡広告で「友人各位（friends）」とすべきところを、一字の違いで「悪魔各位（fiends）」となっていた。それを多くの人に見せて何度も読ませてみたが、誰もその誤植に気がつかなかったというのである。ブラッドレーのみるところ、音声言語と文字は互いに関係してはいるものの、やはりそれぞれ聴覚的手段と視覚的手段を用いた独立した世界をもつ伝達様式なのである。音声言語と文字とがそれぞれ独立した伝達様式であるとすれば、文字は一方的に音声言語を再現するものではなく、逆に音声言語に介入し、あるいは両者が協力し合うということも考えられる。その1つの例として、次に、日本語の音声言語でのコミュニケーションにおける漢字の役割について述べた、鈴木孝夫の議論をみてみよう。

　鈴木（1975）は、同音異義語が多い日本語における漢字の役割について論じ、日本語では話し言葉によるコミュニケーションであっても、頭の中で常に漢字の姿が思い描かれていると述べている。鈴木は、次のように指摘する。

(13)　私は、かねてから日本語は伝達メディアとしてはテレビのような性格を持っていると主張している。音声を使って話している時でさえも、使われている漢字語の視覚的な映像を同時に頭の中で追っているのである。… 日本語に比べると表記が原則的として表音である言語では、話すことはラジオのようなもので、すべての情報が音声という聴覚的刺戟に託されている。
　　　　　　　　　　　　　　　　　　　　　　　　（鈴木 1975: 75–76）

日本語では音声言語によるコミュニケーションであっても、例えば「かていの話」と聞くと、聞き手は「家庭」なのか「仮定」なのか、あるいは「課程」なのかを、頭の中で思い浮かべている。つまり、日本語では、コミュニケーションは話し言葉だけでは完結せず、文字が介入し、文字と一緒になってはじめて完結するということである。それに対して、基本的にアルファベットなどの表音文字を用いている言語では、話し言葉だけで完結している、と鈴

木は述べている。

　同音異義語が非常に多い日本語の話し言葉におけるコミュニケーションでは、文脈だけでは意味が確定できない場合が多く、その場合に漢字の映像が頭に浮かんでいることは確かであろう。問題は、本当にこれは日本語の漢字だけに限られる現象なのか、ということである。鈴木が主張するように、ラテン文字を使用する現代英語では、そうしたことは全く起こらないのだろうか。

　現代英語は現代ヨーロッパ諸語の中では同音異義語が多い言語であり、それは綴りの上で視覚的に区別できる場合が多い。すでに述べたように、表音文字ではあっても、綴りは程度の差こそあれ、表語性・表意性を発揮しているのである。したがって、音声言語によるコミュニケーションに文字が介入してくるというのも、程度の問題であって、英語のように表音文字を使用している言語であっても、話し言葉においてある語の意味が一義的に決定できない場合には、やはり文字表記が頭の中で思い浮かべられることになるのではないだろうか。先に触れたブラッドレーは、次のように述べている。

(14)　… 教育を受けた人の場合には、ある語を口にするときに、ぼんやりとではあってもその綴りを想起しており、語の観念は、聴覚的形式と視覚的形式とが一緒になったものである。したがって、同じ音の 2 つの語が綴りで区別される場合、耳には同一であることを不完全にしか意識していないことがしばしばである。　　　　(Bradley 1913: 23–24)

具体的にみると、「トラファルガー広場はロンドン一の素晴らしいサイトである」と聞いた場合に、サイトという語が site なのか sight なのか、文字表記が頭に浮かんでいるはずだということである。また、「ソーイング・マシーン」と聞いた場合にも、もし意味が文脈から一義的に決定できない場合には、その文字表記——sowing-machine（種まき機）なのか、あるいは sewing-machine（ミシン）の方なのか——が頭に浮かんでいるのではないだろうか [12]。表音文字を使用しているとはいっても、英語のように綴りと発音との間に乖離がみられ、綴りが表語性・表意性を強く示しているような言語で

は、特にそう言えるだろう。教育を受けた人、つまり文字の読み書きができる人にとって、音声言語でのコミュニケーションは、音声だけでは完結していない。もっと言えば、音声言語によるコミュニケーションにおいて、意味の判別が音声だけでは困難な場合には、文字が介入する——これは、文字をもった言語であれば、程度の差こそあれ普遍的にみられることなのではないだろうか。日本語の場合、同音異義語が非常に多いことなどから音声だけではどうしても意味が曖昧になりやすく、文字——特に、表語・表意文字である漢字の方——に依存する傾向がとりわけ強くなっているということであろう。

　最後に、20 世紀後半を代表する言語学者であるチョムスキーの文字に対する考え方についても触れておきたい。本章の冒頭で 20 世紀の西洋言語学が概して文字に関して無関心だったと述べたが、チョムスキーは、まず Chomsky and Halle (1968) において、そしてその後 Chomsky (1970) などにおいて、英語の綴り字に関して興味深い重要な主張をしている（同時期に彼の妻キャロルも、彼の英語の綴り字に関する主張が読みの教育に対してもつ意味について論じている（C. Chomsky 1970））。チョムスキーの綴り字に対する立場は、だいたい次のような言葉に要約される。

(15)　慣習的な正書法は、… 英語の語の語彙表示に対してほぼ最適な体系となっている。　　　　　　　　　　　　　（Chomsky and Halle 1968: 49)

(16)　… 慣習的な正書法というのは、想像するよりもずっと最適な正書法に近い。余剰的な情報は一切含まずに、文字と音とを直接に対応づけつつ、話し言葉の基底にある語彙形式を直接的に表示しているのである。　　　　　　　　　　　　　　　　　　　　　　　（Chomsky 1970: 12)

チョムスキーによれば、綴りというのは現実の発音そのものを表記しているのではなく、その根底にある抽象的な語彙形式を表していることになる。現実の発音というのは、この抽象的な語彙形式に一連の音韻規則が適用されることによって導き出されるのである。具体的にみてみると、例えば nature – natural において、下線部の発音が異なっているのに同一の綴りが保持され

ている。前者の発音は長音の /eɪ/ 、後者の発音は短音の /æ/ である。このように接尾辞がつくことで下線部の母音が、長音から短音に交替する例は、他にも数多くみられる。nation と national、そして sane と sanity との間の交替もまた、長音 /eɪ/ から短音の /æ/ への交替である。さらに、extreme と extremity の下線部でも、また wide と width の下線部でも、それぞれ長音 /iː/ から短音 /e/ へ、長音 /aɪ/ から短音 /ɪ/ へ交替している。つまり、このような交替はすべて、英語母語話者であれば、その言語知識の一部として内在化していると考えられる一般的な音韻規則から自動的に導き出されるものであり、レキシコン(lexicon)においては、関連する語同士は、同一の語彙表示をもっている。したがって、現実の発音が異なっていても、根底にある抽象的な語彙形式を表記する綴りでは、同一の母音字が保持されるのである。チョムスキーの考えによると、英語などの文字表記において、強勢などの超分節音が表記されないのは——もし話し言葉をできるだけ正確に表記することが文字の本来の役割だとすれば、当然これらの要素も表記されなければならない——、これらが英語母語話者であれば内在化されている一般的な音韻規則の結果導き出されてくるもので、語彙形式そのものには属さないからだということになる。このようなチョムスキーの文字に対する考え方は、文字の本来の目的を語(形態素)の表記であるとする本章でみてきた主張と、基本的な点で一致すると考えられる。

　もちろん、世界のすべての文字体系が実際に深いレベルの抽象的な語彙形式を表しているとするのは、誤りであろう。例えばスペイン語は、前述のように現代ヨーロッパ諸語の中では最も浅い正書法の1つであり、実際の発音にかなり近いレベルを文字表記している。また英語の場合であっても、(17)の名詞複数形の接尾辞は、必ずしも最も深いレベルの語彙形式を表しているというわけではない。

(17) a. cats /s/　　b. fogs /z/　　c. pitches /ɪz/

英語の名詞複数形の接尾辞には、/s/(直前の音素が無声音の場合)、/z/(直前の音素が有声音の場合)、/ɪz/(直前の音素が歯擦音の場合)の3通りの発音

が対応しているが、根底にある語彙形式は同じである（|z|（|　| は、語彙形式を示す））。これら 3 つの異なる発音は、|z| に次のような 2 つの音韻規則が適用されることで導き出される。

(18) a. 2 つの歯擦音の間に /ɪ/ を挿入する。例：|pɪʧz| → /pɪʧɪz/
　　 b. 無声子音に後続する有声子音を無声化する。
　　　 例：|kætz| → /kæts/

a と b の音韻規則は、この順序で適用される。もし規則 b の方から適用すると、|pɪʧz| はまず /pɪʧs/ となり、さらに規則 a の適用によって、/pɪʧɪs/ という実際とは異なる発音が導き出されてしまうことになる。英語の正書法は、規則 a が適用され、また規則 b が適用される前のレベルを表記しているとみることができる。規則 a の適用によって生じる /ɪ/ の挿入は e として文字表記される（pitch<u>e</u>s）が、/z/ と規則 b の適用によって生じる /s/ との区別は、表記上無視される（cat<u>s</u> /s/ と fog<u>s</u> /z/）。もし最も深いレベルの語彙形式を表すとすれば、pitches は pitchs とならなければならないはずである（詳しくは、Sampson（1985: 43–44）を参照）。このように実際の綴り字は、読み書き能力の習得のしやすさなどを考慮に入れて現実の発音に近い表記の方が選ばれたりするといった妥協がみられるものの、チョムスキーの考え方からすれば、文字は理想的には抽象的な語彙形式を表記すべきものであり、そしてその立場に立てば、現代英語の正書法は、欠陥どころか理想に限りなく近い、ということになるのではないかと思われる。

　4.2 節の最後に、表音主義の綴り字改革運動がなかなか成功しない理由をいくつか挙げてみたが、チョムスキーに従えば、文字はそもそも現実の発音を表記することを目的にするものではなく、その根底にある抽象的な語彙形式を表記するものである。発音の歴史的な変化にもかかわらず、その根底にある語彙形式の方は、比較的変化が小さく、また個人間、方言間でもあまり違いがないとすれば、発音の変化に応じてその文字表記を変える必要がないという心理が働くのも、当然のことのように思われるのである（Chomsky 1970: 12）。

5. おわりに

　本章では文字は、20世紀の西洋言語学の多くが考えてきたように、言語（音声言語）にもっぱら従属し、それを再現するための副次的な体系にすぎないというものではなく、それと関係はもちつつも、あくまでも自律性を備えた独立した伝達体系であるということを述べてきた。むしろ両者はともに、言語そのもの（生成言語学におけるＩ言語）の再現、あるいは「外在化」(externalization)であると言うべきであろう（第1章、第2章を参照）。確かに視覚的な記号は、言語と結びつくことで文字と呼ばれる存在になり、文字体系として完成するためには、判じ絵の原理に基づいた表音化（仮借）に拠らなければならなかった。この表音化によってはじめて、話し言葉のすべての語は書き表せるようになったのである。しかし文字は、ひたすら表音化だけを目指してきたのではない。すべての古代文字にみられる決定詞の発達などに、文字独自の原理・世界が現れていると考えることができよう。

　ただ、表音文字の1つの完成形とみることができるアルファベット——特に音声言語の最小単位とされる音素を、母音も子音もすべて対等に表記するギリシア文字の成立に至って、文字がまるで影のように音声言語に寄り添うようになると、文字の独自性がみえにくくなり、あるいはどこまでが文字の特性であり、どこまでが音声言語の特性なのかが判明でなくなり、結果として文字と音声言語との違いが曖昧になる。アルファベットを使用する西洋の言語研究において文字が軽視される傾向にあったのも、そうしたところに理由があったのだろうと思われる。またソシュールに始まる20世紀の言語学が、話し言葉の優位を唱え、意識的に文字を言語学の対象から排除しつつも、その分析に用いられている言葉が、無意識的にせよ驚くほど文字に関係した視覚的な表現を採っているという指摘がしばしばなされるが（クルマス2014, Harris 1986, Linell 1982など）、それもそういったことと関係があるのではないだろうか。例えば、ソシュール自身が用いた「聴覚映像」(images acoustiques)という用語は、明らかに視覚的なものであるし（クルマス 2014: 16)、20世紀の西洋言語学の基本的な概念となっている「音素」、「語」、「文」、あるいは「文字通りの意味」(literal meaning)なども、実は音声言語というよ

294 II 生成言語学の関連領域

りは文字や書き言葉と深く結びついた概念ではないかという指摘がある（ク
ルマス（2014: 16–20）を参照）[13]。例えば「音素」という概念は、ハリスによ
れば、アルファベット文字体系が生み出した人工物にすぎないものであるし
（Harris 1986: 41）、フェイバーもまた、語を音素分割するという分節化の能
力というのは、むしろ、アルファベット文字の結果として生じた能力ではな
いかと指摘している（Faber 1992: 110）。このように20世紀の西洋言語学は
基本的に、文字を音声言語の影にすぎないものと思いこみ、文字の特性であ
るはずのものを言語（音声言語）そのものの特性と思いこんできたところがあ
るのではないか——これが（19）にみるような「文字偏重主義」（scriptism）と
いう考えである（Harris（1980）の第1章も参照）[14]。

(19) 　言語研究において、話し言葉の優位性の原則に同意しながらも、実際
　　　は、文字に関係づけられる諸概念—音素、語、文字通りの意味、文な
　　　ど—に基づいて分析を進める言語学者たちの傾向　（Coulmas 1996:
　　　455）

これからの言語学は、「言語とは何か」といった問題をさらに深く追究して
いくためにも、本章で扱ってきたような文字や文字体系の特性、文字と音声
言語との関係などについてさらに理解を深めていく必要があるのではないだ
ろうか。

注
1　以下、引用するにあたっては、邦訳のあるものについてその頁数を、ないものに
ついては原著の頁数を記した。訳はすべて筆者によるものである。
2　エジプト文字では、母音は全く表記しない。フェニキア文字、アラビア文字、ヘ
ブライ文字などのセム系子音アルファベットと同じである。またエジプト文字の場合
は、セム系子音アルファベットと異なり、母音を表示するための補助手段すら存在し
ない。
3　ただ、シュメル文字とエジプト文字の字形上の違いなどは顕著であり、前者から

第 7 章　言語と文字　295

後者への影響は、直接的なものというよりも、「文字という発想」だけの影響（刺激伝
播）と考える方が理にかなっていると言えるかもしれない。デイヴィズ（1996: 70–
71）、フィッシャー（2005: 46–47）などを参照。

4　シュメル語は基本的に一音節一語であり、この点で中国語とよく似ていた。した
がって、シュメル語には同音異義語が非常に多かったわけだが、あまりにも数が多い
ので中国語と同じように声調による語の区別があった可能性も考えられる（ダニエル
ズ / ブライト編 2013: 42, カルヴェ 1998: 48–49）。

5　語の正確な意味を特定するための手段として、「音声補記」（phonetic complement）
というものも、シュメル文字とエジプト文字の両文字体系において発達している。こ
れは、意味的拡張などにより多義化した文字の正確な意味を特定するために、その文
字の発音の一部を示す表音文字を付け足すという方法であり、ちょうど日本語におけ
る送り仮名と同種のものである。

6　この文字群のうち、上の文字は「将棋盤」mn̠ を表し、この文字が表音文字として
用いられる場合は、/mn/ という発音を表した。下の「水」nt を表す文字は、表音文
字としては /n/ という発音を表した。つまり後者の文字は、前者の文字の発音の一部
を示した音声補記の例である。

7　この転注の解釈をめぐっては、諸説がある。詳しい議論については、河野（1994）
の第 4 章を参照のこと。

8　『説文解字』の中のこの漢字の造字法である「六書」を援用して楔形文字の構成の
仕方をはじめて解明したのは、日本のシュメル学の先駆者であった中原与茂九郎であ
る（杉 1968: 107）。

9　最近になって（1999 年）、アメリカのエジプト学者ジョン・ダーネルとデボラ・ダ
ーネルによって、エジプトのテーベの西にあるワディ・エル・ホルにおいて、原シナ
イ文字よりもさらに古いアルファベットの原型と考えられる碑文——原シナイ文字が
紀元前 1800 年から 1600 年頃のものとされるのに対して、これは紀元前 1900 年から
1800 年頃のものと考えられる——が発見されている。

10　英語の綴りの歴史に関する詳細な研究としては、特に Scragg（1974）を参照された
い。

11　英語の綴り字改革運動史に関する詳細な研究としては、特に渡部（1975）、山口
（2009）を参照されたい。

12　例は 2 つとも、Bradley（1913）からのものである。

13　例えば、文脈から独立した「文字通りの意味」が実際に規定可能なのかどうかと
いう問題に関しては、本書の第 6 章を参照。

14　西洋言語思想史上において、言語の考え方に文字の存在の影響がみられる最古の

296　II　生成言語学の関連領域

例は、古代ギリシアのアリストテレスの言語観——その言語慣習説——ではないかと
思われる。この問題に関する詳しい議論については、斎藤(2011)を参照のこと。

さらに研究を進めるために

日本語で読める本格的な文字論の研究書としては、次の 2 つがある。

1. クルマス，フロリアン 斎藤伸治訳(2014)『文字の言語学：現代文字論入門』大修
   館書店。特に、第 1 章の「文字とは何か」は必読である。
2. 河野六郎(1994)『文字論』三省堂。わが国を代表する文字論の研究書である。

次に、日本語の文字と英語の文字に関する良書を 1 冊ずつ挙げておく。

3. 森岡健二 (2004)『日本語と漢字』明治書院。
4. 大名力(2014)『英語の文字・綴り・発音の仕組み』研究社。

海外の重要な研究で、まだ邦訳されていないものも多い。その中でも次の書は、最初
に読むべき有益な書として特に推奨できる。

5. Sampson, Geoffrey. (1985) *Writing Systems: A Linguistic Introduction.* Stanford, CA:
   Stanford University Press.2015 年に第 2 版が出ている。

参考文献

アリストテレス 山本光雄訳(1971)『命題論』(「アリストテレス全集 1.」)岩波書店

阿辻哲次(2001)『漢字道楽』講談社選書メチエ

ブルームフィールド，レナード 三宅鴻・日野資純訳(1962)『言語』大修館書店(Bloomfield,
　　　Leonard. (1933) *Language.* New York: Henry Holt and Company.)

ボテロ，ジャン 松島英子訳(2000)『バビロンとバイブル―古代オリエントの歴史と宗教を
　　　語る』法政大学出版局(Bottéro, Jean. (1994) *Babylone et la Bible. Entretiens avec Hélène
　　　Monsacré.* Paris: Les Belles Lettres)

Bradley, Henry. (1913) *On the Relations between Spoken and Written Language with Special Refer-
　　　ence to English.* Oxford: Clarendon Press.

カルヴェ，ルイ = ジャン 会津洋・前島和也訳(1998)『文字の世界史』河出書房新社(Calvet,
　　　Louis-Jean. (1996) Histoire de l'écriture. Paris: Plon.)

Chomsky, Carol. (1970) Reading, writing, and phonology. *Harvard Educational Review* 40: pp.
　　　287–310.

Chomsky, Noam. (1970) Phonology and reading. In Levin, Harry and Jonathan P. Williams.
　　　(eds.) *Basic Studies on Reading*, pp. 3–18. New York: Basic Books.

Chomsky, Noam and Morris Halle. (1968) *The Sound Pattern of English.* New York: Harper &
　　　Row.

クック，ビビアン 岡田毅・石崎貴士訳（2008）『英語の書記体系』音羽書房鶴見書店（Cook, Vivian（2004）*The English Writing System*. London: Arnold.）

Coulmas, Florian.（1989）*The Writing Systems of the World*. Oxford: Basil Blackwell.

Coulmas, Florian.（1996）*The Blackwell Encyclopedia of Writing Systems*. Oxford: Blackwell.

クルマス，フロリアン 斎藤伸治訳（2014）『文字の言語学：現代文字論入門』大修館書店（Coulmas, Florian.（2003）*Writing Systems: An Introduction to Their Linguistic Analysis*. Cambridge: Cambridge University Press.）

Daniels, Peter T.（1990）Fundamentals of grammatology. *Journal of the American Oriental Society* 110: pp. 727–731.

ダニエルズ，ピーター・T. ／ ウィリアム・ブライト編 矢島文夫総監訳（2013）『世界の文字大事典』朝倉書店（Daniels, Peter T. and William Bright.（eds.）（1996）*The World's Writing Systems*. New York: Oxford University Press.）

デイヴィズ，ヴィヴィアン 塚本明廣訳（1996 年）『エジプト聖刻文字』（大英博物館双書・失われた文字を読む 2）学芸書林（Davis, W.V.（1987）*Egyptian Hieroglyphs*（Reading the Past 6）. Berkley: University of California Press and British Museum.）

Diringer, David.（1968）*The Alphabet: A Key to the History of Mankind*. 3rd edn. 2 vols. London: Hutchinson.

Faber, Alice.（1992）Phonemic segmentation as epiphenomenon: evidence from the history of alphabetic writing. In Downing, Pamela, Susan D. Lima and Michael Noonan.（eds.）*The Linguistics of Literacy*, pp. 111–134. Amsterdam: John Benjamins.

フィッシャー，スティーヴン・ロジャー 鈴木晶訳（2005）『文字の歴史―ヒエログリフから未来の「世界文字」まで』研究社（Fischer, Steven R.（2001）*A History of Writing*. London: Reaktion Books.）

ガウアー，アルベルティーン 矢島文夫・大城光正訳（1987）『文字の歴史―起源から現代まで』原書房（Gaur, Albertine.（1985）*A History of Writing*. New York: Charles Scribner's Sons.

Gelb, Ignace J.（1963）*A Study of Writing*. 2nd edn. Chicago: University of Chicago Press.

Gnanadesikan, Amalia E.（2009）*The Writing Revolution: Cuneiform to the Internet*. Oxford: Wiley-Blackwell.

Harris, Roy.（1980）*The Language-Makers*. London: Duckworth.

Harris, Roy.（1986）*The Origin of Writing*. London: Duckworth.

Jensen, Hans.（1969）*Die Schrift in Vergangenheit und Gegenwart*. 3rd. rev. edn. Berlin:Deutscher Verlag der Wissenschaften.

樺島忠夫（1979）『日本の文字―表記体系を考える』岩波新書

亀井孝・大藤時彦・山田俊雄編(1965)『日本語の歴史6　新しい国語への歩み』平凡社

加藤一朗(1962)『象形文字入門』中公新書

小林登志子(2005)『シュメル―人類最古の文明』中公新書

河野六郎(1994)『文字論』三省堂

河野六郎・千野栄一・西田龍雄編(2001)『言語学大辞典』別巻(世界文字辞典)三省堂

Linell, Per. (1982) *The Written Language Bias in Linguistics*. Linköping: Linköping University, Department of Communication Studies.

Mallery, Garrick. (1893) *Picture Writing of the American Indians*. Washington, D.C: Smithsonian Institution.

ムーアハウス，アルフレッド C. ねずまさし訳(1956)『文字の歴史』岩波新書 (Moorhouse, Alfred C. (1946) *Writing and the Alphabet*. London: Cobbett Press.)

森岡健二(2004)『日本語と漢字』明治書院

西田龍雄編(1981)『世界の文字』(講座言語 第5巻)大修館書店

Rogers, Henry. (2005) *Writing Systems: A Linguistic Approach*. Malden, MA: Blackwell.

斎藤伸治(2011)「アリストテレスの『言語慣習説』について」『アルテス リベラレス』(岩手大学人文社会科学部紀要)88: pp. 31–46.

Sampson, Geoffrey. (1985) *Writing Systems: A Linguistic Introduction.* Stanford, CA: Stanford University Press.

ソシュール，フェルディナン・ド 小林英夫訳(1972)『一般言語学講義』岩波書店 (Saussure, Ferdinand de. (1916) *Cours de linguistique générale*. Lausanne et Paris: Payot.)

Schmandt-Besserat, Denise. (1992) *Before Writing*. 2 vols. Austin: University of Texas Press.

Scragg, Donald G. (1974) *A History of English Spelling*. Manchester: Manchester University Press.

世界の文字研究会編(1993)『世界の文字の図典』吉川弘文館

杉勇(1968)『楔形文字入門』中公新書

鈴木孝夫(1975)『閉された言語・日本語の世界』新潮選書

瀬田幸人(2009)「文字論」今井邦彦編『言語学の領域(Ⅱ)』pp. 149–179. 朝倉書店

寺澤盾(2008)『英語の歴史―過去から未来への物語』中公新書

ウォーカー，クリストファー 大城光正訳(1995)『楔形文字』(大英博物館双書・失われた文字を読む 1) 学芸書林 (Walker, C.V.F. (1987) *Cuneiform* (Reading the Past 3). Berkley: University of California Press and British Museum.)

渡部昇一(1975)『英語学史』(英語学体系 13)大修館書店

渡部昇一(1983)『英語の歴史』(スタンダード英語講座 3)大修館書店

山口美知代(2009)『英語の改良を夢みたイギリス人たち―綴り字改革運動史一八三四–

一九七五』開拓社

索 引

欧字

A 移動　53, 72, 74, 84

A バー移動　53, 73, 74, 78, 84

CHILDES データベース　128, 133

ECP　96, 97, 98

EPP　76, 95, 96, 97, 98, 102

EPP（拡大投射原理（extended projection principle））素性　61, 62, 66, 70, 72, 73, 74

ERP 実験　162, 164, 184, 191

ERP 成分　163, 164

E 言語（E-language）　4

IN のイメージ　219, 220

I 言語（I-language）　4, 16, 30, 32, 34, 37, 38, 293

[Q] 素性　76, 77, 95

that- 痕跡フィルター（*that-t* filter）　96

wh 素性　77

X バー理論（*X-bar* theory）　54, 90

yes/no 疑問文　122, 128

θ 役割（theta role）　51, 53, 87, 89

ϕ 素性　58, 59, 60, 66, 69, 70, 72, 73, 74, 75, 76, 94, 95

あ

アクション・チェーン（action chain）　204, 205, 206, 211

アクロフォニー（頭音法、acrophony）の原理　263, 264

アッカド文字　239, 258, 259, 260, 262

アリストテレス　4, 7, 23, 238, 296

アルファベット　8, 238, 253, 261, 263, 264, 265, 266, 267, 269, 272, 273, 274, 282, 286, 287, 288, 293, 294

い

イェスペルセン，オットー　9, 10, 12, 27, 30

イオニア・アルファベット　267, 269, 271

一致（agreement）　44, 50, 57, 58, 59, 60, 61, 70, 74, 76, 77, 84, 88, 89, 91

一致・時制省略モデル（Agreement/Tense Omission Model）　125

一般認知能力　222, 224, 229

移動のコピー理論（copy theory of movement）　18, 62

移動窓の読み実験　159, 161, 162, 169, 171, 172, 175, 180, 182

意味素性　47

意味の拡張（extension）　220

意味役割　173, 184, 187, 189

意味論的意味（semantic meaning）　199

イメージ・スキーマ（image schema）　219

印刷術　279, 280

インプット・スペース（input space）　227, 228

う

ヴィゴツキー，レフ　15

ウェブスター，ノア　281

ウルク古拙文字　246, 247, 248, 249, 257, 260

え

絵 241
『英語辞典』（A Dictionary of the English Language） 281
英語（の）冠詞 115, 130, 131, 137
英語の文字 261, 278, 282, 283
英語リーディングスパンテスト（RST） 187
エージュミアン，ロバート 29
エウボイア・アルファベット 270, 272, 273
エジプトの聖刻文字 242, 244, 263, 266
エジプト文字 239, 242, 243, 244, 245, 246, 251, 252, 253, 255, 257, 258, 261, 262, 264, 266, 282, 283, 294
エトルリア文字 266, 270, 271, 272
絵文字 240, 241, 242, 243, 244, 245, 249

お

大文字／小文字の区別 282, 283, 284, 287
送り仮名 295
オフライン実験 158
オルブライト，W. F. 263
音韻素性 47, 52
音声補記（phonetic complement） 295
音節文字（syllabogram） 249, 251, 258, 259, 260, 274
音素配列 47
音読み 259, 260
オンライン実験 158, 159, 161, 164

か

ガーディナー，アラン 263, 264
ガーデンパスモデル（Garden-path Model） 188, 189, 190

カートグラフィー（cartography） 49
会意 253, 254, 255, 257
外在化（externalization） 14, 15, 16, 28, 34, 38, 39, 40, 51, 86, 293
解釈能力（construal） 211, 212
外心（exocentric）構造 54, 98
外的併合（External Merge, EM） 17, 18, 33, 50, 55
概念・意図（Conceptual-Intensional, CI） 33, 34, 37, 38
概念・意図インターフェイス 14, 16, 28
概念・意図システム 49, 50, 52, 63, 66, 70, 71, 77, 79, 86, 87, 88, 95
概念化（conceptualization） 203, 205, 208, 209, 230, 231
概念主体（conceptualizer） 214, 222
概念的必然性 49
概念ブレンディング（conceptual blending） 200, 225, 226, 228, 229, 230
概念プロセス 208
概念メタファー（conceptual metaphor） 217, 218
下位範疇の選好性 166
「が」格連続文 186, 187
かき混ぜ文 187, 191
学習メカニズム 117, 118, 129, 130, 140
格情報 167, 169, 171, 173
格素性 60, 66, 70, 72, 73, 74, 76
仮借 253, 254, 255, 256, 257, 261, 293
仮想移動（fictive motion） 215, 216, 231
片仮名 260
活性化領域（active zone） 210
可読性の条件（legibility condition） 51, 99
仮名文字 260, 262, 266, 274, 284, 286
ガリレオ 8, 9, 11, 13, 15, 27

感覚・運動（Sensory-Motor, SM） 33
感覚・運動インターフェイス 28
感覚・運動システム 14, 15, 19, 40, 49,
　50, 52, 56, 63, 66, 67, 70, 79, 86, 90, 95,
　101
漢字 239, 243, 245, 246, 248, 253, 254,
　255, 257, 258, 259, 260, 261, 262, 266,
　274, 288, 289, 290
漢字仮名交じり文 284
冠詞選択パラメータ 136
干渉（interference） 135

き

寄生空所構文 35
起点領域（source domain） 218, 220
基本原理（Basic Principle） 31
基本特性（Basic Property） 4, 5, 7, 10, 14,
　16, 28, 30, 31, 33, 37, 38, 40
牛耕式（boustrophedon） 269
狭義の統語部門（narrow syntax） 38, 50
強生成（strong generation） 4
共通スペース（generic space） 227
虚構移動 231
許慎 253
ギリシア文字 262, 267, 268, 269, 271,
　272, 273, 274, 275, 283, 287, 293

く

楔形文字（cuneiform） 246, 247, 249,
　260, 262, 295
グリーンバーグ，ジョーゼフ 21
訓読み 259, 260

け

計算の効率性 23
形声 253, 254, 256, 257, 261

ゲーデル，クルト 28
決定詞（限定符、determinative） 250,
　251, 252, 253, 255, 256, 257, 259, 260,
　261, 263, 265, 282, 283, 284, 287, 293
ケプラー，ヨハネス 22
ゲルブ，イグナス 238, 261
現行談話スペース（current discourse
　space, CDS） 230
言語化 205, 209, 210, 211, 214
言語獲得の論理的問題 122
言語計算体系（computational system
　CHL for human language） 43, 50, 52,
　67, 85, 86
言語入力 114, 115, 116, 117, 118, 119,
　120, 121, 122, 123, 126, 127, 128, 129,
　130, 135, 139, 140, 141, 142, 143, 144
言語能力（the faculty of language, FL） 6,
　13, 28, 39, 40, 114, 115
言語の起源 16, 24, 38
言語の基本構成 39
言語（の）進化 7, 16, 46, 140
言語の生得性（innateness） 114, 115, 116,
　119, 121, 122, 126, 130, 139, 142, 144
顕在的代名詞の制約（Overt Pronoun
　Constraint, OPC） 135, 143
原シナイ文字 263, 264, 266, 295
現代英語の文字 239, 253, 262, 284
原理とパラメータのアプローチ（P&Pア
　プローチ） 49, 52, 53, 88, 95, 98, 129
原理とパラメータのモデル 140, 144
原理とパラメータの枠組み 119, 120, 139

こ

語彙形式 290, 291, 292
語彙項目 48
語彙情報 166, 189

語彙配列（lexical array, LA） 50, 52, 53, 54, 55, 67, 72, 74, 75, 85, 100
語彙判断課題（Lexical Decision Task） 167
語彙表示 290, 291
甲骨文字 239, 243, 245, 246, 253, 261
合成性（compositionality） 89, 90
構造 43, 45, 46
構造依存性 37, 39, 122, 123, 142
構造依存的（structure-dependent） 35, 45
構造主義言語学の方法 31
構造的階層性 35
構造的距離仮説（Structural Distance Hypothesis） 176, 178
肯定証拠 115, 123, 135, 136
国際音声字母（IPA） 282
語源的綴り（etymological spelling） 279, 285
語順 45, 47, 51, 56, 86, 90, 100
子どもに向けられた発話（child-directed speech, CDS） 128, 129
コピー 18, 19, 20, 21, 22, 33, 34, 37, 44, 50, 57, 62, 63, 64, 65, 81, 84, 87, 89, 92, 93, 97, 102
コピーを伴う転位 20
個別言語 144
個別文法 120, 126, 130
コミュニケーションの効率性 11, 23
語用論的意味（pragmatic meaning） 199
根本的相違仮説（Fundamental Difference Hypothesis, FDH） 117

さ

最小句構造（bare phrase structure）理論 54, 56, 90
最小計算（Minimal Computation, MC） 19, 35, 36, 37, 40, 63, 99
最小計算（Minimal Computation, MC）の条件 32
最小計算（Minimal Computation, MC）の原理 12, 17, 21
最小出力条件（bare output condition） 51
最小探索（minimal search） 91, 93
最小の構造的距離 11, 12, 13, 35
最小の線的距離 12, 13, 35
サピア，エドワード 6
三重字（trigraph） 277, 278
参照点（reference point） 222, 224
参照点構造 223, 230
参照点能力（reference-point ability） 222, 223, 224, 229
3文字規則（three-letter rule） 284, 285

し

視覚世界パラダイム（Visual-world Paradigm） 169, 170
刺激の貧困（the Poverty of Stimulus, POS） 114, 121, 122, 123, 127, 128, 129, 130, 144
思考のシステム 14, 16, 18, 19
自己ペースの読み手法（Self-paced Reading Technique） 159
指事 253, 254, 255, 257
指示主義者（referentialist）の原理 24, 25
事象関連電位（Event-Related Potentials, ERPs）の測定実験 159, 175
視線計測実験 159, 161, 162, 165, 170, 191
視点（perspective） 200, 211, 212, 213, 229
視点位置（perspectival location） 212, 213

視点方向（perspectival direction）213, 214

島（islands）22

弱生成（weak generation）4

自由表現 9, 10, 28

周辺素性（edge feature, EF）74

周辺要素（edge）75, 78, 79, 80, 83, 93, 94, 97

主語関係節 174, 175, 176, 178, 179, 180, 191

主語関係節の優位性 174, 175, 178, 179, 180, 182, 185, 188

主語関係節文 182

主語再解釈文（Subject Reanalysis, SR）183, 184, 185

主語条件（subject condition）101

主語目的語再解釈文（Subject and Object Reanalysis, SOR）183, 184, 185, 187

シュマント＝ベッセラ，デニス 246, 247

シュメル楔形文字 239, 258

シュメル文字 239, 243, 244, 245, 246, 247, 248, 250, 251, 252, 253, 255, 257, 258, 259, 260, 261, 262, 274, 282, 283, 294

主要部移動 73, 77, 84, 103

主要部制約（head constraint）81, 83, 84

象形 253, 254, 255, 257

焦点素性 77

ショー，ジョージ・バーナード 275, 286, 287

ジョーズ，マーティン 6, 31

ジョンソン，サミュエル 281

書字方向 269

処理負荷 161, 168, 172, 175, 176, 180, 181, 182, 185, 187, 188, 191

進化言語学（evolutionary linguistics）142

心的経路（mental path）222

心的スキャニング（mental scanning）215, 230

す

素性継承（feature inheritance）57, 68, 69, 73, 74, 85, 97

鈴木孝夫 288, 289

スペース間写像（cross-space mapping）227

スミス，ニール 13, 25, 39

せ

聖刻文字 243

正書法上の深度（orthographic depth）275

生成手続（generative procedures）10, 28

生成文法（generative grammar）4, 6, 8, 10, 30, 31, 43, 120, 122, 173, 208

生成文法の企て（generative enterprise）29, 32

生得性 140

生得的アプローチ 115, 118, 119, 120, 124, 127, 129, 130, 141

生得的（言語）知識 114, 117, 119, 120, 121, 122, 130, 135, 136, 140, 141, 142

生物言語学（biolinguistics）29, 30, 40, 43, 142

生物言語学的枠組み（biolinguistics framework）5, 6

制約依存モデル（Constraint-based Model）188, 189, 190

世界知識 169, 171, 173, 188, 191

接辞化（cliticization）63, 64

接辞付加（affix hopping）65, 71, 101

説明的妥当性（explanatory adequacy）
　49, 141, 142
説文解字　253, 295
セム系子音アルファベット　263, 294
セム系子音文字　273
セム系文字　263, 266
線形順序対応公理（linear correspondence
　axiom, LCA）　86
漸次処理　165
線状化（linearization）　51, 86
線的距離仮説　178

そ

創発構造（emergent structure）　226
即時処理　156, 165, 166, 168, 169, 171,
　173, 174, 188
束縛原理（binding principle）　88, 98
ソシュール，フェルディナン・ド　iii, iv,
　5, 237, 238, 282, 293
ソシュール的恣意性　38
空範疇原理（empty category principle,
　ECP）　22, 95

た

ダーウィン，チャールズ　8
ターゲット（target）　222, 224, 225, 230
ダーネル，ジョン　295
ダーネル，デボラ　295
第三要因（the third factor）　99, 120, 140
第二言語知識のソース　134, 135
大母音推移（Great Vowel Shift）　276,
　280
多義性（polysemy）　218, 219
多重VP（VP shell）構造　53
多重指定部（multiple specifiers）　75
タタソール，イアン　7, 23, 27, 30

単音文字（segmental script）　274, 275
探索要素（probe）　57, 58, 60, 69, 84, 89,
　91, 102
探索領域（domain）　58, 59, 60, 69

ち

中央埋め込み文　186
中核表記（nuclear writing）　248
中間言語（interlanguage）　143
チューリング，アラン　28
チョムスキー，ノーム　iii, iv, v, 290, 291

つ

ツィンプリ，イアンシ＝マリア　13, 25, 39
綴り字改革　275, 281, 282, 287, 292, 295
強いミニマリストの主張（Strong
　Minimalist Thesis, SMT）　37, 40, 99

て

ディドロ，ドゥニ　10
ディリンジャー，デイヴィッド　238
デカルト，ルネ　8, 9, 27, 29
転位（displacement）　17, 18, 20, 43, 45,
　46, 89
転注　253, 254, 256, 257, 295

と

統計的学習（statistical learning）　120,
　127, 139, 140, 141
統語体（syntactic object, SO）　17, 33, 34
統語構造　45, 46, 48, 50, 51, 52, 54, 55, 66,
　70, 78, 84, 86, 165, 208
統語情報　163, 188, 189, 190
統語素性　47
等質性　117, 118
投射（projection）　44, 54, 55, 56, 70, 89,

90
トークン　246
トークン＝文字起源説　247
ドミニオン（dominion）　222, 224
トラジェクター（trajector）　207, 208, 209

な

内言（inner speech）　15, 19
内心構造（endocentric structure）　91, 98
内心性（endocentricity）　54
内的対話　15
内的併合（Internal Merge, IM）　18, 19,
　20, 21, 33, 34, 50, 62
なぞなぞ（riddle）　225, 226, 228

に

日本語 RST　187
ニュートン，アイザック　22, 29
任意的不定詞段階（Optional Infinitive
　(OI) stage）　125, 127, 128
認知（的）能力　119, 127, 200, 201, 211
認知モデル　204, 206, 225

の

ノルマン征服（Norman Conquest）　278

は

場所格交替（locative alternation）　124
ハリス，ゼリッグ　31
ハリス，ロイ　294
反局所性の制約（anti-locality constraint）
　101
判じ絵の原理（rebus principle）　244, 245,
　249, 250, 252, 255, 256, 261, 293
範疇（category of a phrase）　90, 98

ひ

ピートリー，フリンダーズ　263
ビッチ，エミリオ　29
否定証拠　124
ヒューム，デイヴィッド　21, 29
表意性　284, 285, 286, 289
表意文字　261, 290
表音化　245, 249, 250, 251, 252, 255, 256,
　261, 282, 283, 287, 293
表音文字（phonogram）　244, 248, 251,
　252, 253, 258, 263, 265, 284, 286, 288,
　289, 295
表語　290
表語性　282, 284, 286, 289
表語文字（logogram）　243, 245, 248, 249,
　250, 251, 252, 255, 258, 259, 260, 261,
　263, 265, 274, 284
表示欠陥仮説（Representation Deficit
　Hypothesis, RDH）　144
標的要素（goal）　57, 58, 60, 69, 84, 89, 91
平仮名　260
非隣接的関係（non-contiguous relation）
　89, 90

ふ

不安定仮説　136
フィラー　174
フィラー−空所問題　19, 34
フェイズ（phase）　44, 54, 56, 57, 58, 66,
　67, 68, 70, 71, 72, 73, 74, 75, 76, 77, 78,
　79, 80, 81, 83, 84, 85, 87, 93, 94, 97, 100
フェイズ不可侵性条件（phase
　impenetrability condition, PIC）　53, 78,
　79, 80, 81, 83, 84
フェイバー，アリス　294

フェニキア文字　263, 266, 267, 268, 269, 294

不完全性の欠如　117

袋小路文（garden path sentences）　22, 26, 174, 180, 181, 182, 183, 184, 185, 188

二重字（diagraph）　272, 277, 278

二重ヲ格制約　168, 169

普遍文法（UG）　6, 12, 13, 18, 21, 30, 32, 36, 38, 39, 115, 116, 117, 118, 120, 121, 126, 129, 135, 136, 137, 139, 140, 141, 142, 143, 144

ブラッドレー，ヘンリー　287, 288, 289

フランス語の綴りの慣習　278

ブルームフィールド，レナード　5, 237, 238, 282

フレーム（frame）　226, 230, 231

ブレンド・スペース（blended space）　227, 228, 229

プロファイル（profile）　202, 204, 205, 206, 207, 208, 209

プロミネンス　200, 211, 212, 229, 230

分散形態論（distributed morphology, DM）　47

文処理　19, 25, 26, 30, 34, 155

フンボルト，ヴィルヘルム・フォン　9, 27

へ

併合（Merge）　17, 18, 23, 33, 34, 36, 44, 48, 54, 55, 56, 61, 62, 84, 86, 90, 91, 95, 98, 99, 103

ベース（base）　202, 203, 204, 205, 206, 208

変異性　117, 118

変異モデル（Variational Model）　139, 140, 144

ほ

ボアズ，フランツ　6

ホイットニー，ウィリアム・ドワイト　5, 8

包括性の条件（inclusiveness condition）　52, 56

ポール・ロワイヤル　27

ま

マヤ文字　253, 261

万葉仮名　260

み

ミニマリスト・プログラム　32, 48, 115, 119, 120, 139, 140, 141, 142, 144

ミニマル・アタッチメントの原則　165

め

名詞句近接度階層（Noun Phrase Accessibility Hierarchy, NPAH）　176, 177

メタファー（metaphor）　200, 216, 217, 218, 219, 220, 226, 229

メタファー写像　230

メトニミー（換喩、metonymy）　200, 221, 222, 223, 229, 244

メンタル・スペース（mental space）　226, 227, 228, 231

も

黙字　277, 278, 279, 285

目的語関係節　174, 175, 176, 178, 179, 180, 191

目的語関係節文　182

目標領域（target domain）　218, 220

文字偏重主義（scriptism） 294
モロ，アンドレア 13,39

ゆ

有生性 157,174,179,180,184,185,188
有限の手段の無限の使用 9,29

よ

用法基盤アプローチ（usage-based
approach） 114,119,120,127,130,141,
142,143

ら

ラテン文字 239,261,262,266,268,269,
270,271,272,273,274,275,276,277,
278,283,287,289
ラネカー，ロナルド・W. iii
ラベル決定アルゴリズム（labeling
algorithm） 44,54,89,90,91,93,95,97,
98,103
ランドマーク（landmark） 207,208,209

り

六書 253,254,255,256,295
離散無限性 28,38
隣接的関係（contiguous relation） 89,90

る

ルーン文字 262

れ

レイコフ，ジョージ iii
レキシコン（lexicon） 24,33,291
歴史的かなづかい 279
レネバーグ，エリック 30

ろ

ロック，ジョン 29

わ

ワーキングメモリ 186,187
分かち書き 282,283,284,287

岸浩介（きし こうすけ）　第3章
1976年生まれ。山形県出身。2003年東北大学大学院情報科学研究科博士後期課程修了。東北大学助手、東北学院大学教養学部言語文化学科専任講師を経て、現在、東北学院大学教養学部言語文化学科准教授。
（主著・主論文）Cyclic Spell-Out and Ellipsis. *JELS* 20（日本英語学会、2003年）、「名詞句内の統語構造と意味解釈の間のミスマッチ」『言語におけるミスマッチ』（東北大学大学院情報科学研究科、2013年）、「英語の緊密同格表現に関する一考察」*JELS* 32（日本英語学会、2015年）。

斎藤珠代（さいとう たまよ）　第2章（訳）
宮城県出身。2014年東北大学大学院国際文化研究科博士後期課程修了。現在、東北大学、および東北学院大学非常勤講師。
（主著・主論文）「普遍論者としてのエドワード・サピア―国際補助語の議論をめぐって」『国際文化研究』第18号（2012年）、「フレーム化類型論における意味的焦点について―機能主義的アプローチ」『日本認知言語学会論文集』第14巻（2014年）、『フレーム化類型論と意味的焦点の関係』（東北大学博士論文、2014年）、「事象枠付けの類型論における意味的焦点の相違―無生物主語構文による分析」『語彙意味論の新たな可能性を探って』（開拓社、2015年）。

澤崎宏一（さわさき こういち）　第5章
1965年生まれ。福井県出身。2007年オハイオ州立大学東亜言語文学部博士課程修了。静岡県立大学国際関係学部専任講師を経て、現在、静岡県立大学国際関係学部准教授。
（主著・主論文）On adversity in English get passives. *Journal of Hokkaido Linguistics*（2000年）、Issues in L2 Japanese sentence processing: Similarities/differences with L1 and individual differences in working memory. *Handbook of Japanese Psycholinguistics*（De Gruyter Mouton, 2015年、共著）、「日本語の目的語省略における有生性の影響―量的データからの考察」『言語研究の視座』（開拓社、2015年）。

安原和也（やすはらかずや）　第6章

1979年生まれ。岡山県出身。2011年京都大学大学院人間・環境学研究科博士後期課程（言語科学講座）修了。日本学術振興会特別研究員、京都大学高等教育研究開発推進機構特定外国語担当講師を経て、現在、名城大学農学部（英語研究室）准教授。

（主著・主論文）ロナルド・W・ラネカー『認知文法論序説』（研究社、2011年、共訳）、『大学英語教育の可能性』（丸善プラネット、2012年、共編著）、*Conceptual Blending and Anaphoric Phenomena: A Cognitive Semantics Approach*（開拓社、2012年、第47回市河賞受賞）、『ことばの認知プロセス―教養としての認知言語学入門―』（三修社、2017年）。

Chomsky, Noam（チョムスキー，ノーム）　第1章、第2章

1928年生まれ。アメリカ合衆国ペンシルベニア州フィラデルフィア市出身。1955年ペンシルベニア大学博士課程修了。Ph.D取得。1955年よりマサチューセッツ工科大学に勤務し、現在は同大学名誉教授。また、2017年よりアリゾナ大学言語学科教授。

（主著・主論文）*Syntactic Structures*（Mouton, 1957年）、*Aspects of the Theory of Syntax*（MIT Press, 1965年）、*Lectures on Government and Binding*（Foris Publications, 1981年）、*The Minimalist Program*（MIT Press, 1995年）、『我々はどのような生き物なのか―ソフィア・レクチャーズ』（岩波書店、2015年、福井直樹・辻子美保子編訳）。

21 世紀の言語学—言語研究の新たな飛躍へ
Linguistics in the 21st Century: Toward New Progress in the Science of Language
Takashi Imai and Shinji Saito

発行	2018 年 6 月 20 日　初版 1 刷
定価	6000 円＋税
編者	ⓒ 今井隆・斎藤伸治
発行者	松本功
装丁者	河盛芙海
印刷所	日之出印刷株式会社
製本所	株式会社 星共社
発行所	株式会社 ひつじ書房
	〒 112-0011 東京都文京区千石 2-1-2　大和ビル 2 階
	Tel.03-5319-4916　Fax.03-5319-4917
	郵便振替 00120-8-142852
	toiawase@hituzi.co.jp　http://www.hituzi.co.jp/

ISBN978-4-89476-800-0

造本には充分注意しておりますが、落丁・乱丁などがございましたら、
小社かお買上げ書店にておとりかえいたします。ご意見、ご感想など、
小社までお寄せ下されば幸いです。